ABITUR 2016

Original-Prüfungsaufgaben mit Lösungen

Englisch

Hessen

2012–2015

STARK

11. neu bearbeitete und ergänzte Auflage
www.stark-verlag.de

Inhalt

Vorwort
Stichwortverzeichnis

Hinweise und Tipps zum Landesabitur

Die Anforderungen im Abitur I
1 Lehrplan, Einführungserlasse und Abiturverordnung I
2 Anforderungsbereiche und Aufgabenstellungen V
3 „Operatoren" V

Hinweise zur Lösung von Abituraufgabenstellungen VII
1 Textzusammenfassung/gelenkte Textzusammenfassung VII
2 Analyse IX
3 Persönliche Stellungnahme/Kommentar und Diskussion XI
4 Sprachmittlungsaufgabe XII
5 Ausdrucksvermögen XIII
6 *Glossary of literary terms* XX

Kurzinterpretationen zu den Pflichtlektüren

Harper Lee, *To Kill a Mockingbird* (1960) .... I 1
William Shakespeare, *Othello* (1603) .... I 5
Kurt Vonnegut, *Slaughterhouse-Five* (1969) .... I 10

Original-Abituraufgaben

Abituraufgaben 2012 Grundkurs
Vorschlag A: *From tips to clicks: restaurants try e-menus* .... GK 2012-1
Vorschlag B: *Multiculturalism has been Canada's solution, not its problem* .... GK 2012-7
Vorschlag C: Teil A: Öl – war da was? .... GK 2012-14
Teil B: *Dashed Hopes* .... GK 2012-15

Abituraufgaben 2012 Leistungskurs
Vorschlag A: *Should Huck Finn get a 21st-century revision?* .... LK 2012-1
Vorschlag B: *Fight Club* .... LK 2012-11
Vorschlag C: Teil A: Taschengeld .... LK 2012-18
Teil B: *The Raid* .... LK 2012-19

Abituraufgaben 2013 Grundkurs
Vorschlag A: *Elective Performance Enhancement Surgery For Athletes: Should It Be Resisted?* .... GK 2013-1
Vorschlag B: *The Neighbourhood* .... GK 2013-7
Vorschlag C: Teil A: Führerschein mit 16? Auf gar keinen Fall! .... GK 2013-12
Teil B: *Sorry Bill Gates: GMO Crops Proven to be Ineffective at Fighting World Hunger* .... GK 2013-13

Abituraufgaben 2013 Leistungskurs
Vorschlag A: *A Clash of Values* .... LK 2013-1
Vorschlag B: *Multiculturalism is not the best way to welcome people to our country* .... LK 2013-7
Vorschlag C: Teil A: „Unsere Unternehmensspitzen müssen bunter werden“ .... LK 2013-14
Teil B: *Airworld* .... LK 2013-15

Abituraufgaben 2014 Grundkurs
Vorschlag A: *There's oil up there – Move ahead on pipeline from Canada* .... GK 2014-1
Vorschlag B: *Hassan: A Case Study* .... GK 2014-6
Vorschlag C: Teil A: US-Schnüffelprogramm Prism – Setzt Google, Apple und Facebook endlich Grenzen! .... GK 2014-11
Teil B: *Is Google Making Us Stupid? – What the Internet is doing to our brains* .... GK 2014-12

Abituraufgaben 2014 Leistungskurs
Vorschlag A: *Whitegirl* .... LK 2014-1
Vorschlag B: *The failed promise of multiculturalism – Policy has not served Canada or immigrants well* .... LK 2014-7
Vorschlag C: Teil A: Fast jeder fünfte Deutsche hat ausländische Wurzeln .... LK 2014-14
Teil B: *Immigrants* .... LK 2014-15

Abituraufgaben 2015 Grundkurs
Vorschlag A: *The turning point* .... GK 2015-1
Vorschlag B: *What does it mean to be British?* .... GK 2015-7
Vorschlag C: Teil A: Designer-Babys bevorzugt .... GK 2015-13
Teil B: *Oryx and Crake* .... GK 2015-14

Abituraufgaben 2015 Leistungskurs

Vorschlag A: *Thoughts in a Train* .... LK 2015-1
Vorschlag B: *Coming home* .... LK 2015-7
Vorschlag C: Teil A: Ohne Perspektive – Flüchtlinge in Deutschland .... LK 2015-15
Teil B: *Immigration fears have to be faced and defused, not dismissed* .... LK 2015-16

Jeweils im Herbst erscheinen die neuen Ausgaben der Abiturprüfungsaufgaben mit Lösungen.

Autoren

Berger-Hönge, Silvia	Lösungen GK 2012 – C, GK 2014 – A, GK 2015 – B
Cleary, Liam	*Glossary of literary terms*
Jacob, Rainer	Hinweise zur Bearbeitung eines Diagramms; Kurzinterpretationen
Klewitz, Dr. Bernd	Hinweise zur Bearbeitung eines Cartoons und eines Werbeplakats, Lösungen LK 2012, GK 2013, LK 2013 – B, GK 2014 – B, LK 2014, LK 2015
Moritz, Hans Otto	Hinweise und Tipps zum Landesabitur
Ressel, Johanna	Lösungen GK 2015 – C
Schuller, Hans	Lösungen GK 2012 – A/B, LK 2013 – A/C, GK 2014 – C, GK 2015 – A LK: 2016 – B

Vorwort

Liebe Schülerinnen und Schüler,

bald werden Sie Ihre Abiturklausur im Fach Englisch ablegen. Dieser Band unterstützt Sie bei der **Vorbereitung auf die schriftliche Abiturprüfung** im Fach Englisch. Sowohl im Grund- wie im Leistungskurs werden die Aufgaben vom hessischen Kultusministerium vorgegeben. Ihnen stehen in der Regel 45 Minuten zur Verfügung, um aus drei Vorschlägen einen auszuwählen. Danach haben Sie vier Stunden (Leistungskurs) bzw. drei Stunden (Grundkurs) Zeit zur Bearbeitung.

Teilen Sie sich die Zeit gut ein, damit auch die letzte Aufgabe und das Korrekturlesen erfolgreich abgeschlossen werden können. Das Zählen der Wörter erfolgt erst nach Ablauf der Bearbeitungszeit. Als Hilfsmittel stehen Ihnen ein einsprachiges und ein zweisprachiges Wörterbuch sowie eine Liste der fachspezifischen Operatoren zur Verfügung. **Ausführliche Hinweise** zu den **Anforderungen im Abitur** sowie Hilfestellungen zur Lösung von Abiturprüfungsaufgaben finden Sie am Anfang des Buches.

Üben Sie die Prüfungssituation mit den **offiziellen Abitur-Prüfungsaufgaben, die in den Jahren 2012 bis 2015 vom hessischen Kultusministerium gestellt wurden**. Zur besseren Nachvollziehbarkeit wurden jeder Aufgabe **Bearbeitungshinweise** hinzugefügt. Die methodischen Schritte können Sie auf die Bearbeitung anderer Texte und Aufgaben übertragen. Zudem stehen Ihnen **vollständige englische Lösungen** zur Verfügung, die von unseren Autoren erstellt wurden. Dieser Band umfasst zudem **Kurzinterpretationen**, die Ihnen bei der Wiederholung und Vertiefung der **Pflichtlektüren für den Leistungskurs** nützlich sein werden.

Sollten nach Erscheinen dieses Bandes noch **wichtige Änderungen** in der Abitur-Prüfung 2016 vom Kultusministerium bekannt gegeben werden, finden Sie aktuelle Informationen dazu im Internet unter:
www.stark-verlag.de/pruefung-aktuell

Wir wünschen Ihnen viel Erfolg bei der Abiturprüfung!

Stichwortverzeichnis

Points of Special Interest

abortion LK 13-1 ff.
African Americans LK 12-1 ff., 23 ff.
American Dream LK 12-15 f.; LK 13-17; LK 14-12 f.; LK 15-13 f.
business LK 13-15 f.
business ethics GK 13-13 ff.
Canada GK 12-7 ff.; LK 12-7 f.; GK 13-10 f.; LK 13-10 f.; LK 14-7 f.
Civil Rights Movement I 4 f.; LK 14-6; LK 15-5 f.
cultural mosaic GK 13-10 f.; LK 14-7 f.
dystopia GK 12-1 ff.; GK 13-2 f.; GK 14-15 f.
ecology GK 12-14 f.
education GK 12-15 ff.
electronic surveillance GK 14-10 ff., 16 f.
ethnic minorities I 1 ff., I 5 ff.; LK 12-1 ff., 19 ff.; GK 13-7 ff.; LK 13-7 ff.; LK 15-3 f.
European integration GK 12-7 ff.
family ties LK 12-18 f.
food and genetic engineering GK 13-13 ff.; GK 15-18 ff.
immigration GK 12-7 ff.; LK 12-19 ff.; GK 13-7 ff.; LK 13-7 ff.; GK 14-6 f.; LK 14-14 ff.; GK 15-7 ff.; LK 15-19 ff.
lifestyles LK 13-15 f.
melting pot LK 12-25 f.; GK 13-9 f.
moral dilemmas LK 13-1 ff.
multiculturalism GK 12-7 ff.; GK 13-7 ff.; LK 13-7 ff.; GK 14-6 f.; LK 14-7 f.; GK 15-7 ff.
Obama, Barack GK 12-14 f.; LK 14-6
politics GK 12-14 f.; GK 14-1 f.; LK 14-19 f.
racial discrimination I 1 ff., I 5 ff.; LK 12-1 ff., 19 ff.; LK 14-1 f.; GK 15-1 ff.; LK 15-5 ff.
school GK 12-15 ff.
South Africa GK 15-1 ff.; LK 15-1 ff.
sports GK 13-1 ff.
technology GK 12-1 ff.; GK 13-1 ff., 13 ff.; GK 14-10, 12 f.
terrorism GK 14-6 f., 8 f.
USA GK 13-9 f.; LK 13-11 f.; LK 15-13 f., 19 f.
violence LK 12-12 ff.; LK 15-11 f.
war experiences I 10 ff.; LK 15-7 f.
Wilson, Woodrow LK 15-13 f.
work GK 12-15 ff.
World War II I 10 ff.

Literature

Atwood, Margaret *Oryx and Crake* GK 15-14 f.
Boyle, T. C. *Tortilla Curtain* GK 12-18 f.; LK 12-15 f., 25 f.; GK 13-9 f.; LK 13-11 f.; LK 14-12 f., 18 f.; GK 15-4; LK 15-4 f., 19 f.; "Killing Babies" LK 13-1 ff.
Bradbury, Ray *Fahrenheit 451* GK 14-15 f.
Dumont, Dawn *Nobody Cries at Bingo* LK 12-7 f.
Faulks, Sebastian *A Week in December* GK 14-6 f.

Huxley, Aldous *Brave New World* GK 12-15; GK 13-6; GK 14-15 f.; GK 15-17 f.
Ishiguro, Kazuo *Never Let Me Go* GK 15-17 f.
Jimenez, Francisco "The Circuit" GK 15-4
Kirn, Walter *Up in the Air* LK 13-15 f., 18 ff.
Klay, Phil *Redeployment* LK 15-7 f.
Kureishi, Hanif "My Son the Fanatic" GK 12-11 f., GK 15-10 f.; *The Black Album* LK 12-19 ff.; *Something to Tell You* GK 13-7 ff.
Lee, Harper I 1 ff.
Levy, Andrea *Small Island* LK 12-6 f.
Lewycka, Marina *A Short History of Tractors in Ukrainian* LK 14-15 f.
Manning, Kate *Whitegirl* LK 14-1 f.
Miller, Arthur *Death of a Salesman* LK 13-19 f.
Morrison, Toni *Beloved* and *A Mercy* LK 12-23 ff.
Orwell, George *1984* GK 13-6; "A Hanging" GK 15-10
Palahniuk, Chuck *Fight Club* LK 12-11 ff.
Rai, Bali *(Un)arranged Marriage* LK 12-23 ff.
Shahraz, Qaisra *A Pair of Jeans* GK 12-13
Shakespeare, William *Othello* I 5 ff.; LK 14-4 f.
Shearer, Alex *The Hunted* GK 12-4 f.
Slovo, Gillian *Red Dust* LK 15-6
Smith, Zadie *NW* GK 14-9
Spark, Muriel *The Black Madonna* GK 12-11 f.
Strong, Danny *The Butler* LK 15-6
Tshabangu, Mango "Thoughts in a Train" LK 15-1 f.
Tutu, Desmond *No Future Without Forgiveness* GK 15-1 f.
Vassanji, Moyez G. *No New Land* GK 12-15 ff.
Vonnegut, Kurt *Slaughterhouse-Five* I 10 ff.; LK 15-11 f.
Zephaniah, Benjamin "The British" GK 15-10

Stylistic Devices and Composition

advertisement LK 15-9
analysis LK 12-3; LK 13-3, 17
cartoon LK 14-9
comment LK 12-3, 13, 21; GK 14-13; LK 14-3, 9, 16; GK 15-8, 15; LK 15-10
comparison GK 12-2, 8, 16; LK 12-3, 13, 21; GK 13-2, 8, 14; LK 13-9, 17; GK 14-2, 7; LK 14-3, 9; GK 15-2, 8, 15; LK 15-2, 10, 17
essay GK 12-2, 8, 16; GK 13-2, 8; LK 13-3; GK 14-7; LK 15-2, 17
letter writing GK 13-14; LK 13-9; GK 14-2; GK 15-2
Sprachmittlung GK 12-14 f.; LK 12-18 f.; GK 13-12 f.; LK 13-14 f.; GK 14-11 f.; LK 14-14; GK 15-13; LK 15-15 f.
summary GK 12-2, 8; LK 12-3; GK 13-2, 14; LK 13-9; GK 14-13

Hinweise und Tipps zum Landesabitur

Die Anforderungen im Abitur

1 Lehrplan, Einführungserlasse und Abiturverordnung

Für die Vorbereitung auf das Abitur im Fach Englisch ist die Kenntnis der Grundlagen von Textauswahl und Aufgabenstellung erforderlich. Sie sind im Lehrplan für die Qualifikationsphase und in der „Verordnung über die Bildungsgänge und die Abiturprüfung in der gymnasialen Oberstufe" festgeschrieben. Die Vorgaben des Lehrplans werden durch die Einführungserlasse („Hinweise zur Vorbereitung auf die schriftlichen Abiturprüfungen im Landesabitur") spezifiziert.[1] Diese geben eine verbindliche Auswahl an thematischen Schwerpunkten in Form von prüfungsrelevanten Stichworten vor. Nur für den Leistungskurs gibt es für das Abitur 2016 drei Pflichtlektüren (eine pro Kurshalbjahr). Mindestens eine Prüfungsaufgabe wird sich auf eines der folgenden Werke beziehen:
Q 1: Harper Lee: *To Kill a Mockingbird*
Q 2: William Shakespeare: *Othello*
Q 3: Kurt Vonnegut: *Slaughterhouse-Five*

Der folgende Überblick ist für Sie wichtig, weil im Abitur immer die Inhaltselemente von zwei der drei prüfungsrelevanten Halbjahre miteinander verknüpft werden.

1.1 Lehrplaninhalte im Einführungserlass für 2016

Kurshalbjahr	Verbindliche Unterrichtsinhalte	Stichworte
Q 1	**The Challenge of Individualism**	
	GK + LK: USA	• the American Dream • living together (gender issues) (ethnic groups: Hispanics)
	GK: Science and Technology	• electronic media • biotechnology
	LK: Them and Us	• the one-track mind (prejudice, intolerance, ideologies)

1 www.kultusministerium.hessen.de

Q 2	**Tradition and Change**	
	GK + LK: The United Kingdom	• social structures, social change (ethnic minorities, multiculturalism) • Great Britain and the world (the British Empire, the Commonwealth)
	GK: Work and Industrialization	• business, industry and the environment • trade and competition
	LK: Extreme Situations	• love and happiness • initiation • the troubled mind
Q 3	**The Dynamics of Change**	
	GK + LK: Promised Lands: Dreams and Realities	• political issues • social issues *country of reference: South Africa*
	GK: Order, Vision, Change	• models of the future (utopias, dystopias, 'progress' in the natural sciences) • revolt and revolution
	LK: Ideals and Reality	• structural problems (violence, (in-)equality)

1.2 Aufgabenarten und Bewertung

Die Abituraufgabe muss zwei der drei prüfungsrelevanten Halbjahre inhaltlich miteinander verbinden. Es gibt zwei Aufgabenarten: die Textaufgabe und die kombinierte Aufgabe:

- Die **Textaufgabe** umfasst einen oder mehrere Texte mit drei bis vier Arbeitsanweisungen. Es kommen literarische Texte und Sachtexte infrage sowie Bilder und Grafiken.
  Der im Leistungsfach vorgelegte Text umfasst zwischen 700 und 900 Wörter, der im Grundkursfach zwischen 500 und 700 Wörter. Werden mehrere Texte vorgelegt, gilt die Wortzahl für alle Texte zusammen.
- Die **kombinierte Aufgabe** besteht aus zwei Teilen: aus einer verkürzten Textaufgabe und aus einer Sprachmittlungsaufgabe. Der Umfang der Textaufgabe beträgt im Leistungskurs 400 bis 650 Wörter, im Grundkurs 400 bis 500. In der kombinierten Aufgabe werden die Textaufgabe und die sprachpraktische Aufgabe im Verhältnis 3:1 gewertet.

Bei allen Aufgabenarten wird zur Bewertung zwischen **inhaltlicher** und **sprachlicher Leistung** (Ausdrucksvermögen/Stil sowie Sprachrichtigkeit/Fehler) unterschieden. Bei der Festlegung der Gesamtnote kommt der sprachlichen Leistung im Vergleich zur inhaltlichen die größere Bedeutung zu. Sie wird im Verhältnis 2:1 gewertet. Eine mit 0 Punkten bewertete inhaltliche oder sprachliche Leistung schließt eine Gesamtnote von mehr als drei Punkten einfacher Wertung aus. In der Beurteilung der kombinierten Aufgabe wird diese Regelung für beide Teile getrennt angewendet.

Kriterien für die Bewertung der inhaltlichen Leistung sind:

- Textverständnis,
- Entfaltung des Themas,
- Folgerichtigkeit der Darstellung,
- Anwendung fachspezifischer Kenntnisse und Methoden,
- Fähigkeit zur Argumentation und Stellungnahme und
- v. a. im Leistungskurs: Erkennen der Wirkung sprachlicher und formaler Textmerkmale.

Bewertung der sprachlichen Leistung:

Die sprachliche Leistung umfasst die Bereiche Sprachrichtigkeit und Ausdrucksvermögen zu gleichen Teilen.

Sprachrichtigkeit

Der Ihre Arbeit beurteilende Lehrer ist bei der sprachlichen Korrektur Ihres Textes an Regeln hinsichtlich der Fehlergewichtung gebunden und muss sich in der Notengebung an den landesweit gültigen Fehlerindex halten.

Zur Fehlergewichtung:

- halber Fehler:
  - orthografische Fehler ohne Bedeutungsveränderung (auch Bindestrich-Fehler)
  - Präpositionsfehler, wenn kein konkreter Bedeutungswandel eintritt
  - Interpunktion in eindeutigen Fällen
  - Apostroph bei Genitiv
- ganzer Fehler: alle Wortfehler, Satzfehler und praktisch alle Grammatikfehler
- anderthalb Fehler: bei sinnentstellenden Verstößen gegen elementare Regeln
- Wiederholungsfehler bei demselben Wort bzw. in einem identischen Kontext werden nicht erneut gewertet
- Flüchtigkeitsfehler werden nicht gewertet

Der Fehlerindex errechnet sich nach der Formel: $\frac{\text{Fehlerzahl x 100}}{\text{Zahl der Wörter}}$

Tabelle für Fehlerindices im Fach Englisch:

Notenpunkte	15	14	13	12	11	10	9	8
Fehlerindex Grundkurs	bis 0,9	bis 1,3	bis 1,7	bis 2,1	bis 2,5	bis 2,9	bis 3,3	bis 3,7
Fehlerindex Leistungskurs	bis 0,8	bis 1,1	bis 1,4	bis 1,7	bis 2,0	bis 2,3	bis 2,6	bis 2,9
Notenpunkte	7	6	5	4	3	2	1	0
Fehlerindex Grundkurs	bis 4,1	bis 4,5	bis 4,9	bis 5,3	bis 5,7	bis 6,1	bis 6,5	> 6,5
Fehlerindex Leistungskurs	bis 3,2	bis 3,5	bis 3,8	bis 4,1	bis 4,4	bis 4,7	bis 5,0	> 5,0

Kriterien für die Bewertung des Ausdrucksvermögens sind:

- Reichhaltigkeit und Differenziertheit des Wortschatzes im thematischen und im aufgabenspezifischen Bereich,
- Angemessenheit des Registers, d. h. des Stilniveaus,
- Ökonomie und Treffsicherheit des Ausdrucks,
- Textkohärenz und Flüssigkeit der Darstellung,

- Variation des Satzbaus und
- sprachliche Prägnanz der Gesamtleistung.

Im Folgenden finden Sie die allgemeinen Kriterien für eine „ausreichende“ bzw. „gute“ Leistung:

Eine „ausreichende“ Prüfungsleistung (5 Punkte) liegt vor, wenn

a) im sprachlichen Bereich
   - der Wortschatz ausreicht, um Sachverhalte und Meinungen im Rahmen der Aufgabenstellung weitgehend verständlich auszudrücken,
   - elementare Verknüpfungen zwischen Satzteilen, Sätzen und Satzgruppen in einer der Aufgabenstellung angemessenen Weise eingesetzt werden,
   - formalsprachliche Verstöße die Verständlichkeit nicht erheblich beeinträchtigen und
   - eine Vertrautheit mit elementaren sprachlichen Gesetzmäßigkeiten erkennbar ist.

b) im inhaltlichen Bereich
   - dem bereitgestellten Material die für die Ausführung der Arbeitsanweisungen notwendigen Informationen in Grundzügen entnommen werden,
   - alle gestellten Aufgaben im Ansatz gelöst werden bzw. auf den größeren Teil mehr als nur im Ansatz eingegangen wird und dabei Kenntnisse im Großen und Ganzen geordnet zueinander und zur Textvorlage in Beziehung gesetzt werden,
   - die für die Bearbeitung der Aufgaben erforderlichen Grundkenntnisse und Methoden nachgewiesen werden und
   - die Gedankenführung nachvollziehbar ist.

Eine „gute“ Prüfungsleistung (11 Punkte) liegt vor, wenn

a) im sprachlichen Bereich
   - durch einen differenzierten und weitgehend idiomatisch geprägten Wortschatz auch komplexe Sachverhalte und Meinungen dargestellt werden,
   - Satzteile, Sätze und Satzgruppen differenziert und nuanciert verknüpft werden,
   - formalsprachliche Verstöße die Verständlichkeit nicht beeinträchtigen,
   - eine Vertrautheit mit relevanten sprachlichen Gesetzmäßigkeiten erkennbar ist.

b) im inhaltlichen Bereich
   - dem bereitgestellten Material die für die Ausführung der Arbeitsanweisungen notwendigen Informationen auch im Detail entnommen werden,
   - auf alle Teile der gestellten Aufgabe(n) eingegangen wird und diese analytisch-interpretierend bzw. handlungsorientiert selbstständig bearbeitet werden,
   - die für das Bearbeiten der Aufgaben erforderlichen Kenntnisse und Methodenkompetenzen nachgewiesen werden,
   - die Ausführungen aufgabenbezogen, schlüssig und in ihrer Wertungsgrundlage reflektiert sind.

2 Anforderungsbereiche und Aufgabenstellungen

In der Regel werden Ihnen zum Abiturtext wie bei Ihren bisherigen Klausuren drei bis vier Aufgaben gestellt, die sich im Grundsatz an der Abfolge Zusammenfassung, Analyse und Stellungnahme/Kommentar/kreatives Schreiben orientieren.
Diese Abfolge ergibt sich grob aus den drei Anforderungsbereichen, die vom Lehrplan und den Abiturrichtlinien als Leitgrößen vorgegeben sind:
- Anforderungsbereich I: Textverstehen
- Anforderungsbereich II: Textanalyse
- Anforderungsbereich III: Werten und Gestalten

Abituraufgaben werden so konzipiert, dass der Schwerpunkt der geforderten Leistungen auf dem Anforderungsbereich II liegt. Grund- und Leistungskurs unterscheiden sich prinzipiell darin, dass im Grundkurs die Anforderungen aus den Bereichen I und II stärker akzentuiert sind, im Leistungskurs die Anforderungen aus den Bereichen II und III.
Die **erste Aufgabe** bezieht sich in der Regel weitgehend auf den **Anforderungsbereich I:** Textverstehen. Sie sollen unter Beweis stellen, dass Sie die Textvorlage verstanden haben und in der Lage sind, den Text zusammenzufassen oder einen Teilaspekt darzustellen.
Die **zweite Aufgabe** bezieht sich in der Regel schwerpunktmäßig auf den **Anforderungsbereich II:** Textanalyse. Die Analyse kann sich sowohl auf die Untersuchung der Gestaltungsmerkmale des Textes beziehen wie auch den Problemgehalt des angesprochenen Themas ausloten; u. a. können Sie aufgefordert werden, den Bezug zu einem im Unterricht bearbeiteten thematischen Kernbereich herzustellen. Oft werden zu beiden Teilbereichen Fragen gestellt.
Gleichwertig als Leistungen im Bereich des **Anforderungsbereichs III** werden die Stellungnahme/der Kommentar und das kreative Schreiben (z. B. aus einer anderen Perspektive) in einer vorgegebenen Textsorte angesehen. In der Regel wird nur eine der beiden Aufgaben gestellt.

3 „Operatoren"

Um unmissverständliche Aufgabenstellungen zu ermöglichen, werden sogenannte Operatoren verwendet. Das sind als Schlüsselwörter fungierende Aufforderungsverben, die auf die erwartete Leistung (und bestimmte Anforderungsbereiche) abzielen. In der Regel werden nur die in der vom Hessischen Kultusministerium veröffentlichten Operatorenliste festgelegten, definierten und mit Beispielen versehenen Verben benutzt.[2] Sie sollten Ihnen aus dem Unterricht bereits hinlänglich vertraut sein.
Trotz der Zuordnung der Operatoren zu den jeweiligen Anforderungsebenen ist eine klare Trennung nicht immer möglich. Für den Bereich kreativer Schreibaufträge werden hier keine Operatoren aufgeführt.

---

2 www.kultusministerium.hessen.de

Operator	Definition	Beispiel	AFB
Anforderungsbereich I			
delineate	present the central elements of a line of action or line of argument	Delineate the author's argumentation.	I–II
describe	give a detailed account of sth.	Describe the different attitudes of the protagonists regarding Britain and the British.	I–II
outline	give the main features, structure or general principles of a topic omitting minor details	Outline the author's views on love, marriage and divorce.	I–II
point out	identify and explain certain aspects	Point out the situation the protagonist finds himself confronted with …	I–II
summarise	give a concise account of the main points	Summarize the text (in your words).	I–II
Anforderungsbereich II			
analyse/ examine	systematically describe and explain in detail certain aspects and/or features of the text	Examine the author's use of language. Analyse the rhetorical means used. Analyse the relationship between X and Y.	II–III
charac-terise	describe and analyse the character(s)	Write a characterization of the heroine.	II
compare	point out and analyse similarities and differences	Compare X and Y's views on education. Compare the living conditions described in the text with the idea of the "melting pot".	II–III
contrast/ juxtapose	describe and analyse the differences between two or more things	Contrast the author's concept of multiculturalism with concepts you have encountered in class.	II–III
explain	describe and define in detail	Explain the protagonist's obsession with money.	II
illustrate/ show	use examples to explain or make clear	Illustrate the character's narrow-mindedness.	II–I

put into the context of	an incident, statement or argument is linked to relevant historical or topical knowledge (on the basis of knowledge gained in class)	Put this speech into the context of the Hispanic experience in the US.	II
relate	take an aspect (aspects) of the text at hand and establish a meaningful connection to an aspect (aspects) of the text of reference	Relate the protagonist's principles to a text read in class.	II–III
Anforderungsbereich III – Bereich Interpretation/Bewertung			
comment	state clearly your opinions on the topic in question and give reasons or examples	Comment on the thesis … expressed in the text, line …	III
discuss	analyse, give reasons for and against and come to a justified conclusion	Discuss the influence of terrorism on civil liberties in the United States.	III
evaluate/ assess	form an opinion after carefully considering and presenting advantages and disadvantages	Evaluate the chances of the protagonist's plan to succeed in life. Assess the importance of ethics in scientific research.	III
interpret	analyse the text and put its meaning in a wider context	Interpret the message the author wishes to convey.	III–II
Anforderungsbereich III – Bereich Textproduktion/Gestaltung			
write + *text type*	creative text production on a topic within the context of a specific text type	Write (e. g.) a letter to the editor / a personal letter / a dialogue / a speech …	III

Hinweise zur Lösung von Abituraufgabenstellungen

1 Textzusammenfassung/gelenkte Textzusammenfassung

Die erste Aufgabe der Abiturprüfung zielt in der Regel auf das Textverstehen, d. h., sie beinhaltet in gelenkter oder allgemeiner Form die Erstellung einer Zusammenfassung, deren Länge in aller Regel zwischen 25 und 30 % des Ausgangstextes beträgt.

Warum wird eine Zusammenfassung geschrieben?
Die Zusammenfassung hat eine Schlüsselfunktion in der Vorbereitung der Textanalyse und der Interpretation. Zunächst muss man sicher sein, dass auch wirklich erfasst worden ist, worum es in dem Text geht. Erst dann ist es möglich, den Text auf Aufbau, Argumentationsweise, Sprache und Stilmittel, d. h. in Bezug auf seine Gestaltungs-

mittel zu untersuchen. Erst wenn die Textaussage und die Textgestaltung klar erfasst sind, kann man sich der Textauslegung, der Interpretation und der Analyse der Bedeutung des Textes zuwenden, d. h. erst dann kann der Text auch in einem größeren inhaltlichen oder stilistischen Zusammenhang betrachtet werden.

Wie wird eine Zusammenfassung vorbereitet?

Jede inhaltliche Zusammenfassung beginnt mit einem *umbrella sentence*, der (soweit bekannt) Angaben zum Autor, zur Textsorte, zum Zeitpunkt des Entstehens und zum thematischen Schwerpunkt des Textes enthält.

Die Gliederung des Textes entwickelt sich bei Sachtexten aus folgenden Leitfragen:

- Um welches Thema/Problem geht es?
- Was will der Autor aussagen?
- Wie baut er seine Argumentation auf?
- Welche weiter gehende Stellungnahme wird in den Folgeaufgaben verlangt?

Bei literarischen Texten als Klausurvorlage steht nicht der argumentative Charakter im Vordergrund. Es handelt sich in aller Regel um Momentaufnahmen aus einem größeren Zusammenhang, welcher in dieser Situation unbekannt bleibt. Die Gliederung des Textes ergibt sich aus Leitfragen wie z. B.:

- Welche Situation treffen wir an?
- Wer sind die Protagonisten und wie verhalten sie sich?
- Welche Grundstimmung finden wir vor?
- Um welches Thema/Problem geht es?
- Wie ist der Text strukturiert?
- Für welche weiter gehende Fragestellung werden Informationen benötigt?

In jedem Falle ist bei diesen Leitfragen immer wieder zu entscheiden:

- Was ist zentral wichtig?
- Was ist rein ornamental, also ausschmückendes Beiwerk?
- Was könnte man erwähnen, muss es aber nicht?

Bei der Entscheidung, was man weglassen kann, helfen Überlegungen wie: „Könnte ich den Text verstehen, wenn mir diese Information nicht zur Verfügung gestellt würde?“ D. h., es gilt z. B. zu fragen:

- Was ist ein ausschmückender oder illustrierender oder konkretisierender Zusatz?
- Was wird wiederholt bzw. ist redundant?

Was ist beim Schreiben zu beachten?

Aus der Beantwortung der Leitfragen ergeben sich Grundbausteine und eine Rohstruktur der Zusammenfassung. Im Einzelfall kann eine detailliertere Gliederung unerlässlich sein.

Grundsätzlich sind nur Äußerungen niederzuschreiben, die sich an der Textvorlage auch tatsächlich überprüfen lassen. Die Argumentationslogik sollte klar, unverschnörkelt und nachvollziehbar sein. Sie wird in den meisten Fällen nicht der Reihenfolge der Argumente im Text folgen. Im Gegenteil: Sehr oft wird eine am Schluss der Textvorlage zu findende These/Schlussfolgerung oder überraschende Handlungsvariante den Ausgangspunkt der Zusammenfassung bilden.

Wie wird die Zusammenfassung formal und sprachlich gestaltet?

- **Textlänge:** Der Umfang der Zusammenfassung liegt meist zwischen einem Viertel und einem Drittel der Länge der Textvorlage.
- **Tempus:** Eine Zusammenfassung wird im Präsens verfasst. Im Text vorkommende Vor- bzw. Nachzeitigkeit bleibt erhalten.
- **Bezüge:** Personen-, Zeit- und Ortsbezüge werden wie in der indirekten Rede umgeformt, also wird z. B. *I* zu *he* oder *she*; *yesterday* wird zu *the day before*; *here* wird zu *there*.
- **Tabus:** Die Zusammenfassung enthält weder direkte Rede oder Zitate noch eine wertende persönliche Stellungnahme.

Sprachlich tendiert die Zusammenfassung zu einem leicht gehobenen Niveau und Abstraktionsgrad. Sie ist eher konzeptuell als berichtend oder ausschmückend; dies und die Textlänge unterscheiden sie von der Nacherzählung. Ein höherer Abstraktionsgrad verlangt die Verwendung von Kürzungsmitteln:

- **Allgemeinbegriffe** (wie z. B. *fruit* anstelle von *„strawberries, gooseberries and bananas“*),
- **übergreifend einschätzende Verben** (wie z. B. *to focus on, to claim, to maintain, to criticize, to report, to illustrate, ...*),
- **generalisierende Adjektive** (wie z. B. *to be worried about, to be reluctant, to be concerned with, ...*) und
- **Konjunktionen:** temporale *(before, when)*, kausale *(because, as, so)*, konditionale *(if, unless)*, konzessive *(though, although)*, kontrastive *(but, instead of)* und konsekutive *(so that, thus)* Bindewörter.

2 Analyse

Prinzipiell können sich Aufgaben zur Analyse zum einen auf die Textanalyse im engeren Sinne beziehen, zum anderen auf zusätzliches Material oder auf im Unterricht Erarbeitetes.

- Bei der **Analyse im engeren Sinne** geht es um Facetten der Textstrukturierung/ Textgestaltung, die aufzuzeigen sind; es kann zusätzlich gefordert sein, das Verhältnis zwischen den Gestaltungsmitteln und dem Inhalt, der Atmosphäre oder der Textaussage auszuloten, d. h. die Funktion der Gestaltungsmittel zu bestimmen – als Teil der Interpretation (siehe a).
- Eine weitere Variante der Textanalyse besteht in der **Verknüpfung** der Textvorlage **mit einem zusätzlich in der Aufgabe zur Verfügung gestellten Material** (z. B. ein Cartoon oder eine Statistik/ein Diagramm; siehe b).
- Ebenso können Sie aufgefordert werden, die Informationen des vorliegenden neuen Textes zu **im Unterricht Gelesenem und Diskutiertem** in Bezug zu setzen (siehe c).

a) Auf der Basis der Zusammenfassung und dem so gewährleisteten Textüberblick wird das erworbene Wissen systematisch auf den Text angewendet. Wenn in der Aufgabenstellung keine weiteren Hinweise gegeben werden, so ist der Text daraufhin zu *scannen,* welche Gestaltungsmittel besonders in den Vordergrund treten. Das *Scannen* kann sich beziehen auf:
   - die Wortwahl (Register, Häufigkeiten),
   - den Satzbau (komplex/einfach),
   - Stilmittel (z. B. Kontrast, Parallelität, Wiederholung) und
   - Sprachfiguren (z. B. Vergleich, Metapher)[3].

   Mit dem Aufzeigen von Textgestaltungsmerkmalen kann die Aufgabenstellung erfüllt sein, in vielen Fällen allerdings ist es das Fundament für eine weiterführende Betrachtung, die über die formale Analyse hinausgeht. Hier stellt sich die Frage nach dem Zusammenwirken von Form und Inhalt, d. h. die Gestaltungsmittel werden auf ihre Funktion oder Wirkung hin überprüft. Inwiefern unterstützen sie die Textaussage oder unterlaufen sie diese, z. B. in der Satire oder der Parodie?

b) Bei der Verbindung von neuem Text mit einem zusätzlichen Material (z. B. einem Cartoon, einem Werbeplakat oder einer Statistik) enthält die Aufgabenstellung mit großer Wahrscheinlichkeit einen Hinweis auf gewünschte Anknüpfungspunkte zwischen den beiden Materialien (siehe LK 2014-9, LK 2015-9). Dennoch ist es wesentlich, sich mit dem Inhalt des zusätzlichen Materials auseinanderzusetzen, bevor auf mögliche Vergleichsmerkmale mit dem Text Bezug genommen wird:
   - Handelt es sich bei dem zusätzlichen Material um eine **Statistik**, sollten Sie sich zunächst über die Art des vorliegenden Diagramms klar werden und dieses dann genauer beschreiben. (Hilfreiche Formulierungen hierfür finden Sie auf den Seiten XVII–XIX.)
   - Handelt es sich um einen **Cartoon**, ist es Ihre Aufgabe, die in Bild und Schrift dargestellte Botschaft des Zeichners zu dekodieren und in einen logischen Kontext zu stellen. Dies sollte in den folgenden Schritten erfolgen:
     - Beschreibung der im Cartoon dargestellten Personen, der Situation oder Aktion sowie der Textanteile (z. B. Sprechblasen, Bildunterschriften) im Präsens *(simple present, present progressive)*,
     - Erkennen des im Cartoon angesprochenen Problems, Bezug der dargestellten Szene auf die (momentane) politische oder gesellschaftliche Situation (wichtige Informationen hierfür können in Bildunterschrift oder Sprechblasen enthalten sein),
     - Entschlüsseln der verwendeten Symbole (z. B. Taube für den Frieden etc.),
     - Interpretation der Botschaft des Cartoons, gestützt auf die gesammelten Erkenntnisse und Informationen.

     Erst nach der Analyse und Interpretation des Cartoons können Sie diesen fundiert in Bezug zur Textvorlage setzen. Dabei sollten Sie sich u. a. die Frage stellen, ob ein und dasselbe Thema aus verschiedenen Blickwinkeln oder derselben Perspektive dargestellt wird oder ob es inhaltliche Anhaltspunkte für

---

3 vgl. *Glossary of literary terms* (S. XX ff.)

einen Vergleich der beiden Materialien gibt. (Hilfreiche Formulierungen für die Analyse eines Cartoons finden Sie auf der Seite XVII.)

– Handelt es sich um ein **Werbeplakat**, ist es wichtig, sowohl Bild als auch Werbebotschaft einer genauen Betrachtung zu unterziehen. Meist ist es die Kombination aus den Komponenten Text und Bild, die die Aufmerksamkeit des Betrachters erregen soll. Nicht selten trägt die Bildbearbeitung dazu bei, den Werbeslogan zu unterstreichen *(staged advertisement)*.
  Generell empfiehlt sich folgendes Vorgehen zur Analyse eines Werbeplakats:
  - Kurze Beschreibung des Posters: Was wird dargestellt? Wer wirbt mit dem Plakat? Wofür wird geworben?
  - Beschreibung des Posters im Detail: Gehen Sie bei aufwändigeren Plakaten am besten systematisch vor, indem Sie das Plakat von unten nach oben bzw. links nach rechts oder erst Vorder- und dann Hintergrund beschreiben. Weisen Sie dabei auf auffällige Details hin, die den Gesamteindruck des Posters verstärken. Geben Sie die Texte in Ihren eigenen Worten wieder.
  - Herstellen einer Beziehung zwischen Werbetext und Abbildung: Gibt es (ironische) Widersprüche zwischen Bild und Text? Ergänzen sich die beiden Komponenten? Verstärkt der Text bzw. das Bild bestimmte Eindrücke?
  - Analysieren des Effekts des Posters auf den Betrachter: Wer soll angesprochen werden? Welche Absicht steckt dahinter? Wie wird die Botschaft vermittelt? Wird der beabsichtigte Effekt beim Beobachter erzielt? (Hilfreiche Formulierungen zur Analyse eines Werbeplakats finden Sie auf Seite XVI.)

c) Auch wenn ein Bezug von bereits Gelerntem zum neuen Text gewünscht ist, wird in der Regel die Aufgabenstellung die weitere Herangehensweise steuern. Sollte die Aufgabenstellung sehr allgemein sein, so müssen mögliche Anknüpfungspunkte kurz durchdacht werden. In einem weiteren Schritt ist dann z. B. zu klären, ob und, wenn ja, inwiefern sich Gelerntes und Neues widersprechen oder ergänzen.

3 Persönliche Stellungnahme / Kommentar und Diskussion

Traditionellerweise erfordert die Lösung der letzten Aufgabe eine persönliche Stellungnahme, einen kritischen Kommentar oder eine analytisch orientierte Diskussion. Zuweilen tritt an die Stelle dieser Anforderung die sogenannte kreative, gestalterische Aufgabe, die im Rahmen einer Textsortenbindung bei der inhaltlichen Ausgestaltung einen größeren Spielraum für das Einbringen eigener Ideen bietet.

In einer **persönlichen Stellungnahme** oder **einem Kommentar** wird von Ihnen erwartet, dass Sie Ihre eigene Meinung zu dem gegebenen Problem äußern. Damit steht es Ihnen frei, das Problem u. U. auch sehr emotional und unter Bezug auf Ihre eigenen Erfahrungen und ganz persönlichen Wertvorstellungen zu beleuchten.
Es wird von Ihnen erwartet, dass Sie einen oder mehrere Hauptaspekte auswählen und diese Auswahl kurz reflektieren und begründen. Diese Aspekte werden systematisch bearbeitet und Thesen dazu aufgestellt. Über eine eng gefasste persönliche Stellung-

nahme hinaus sollte eine Einbettung der Problemstellung und der Hauptaspekte in einen größeren Kontext vorgenommen werden.

Im Rahmen einer **Diskussion** sollten Sie möglichst viele Facetten eines Problems entfalten, analytisch durchdringen und eine Bewertung vornehmen. Die Grundlagen dieser Bewertung müssen offengelegt und reflektiert werden.
Die Diskussion ist mehr der analytischen Schärfe verpflichtet und weniger den Bedürfnissen und Emotionen des Einzelnen. Sie können also bei der Diskussion eines Problems zu anderen Ergebnissen kommen als bei einer persönlichen Stellungnahme zu demselben Problem.
Methodisch empfiehlt es sich, vor dem Schreiben eine Stichwortsammlung zu erstellen, zusammengehörige Stichworte zu bündeln und in eine sinnvolle und für den Leser nachvollziehbare Anordnung zu bringen. Immer mit Blick auf den Adressaten ist beim Schreiben zu entscheiden, an welchen Stellen Beispiele/illustrierende Passagen eingefügt werden.

4 Sprachmittlungsaufgabe[4]

Kombinierte Aufgaben mit einem Sprachmittlungsteil werden meist für anspruchsvoll gehalten, da sie neben einer verkürzten Textaufgabe, auch noch die Bearbeitung des sprachpraktischen Teils erfordern, nämlich die sinngemäße, schriftliche Zusammenfassung des wesentlichen Gehaltes eines deutschen Ausgangstextes in der Fremdsprache. Der vom Schüler zu verfassende (englische) Text sollte dabei in der Regel ein Drittel der Länge des deutschen Ausgangstextes umfassen und sich auf einen aus dem Unterricht vertrauten Themenbereich beziehen. Er muss aber inhaltlich nicht mit der sich anschließenden Textaufgabe verknüpft sein. Infrage kommen vor allem anwendungsbezogene Texte, die sich z. B. auf naturwissenschaftliche, technische oder wirtschaftliche Sachverhalte aktueller oder zeitloser Art (in Deutschland) beziehen. Die der Mittlung vorangestellte Aufgabe versucht typischerweise, einen praktischen Kontext herzustellen und z. B. einen Adressaten anzugeben, der beim Schreiben berücksichtigt werden muss. Das könnten die Webseite einer Schule im englischsprachigen Ausland oder ein englischsprachiges Projekt sein, an dem mehrere Schulen in der EU arbeiten.
Obwohl damit zu rechnen ist, dass ungewöhnliches Fachvokabular angegeben wird, eignen sich diese Aufgaben besonders, wenn Sie ohnehin über einen breiten Wortschatz verfügen, schnell und flüssig Englisch schreiben und Ihre Zeit gut einteilen, d. h. im Grundkurs circa 45 Minuten und im Leistungskurs circa 60 Minuten für diesen Aufgabenteil einrechnen.
Sprachmittlung bedeutet <u>nicht</u>, dass Sie eine Übersetzung vornehmen sollen, sondern dass Sie die Kernaussagen des deutschen Ausgangstextes in englischer Sprache wiedergeben. Somit lohnt es sich, zur Vorbereitung auf diese Aufgabe auch das Kapitel über die Textzusammenfassung (vgl. S. VII f.) noch einmal durchzuarbeiten.

---

4 vgl. Theis/Werkmann: Sprachmittlung. Stark Verlag (Best.-Nr. 94469)

Wesentlich ist folgende Vorgehensweise:

Schritt 1
Suchen Sie nach der zentralen Aussage des Textes.

Schritt 2
Integrieren Sie diese zentrale Aussage in Ihren *umbrella sentence*. Der *umbrella sentence* steht am Anfang Ihres Textes und informiert den Leser nicht nur über den argumentativen Kern des Ausgangstextes, sondern auch über den situativen Rahmen – inklusive Quellenangabe.

Schritt 3
Arrangieren Sie die wichtigsten Argumente um die in Schritt 1 bestimmte Kernaussage herum.

Schritt 4
Lassen Sie Details und rein illustrative Passagen aus. Wichtig sind die Aussage des Textes und seine innere Logik. Denken Sie daran, dass logische und zeitliche Bezüge durch die geschickte Verwendung von Konjunktionen (z. B. *although, as, but, however, if, unless, when*) hergestellt werden.

5 Ausdrucksvermögen

Die Ausdrucksweise jedes Menschen ist sehr individuell, daher sind allgemeine Aussagen zur Stilverbesserung schwierig. Allerdings haben Sie bereits gelesen, welche Kriterien der Bewertung des Ausdrucksvermögens zugrunde liegen. Bei der Vorbereitung Ihrer Prüfung ist also die Aneignung bzw. Wiederholung des themen- und aufgabenspezifischen Fachvokabulars wichtig. Grundlage sollten Ihre im Unterricht erworbenen Kenntnisse sein. Es gibt auch zahlreiche Veröffentlichungen, in denen der Oberstufenwortschatz thematisch gegliedert dargeboten wird (z. B. der Kompakt-Wissen Englisch Wortschatz Oberstufe des Stark Verlages, Best.-Nr. 90462, oder der Abitur-Training Englisch Themenwortschatz des Stark Verlages, Best.-Nr. 82451D).

5.1 Konnektoren

Im Zusammenhang mit der geforderten Variation des Satzbaus und dem Einsatz von Verknüpfungen zwischen Satzteilen, Sätzen und Satzgruppen lohnt sich die bewusste, aber nicht übertriebene Verwendung von Konnektoren, die auch als *connectives* oder *linkers* bezeichnet werden. Sie sind besonders für die elegante Formulierung von Kommentaren notwendig. Die themen- und meinungsunabhängigen Konnektoren werden aber zum Teil auch bei Zusammenfassungen und Analyseaufgaben immer wieder gebraucht. In einsprachigen Wörterbüchern findet man solche hilfreichen Ausdrücke des Öfteren im Anhang oder in der Mitte.

Hier eine kleine Auswahl zum Wiederholen und Üben:

1. **Einleitung**
   - it is undeniably true that … (es *steht außer Zweifel, dass …)*
   - for the great majority of people *(für die meisten Leute)*
   - it is sometimes forgotten that … *(es wird manchmal vergessen, dass …)*
   - a problem that is often debated nowadays is that of … *(heutzutage wird viel über … diskutiert)*

2. **Fortführung**
   - a number of key issues arise from … *(aus … ergeben sich einige grundsätzliche Fragen)*
   - what it boils down to is: … *(letztlich läuft es auf Folgendes hinaus: …)*

3. **Bestätigung**
   - it should be stressed that … *(man sollte betonen, dass …)*
   - it would be ridiculous to assert that … *(es wäre geradezu lächerlich zu behaupten, dass …)*
   - it is undoubtedly true that … *(zweifellos …)*

4. **Zweifel**
   - it is questionable whether … *(es ist fraglich, ob …)*
   - it remains to be seen whether … *(es wird sich zeigen, ob …)*
   - it may well be that … *(es kann sehr wohl sein, dass …)*
   - it is certainly true that … but I wonder whether … *(es ist sicher richtig, dass …, aber ich frage mich, ob …)*

5. **Missbilligung**
   - it is hard to agree with … *(es fällt schwer, mit … übereinzustimmen)*
   - … offers no solution to … *(… bietet keinerlei Lösungsansatz für …)*
   - … should not go unchallenged *(… sollte nicht unwidersprochen hingenommen werden)*
   - I find it impossible to accept … *(ich kann … einfach nicht akzeptieren)*

6. **Betonung einzelner Gesichtspunkte**
   - it should never be forgotten that … *(man sollte nie vergessen, dass …)*
   - especially in view of … *(besonders im Hinblick auf …)*
   - next I wish to focus our attention on … *(als Nächstes möchte ich unser Augenmerk auf … lenken)*
   - what is more, … *(hinzu kommt noch, dass …)*
   - the chief feature of … *(das Hauptmerkmal …)*

7. **Vergleich, Hinzufügung, Verbindung**
   - as for … *(was … betrifft)*
   - first of all …, next …, finally … *(zunächst …, dann …, schließlich …)*
   - as far as … is concerned … *(was … betrifft …)*
   - there is a fundamental difference between … *(es besteht ein grundlegender Unterschied zwischen …)*
   - as regards … *(was … angeht)*

8. **Persönliche Sichtweise**
   - in my opinion … *(meiner Meinung nach …)*
   - my own view of this is that … *(meiner Meinung nach …)*
   - it seems to me that … *(mir scheint …)*
   - but I feel strongly that … *(ich bin der Überzeugung, dass …)*

9. **Andere Sichtweise**
   - this line of thinking leads to … *(dieser Gedankengang führt zu …)*
   - …, which brings us to another side of the question *(…, was eine andere Frage aufwirft)*
   - … draws our attention to the fact that … *(… macht uns darauf aufmerksam, dass …)*

10. **Zitate, Beispiele**
    - take the case of … *(wenn man zum Beispiel … nimmt)*
    - to illustrate the truth of this *(um das zu veranschaulichen)*
    - a single, but striking example of … *(ein gutes Beispiel für …)*
    - according to … *(laut …)*
    - this passage serves to illustrate … *(dieser Absatz veranschaulicht …)*

11. **These**
    - the first thing that needs to be said is … *(zunächst einmal sollte man darauf hinweisen, dass …)*
    - we must distinguish carefully between … *(man muss sorgfältig zwischen … unterscheiden)*
    - this brings us to the question of whether … *(daraus ergibt sich die Frage, ob …)*
    - it is worth stating at this point that … *(an dieser Stelle sollte man darauf hinweisen, dass …)*

12. **Antithese**
    - another way of looking at this question is to consider … *(man kann das Problem aber auch aus anderer Sicht betrachten)*
    - … is, however, a totally unjustified assumption *(… ist jedoch eine völlig unberechtigte Annahme)*
    - it would be more accurate to say that … *(es wäre richtiger zu sagen, dass …)*

13. **Synthese**
   - how can we reconcile these contradictory viewpoints? *(wie lassen sich diese widersprüchlichen Standpunkte vereinbaren?)*
   - it is easy to believe that … but the truth is that … *(man könnte annehmen, dass …, aber in Wahrheit …)*

14. **Schluss**
   - what conclusion can be drawn from all this? *(welche Schlussfolgerungen lassen sich aus all dem ziehen?)*
   - ultimately, then, … *(letzten Endes)*
   - nevertheless, at the end of the day it is safe to assume that … *(dennoch kann man letzten Endes davon ausgehen, dass …)*
   - all in all *(zusammenfassend)*
   - I therefore reject/support … *(daher unterstütze ich …/lehne ich … ab)*
   - in a nutshell … *(kurzum)*

Will man sich den bewussten Gebrauch dieser Stilmittel angewöhnen, sollte man die Musterlösungen in diesem Band nicht nur nach auf die Aufgabenstellung bezogenen inhaltlichen Kriterien, sondern auf jeden Fall auch mit Blick auf die Art der sprachlichen Gestaltung durcharbeiten.

5.2 Beschreibung eines Werbeplakats

Formulierungen

This poster is about/represents/reveals/shows …
The photograph/image depicts …
It is an example of …/There is a reference to …
The poster criticizes/points out …
The image suggests …/conveys the impression that …
The image draws attention to …
The image is manipulated …
The text explains …/is an appeal to …
The slogan hints at …/The explanatory text describes …
Text and image contradict each other because …/There is a contrast between …
The tone of the poster …
It creates an atmosphere of …
A positive impression is conveyed by …
By way of illustration …
The poster catches and holds the viewer's attention because …
The text is manipulative as …/The picture is distorted and thus creates the effect that …

5.3 Beschreibung eines Cartoons

Formulierungen

In the upper left-hand corner/in the lower right-hand corner …
In the foreground/in the background …
On the right-hand side/on the left-hand side …
At first sight, one believes …
The cartoon displays/shows …
The title of the cartoon refers to …
In the speech bubbles *(Sprechblasen)*, the cartoonist indicates …
The caption *(Bildunterschrift)* alludes to/implies …
The message is clear to see …
There is evidence that …
The cartoonist makes fun of …
From the cartoonist's point of view …
The cartoon displays the same topic as the text at hand, but shows another perspective on the issue …
The cartoon is more convincing than the arguments given in the text …

5.4 Beschreibung eines Diagramms

Diagrammarten

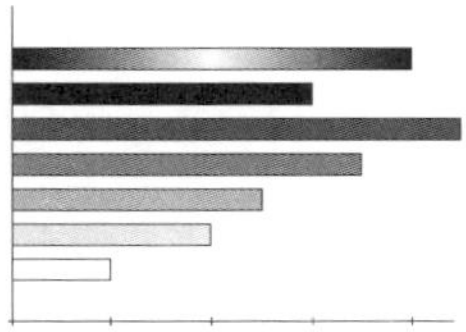

bar chart/graph
(Balken-, Säulendiagramm)

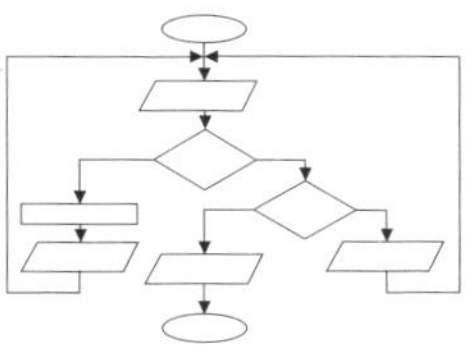

flow chart
(Flussdiagramm)

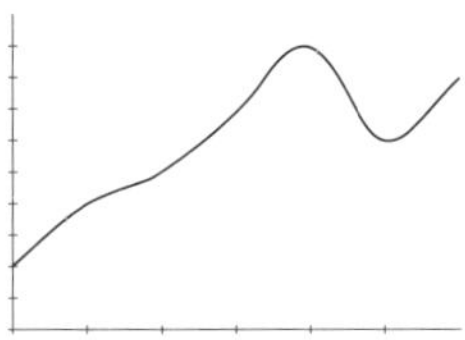

line graph
(Kurvendiagramm)

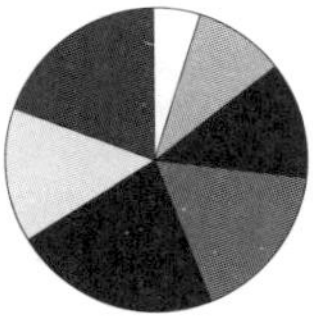

pie chart
(Kreisdiagramm, Kuchendiagramm)

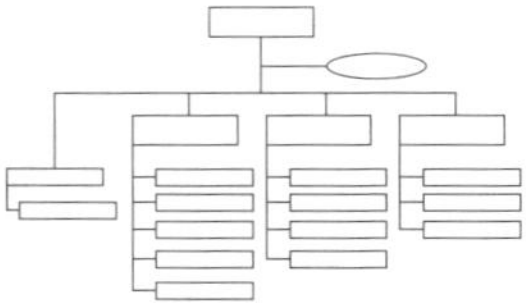

organization(al) chart
(Organigramm)

Question	Answer
a) What are the conditions that would bring about multiculturalism in a positive sense according to the author?	• individual rights should be guaranteed to everyone (cf. l. 29) • different groups should respect each other (cf. ll. 30 /31)
b) Which group makes it the most difficult to create a feeling of national identity?	white British people (cf. ll. 41/42)

table
(Tabelle)

Beschreibung des Diagramms

- **Zustand**

to stand at …	In December, sales stood at $ 22 million.
to remain/stay at …	Losses stayed at $ 2 million per month between January and March.
to amount to …	*sich belaufen auf, betragen*

- **Zunahme**

to rise/go up/increase by … to …	Costs rose by 5 % to 25 %.
to rise/go up/increase from … to …	Profits went up from 20 % to 25 %.
an increase/a rise of	There was an increase/a rise of 5 %.
an increase/a growth in	There was an increase in sales.
to rocket	*in die Höhe schießen*
to surge	*dramatisch zunehmen*
to double/treble/quadruple	*sich verdoppeln/verdreifachen/vervierfachen*
to increase five-fold, six-fold	*fünffach, sechsfach zunehmen*
to jump to	*in die Höhe schnellen*

- **Abnahme**

to drop/go down/decrease/fall by … to …	Expenses dropped by $ 55,000 to $ 320,000.
to drop/go down/decrease/fall from … to …	Interest rates decreased from 18 % to 16 %.
a drop/decrease/fall of	There was a drop/decrease/fall of 2 %.
a drop/decrease/fall in	Companies experienced a drop/decrease/fall in sales.
to plummet	*stark zurückgehen*
to slump	*zurückgehen*
to fall to a trough	*auf einen Tiefstand fallen*

- **Höhepunkt**

to peak at …	*einen Höchststand erreichen bei* Sales peaked at 5,000 units in December.
to reach a peak of …	Sales reached a peak of 5,000 units in December.

• **Gleichstand**	
to level off/out at …	*sich einpendeln bei* Sales levelled out at 4,000 units.
figures do not change	The figures have not changed for years.
• **Tiefpunkt**	
to bottom out at …	*einen Tiefstand erreichen bei* Our market share bottomed out later that year at around 25 %.
to reach their/its lowest at …	Profits reached their lowest at 8 %.
• **Adjektive**	
lightly/steadly/dramatically/ sharply	Sales figures have fallen slightly.
continually *(stetig)* / gradually *(allmählich)*	Profits have gone up continually.
(in)significantly *(un)bedeutend)* / negligibly *(geringfügig)*	Growth is expected to rise insignificantly.

Formulierungen

The pie chart shows …
This is an organization chart of …
The bar graph demonstrates …
This table gives information about …
The pie chart compares …
As you can see from the pie chart …
Its most significant feature is …
The horizontal axis represents …
The dotted line on the graph represents …
The figures in the table show that …
The figures prove that …
The statistics suggest that …
The diagram makes it clear that …
This implies that …
There is evidence that …

6 Glossary of literary terms

1. **Alliteration:** sometimes referred to as **head rhyme** or **initial rhyme**, alliteration is a term we use to describe the **repetition of the initial sounds**, usually consonants, in a line of poetry or in closely adjacent lines. A good poet uses alliteration not just because it sounds nice but because it reinforces the meaning and purpose of the lines in question. Alliteration therefore is used **to create melody, establish mood, or call attention to important words**. It also highlights similarities or contrasts.

   Example: "Scooping spilt, soft, broken oil with a silver spoon from a flagstone floor. …"
   (*"M-M-Memory" from* The Other Country *by Carol Ann Duffy*)

2. **Allusion:** when a writer alludes to something in the course of writing a poem, he refers to **information assumed to be known** by the reader. This can be a reference to a person or a well-known occurrence such as a battle or war, a TV character or a well-known literary character.

   Example: "'An old woman who looked like one of the witches from Macbeth' he said. This allusion was lost on Sally. Seeing her puzzlement he went on, 'wrinkled, don't you know, and hideous and so forth' …"
   (The Ruby in the Smoke *by Philip Pullman*)

3. **Anaphora:** the **repetition** of a word or phrase at the start of a succession of phrases in order to achieve **rhetorical effect**. This is most commonly used in plays or famous speeches.

   Example: "*We shall fight* in France, *we shall fight* on the seas and oceans, *we shall fight* with growing confidence and growing strength in the air, *we shall* defend our island, whatever the cost may be, *we shall fight* on the beaches, *we shall fight* on the landing grounds, *we shall fight* in the fields and in the streets, *we shall fight* in the hills. *We shall* never surrender."
   (Winston Churchill)

4. **Antithesis:** this term refers to the exact **opposite** of something being **highlighted in parallel words or** in the **juxtaposition** of contrasting ideas or phrases.

   Example: BRUTUS "Not that I loved Caesar less, but that I loved Rome more."
   (Julius Caesar *by William Shakespeare*)

5. **Characterisation:** the method an author uses to present his characters to the reader. This may involve **physical description**, an account of **speech and behaviour**, a character's **opinions and reactions**, or finally, what a character **feels or thinks** about something.

   Example: "Frances Lennox was a minor, steady, reliable actress, and had never been asked for anything more. This part was in a brilliant new play, a two-hander, and the male part would be taken by Tony Wilde who until now had seemed so far above her she would never have had the ambition to think of her name and his side by side on a poster …" (The Sweetest Dream *by Doris Lessing*)

6. **Climax:** a group of sentences or clauses which starts with the weakest and then **builds to a high point** in order to achieve effect. The term can also refer to the high point of a story or play.

   Example: "It is an outrage to bind a Roman citizen; to scourge him is an atrocious crime; to put him to death is almost a parricide; but to crucify him, what shall I call it?"
   (Cicero)

7. **Elements of fiction:** certain aspects of a literary work. A criticism or analysis of a book or story might concentrate on any of the following elements: the **action**, the **antagonist** (i. e. the person or force that works against the **protagonist** or hero of the story), the **characters**, the **climax**, the **conflict**, the **dialogue**, the **exposition** (i. e. the part of the story in which the characters first appear, the background is explained and the setting is described), the **falling action** (i. e. the action and dialogue following the climax that lead the reader into the story's end), the **mood**, the **moral**, the **narrator**, the **plot**, the **resolution** (i. e. how everything turns out), the **rising action** (i. e. the central part of the story during which various problems arise after a conflict is introduced), the **setting**, the **style** and the **theme**.

   Example: The theme of the short story collection *Dubliners* by James Joyce is essentially one of life and human nature in Dublin as seen through the eyes of the characters involved.

8. **Ellipsis:** a stylistic device used to achieve poetic effect by **omitting a word or phrase** which is easily known to the reader.

   Example: "And he to England shall along with you." (The word "go" has been omitted between "shall" and "along.")
   (Hamlet *by William Shakespeare*)

9. **Euphemism:** a **polite phrase or word** which is used to say something that is considered unpleasant or hurtful in a nice and acceptable manner.

   Example: "China is a country where you often get different accounts of the same thing" *(… where many lies are told) or* "He passed away" *(He died).*

10. **Figurative language** takes in such devices as **simile**, **hyperbole**, **personification** and **metaphor**.

    Example: "He clasps the crag with crooked hands
    Close to the sun in lonely lands
    Ringed with the azure world, he stands."
    ("The Eagle" by Lord Tennyson)

11. **Foreshadowing** happens when the author gives **hints** about things which will later come to pass in the course of a story.

    Example: In *Julius Caesar* by William Shakespeare, Caesar's wife has nightmares in which she foresees his death (Act II, Scene II):
    Thunder and lightning. Enter CAESAR, in his night-gown
    "Nor heaven nor earth have been at peace to-night:
    Thrice hath Calphurnia in her sleep cried out,
    'Help, ho! they murder Caesar!' Who's within?"

12. **Flashback:** the opposite of foreshadowing. An interruption in the action of a story or work of non-fiction **to show an episode that happened at an earlier time**. A flashback is usually used to provide background information.

    Example: In *The Snows of Kilimanjaro*, Harry Street, who is dying, becomes preoccupied with incidents in his past. In a flashback Street remembers one of his wartime comrades dying painfully on barbed wire on a battlefield in Spain.

13. **Hyperbole: exaggerated form** of language used to increase effect.

    Example: "I could eat a horse" *or* "All the perfume of Arabia could not sweeten this little hand."
    (Macbeth *by William Shakespeare*)

14. **Irony:** a humorous use of words **to imply the opposite** of what they actually mean. There is a contrast between what seems to be and what actually is. We speak of verbal irony, dramatic irony, irony of situation and irony of tone.

    Example: "Moments after Eileen shot herself, having earlier been told that John, her husband, had been killed in the war, he came walking up the drive with his rucksack over his shoulder."

15. **Metaphor:** a figure of speech that **implies comparison** without using "like" or "as". A resemblance is indicated but not expressed directly.

    Example: "All the world's a stage." (Not: … is *like* a stage)
    (As You Like It *by William Shakespeare*)

16. **Mood:** the overall **emotional effect** created by a piece of literature.

    Example: The mood created in the poem "Originally" (Carol Ann Duffy) is a reflective one, full of memories and uncertainty. The poet is considering a time when she lived in a different country and is wondering where she actually comes from. The conclusion of the poem reads "And I hesitate", a finish which contributes to, and is typical of, the overall mood of the poem.

17. **Paradox:** a seemingly **absurd or self-contradictory statement** that is or may be true.

    Example: "What a pity that youth must be wasted on the young."
    (George Bernard Shaw)

18. **Personification:** the **attribution of human qualities** to something which is not human.

Example: "As the wind undressed the trees, fear grabbed at his throat …"
or "The plane began to creak and protest as it fought its way through the storm."

19. **Plot: pattern of action** in a short story, novel or play. In a book with a good plot all the details are important and are arranged so that the outcome depends on each one and the interaction of all the details with one another. The plot may have **a protagonist** who is opposed by an **antagonist**, creating what is known as **conflict**. A plot may include a flashback or subplot (which might be a mirror image of the main plot).

Example: In Shakespeare's *King Lear,* the relationship between the Earl of Gloucester and his sons mirrors the relationship between Lear and his daughters.

20. **Point of view:** the writer's **choice of narrator** for his story. A writer has three basic choices when it comes to deciding on what point of view will be used in a novel.

Example: Personal or first-person: the narrator "I" is a character in the story who can reveal only his own thoughts and what he sees and is told. *Robinson Crusoe* is told from a first-person point of view.
A third-person narrator with a limited point of view is an outsider who can only report what he sees and hears (such as the narrator in *Hard Times* by Charles Dickens).
A third-person narrator with an omniscient point of view knows everything and can even read the minds of the characters. He might inform the reader about the thoughts of all characters or might focus on one character only. Joyce's *Ulysses* is told in this manner.

21. **Pun: play on words** to exploit ambiguities in meaning, usually for humorous effect.

Example: Ben Battle was a soldier bold and used to *war's* alarms
But a cannonball took off his *legs* so he laid down his *arms*.

22. **Rhetorical question:** a question to which **no answer is required** because the answer is obvious.

Example: "Who knows?" (The answer "nobody knows" is clear from the question itself.)

23. **Rhyme:** a term we use to describe the **repetition of syllable sounds**. We speak of **end rhyme** and **internal rhyme**. The pattern created by rhyme in a poem is referred to as the rhyming scheme.

Example: "I'm a lean dog, a keen dog, a wild dog and lone;
I'm a rough dog, a tough dog, hunting on my own."
(Irene Rutherford McLeod)

24. **Sarcasm:** particular **type of irony**. Sarcasm is usually intended to be aggressive and is often insulting and aimed at a person.

Example: "You are a wonderful goalkeeper." (To someone who has just conceded nine goals in a match …)

25. **Satire:** a literary work which exposes and ridicules human folly and uses **sarcasm**, **wit** and **irony** to do so. It is usually directed against the injustice of social wrongs e. g. poverty, corruption.

Example: Famous satirists would include Dryden, Swift, Pope and Orwell. *Animal Farm* (Orwell) and *Gulliver's Travels* (Swift) are among the most famous works of satire ever written.

26. **Setting:** the **time and place** in which the events of a story or novel take place.

Example: The book *Ulysses*, by Irish writer James Joyce, has perhaps the most well-known setting of any modern novel. It is set in Dublin on one particular day in 1904, a day that has since become known as Bloomsday in honour of a character, Leopold Bloom, who appears in the book.

27. **Simile:** a **comparison** of two completely different objects using "**like**" or "**as**". Usually, it is not considered as powerful as a metaphor as it does not defy logic.

Example: "Errors, like straws, upon the surface flow …" *(Nesfield)*

28. **Soliloquy:** a **speech** which is spoken by a character in a play at a time when he or she is unaccompanied on the stage.

Example: The best-known soliloquy in the English language is Hamlet's speech in which he utters his famous "to be or not to be" statement.

29. **Stream of consciousness: narrative technique** developed towards the end of the 19th century used to portray the **thoughts and feelings** (and sometimes also actions) **of a character**. It can depict subjective as well as objective reality.

Example: In his work *The Butcher Boy* the Irish author Patrick McCabe uses the stream of consciousness to show his main character's descent into madness.

30. **Symbol:** a word which stands for or is somehow connected to an idea and is therefore a **sign** of something.

Example: The Union Jack stands for Britain. In Robert Frost's poem "Acquainted with the Night" both night and darkness are symbols for death or depression.

31. **Tone:** when a reader refers to the tone of a poem, he or she is usually speaking about **the writer's attitude** to the subject he is writing about. More specifically, the tone of a text can refer to **the moral outlook**. Tone is sometimes used to describe the overall feeling of a poem and thus is related to the mood.

Example: The tone of *Cannery Row* by John Steinbeck is objective and neutral. The writer does not express disapproval of the actions of Mack and his band.

Kurzinterpretationen zu den Pflichtlektüren

Harper Lee, *To Kill a Mockingbird* (1960)

Author

Nelle Harper Lee was born in Monroeville, Alabama, in 1926. As her father was a lawyer, Nelle Harper began to study law. However, she quit her studies and moved to New York City in 1950, because she wanted to be a writer and so began writing short stories and working on *To Kill a Mockingbird.* The novel was an immediate success and has since become one of the most read books of modern American literature. In 1961, Lee was awarded the Pulitzer Prize for Fiction. Her novel was turned into a highly successful film, starring Gregory Peck as Atticus Finch. Another novel by Harper Lee, *Go Set a Watchman*, has recently been discovered and was published in July 2015.

Contents

Part I (Chapters 1–11): The story is set in the small town of Maycomb, Alabama, during the 1930s. The narrator is Jean Louise Finch, called Scout, who looks back on her childhood days. The children are raised by their father Atticus, a widowed lawyer, and Calpurnia, the black housekeeper. One summer seven-year-old Dill Harris comes to Maycomb to spend his holidays with his aunt. Scout, her older brother Jem and Dill become friends. Together with their new playmate they try to get behind the secret of a haunted house in their neighbourhood in which "Boo" (Arthur) Radley lives. He hasn't been seen for years since his father locked him up in the house. Wondering what Boo Radley now looks like the children devise games intended to get him to come out, but without success.

The following September Scout starts school and she hates it. On their last day at school before the vacations the children discover some chewing gum and a small box in the knothole of a tree on the Radley property. In the holidays Jem and Dill try to look into the house, but the roar of a shotgun drives them off. In panic, Jem catches his breeches in the fence and must abandon them. Later that night, he returns and finds them neatly folded across the fence. More objects begin to appear, including replicas of Scout and Jem carved in soap. When Jem and Scout decide to leave a note for whoever is leaving the objects, they find the tree hole filled with cement.

One night in the following winter, a neighbour's house is on fire. In the icy cold the children watch the fire brigade fight the flames. When Scout returns back home, she finds herself wearing a woollen blanket around her shoulders, which – as Atticus explains – must have been wrapped around her by Boo Radley. Scout later starts a fight at school in defence of her father who "defended niggers". Atticus tells Scout that he has accepted the defence of a black man, Tom Robinson, because his conscience tells him so. He warns Scout that some people might condemn him for this but asks her to keep her fists down. The children are a bit ashamed of their father because he is so different from other fathers. Although he says he is not interested in guns, Atticus fulfils the children's Christmas wishes and gives them air-rifles. He warns them, though, not to shoot mockingbirds.

Part II (Chapters 12 – 31): As Atticus' presence is required at the state legislature in Montgomery, the housekeeper Calpurnia takes Jem and Scout to a church service in her community. The children learn that everybody in the black community knows their father well. Reverend Sykes organises a collection for Helen, Tom Robinson's wife, because Tom cannot find any work now that he has been accused of raping a white woman.
At home, to the surprise of the children, their Aunt Alexandra is waiting for them. Scout in particular is not pleased at all that her aunt will stay for the summer holidays. As the trial is about to begin, the defendant Tom Robinson is brought to Maycomb jail. Sitting in front of the jail Atticus guards the prisoner and together with the children protects Tom against being lynched by a mob.
At the trial Tom Robinson is charged with the rape of a white woman named Mayella Ewell. Atticus knows Tom is innocent, and despite the intimidation from whites, Atticus defends as best he can. Although Atticus has forbidden the children to attend the trial they sneak into the courthouse. Sheriff Tate and Mayella's father Bob testify first, claiming that the girl was beaten on the right side of her face and raped. Atticus can prove that Mayella was hit by a left-handed man, and that her father is left-handed whereas Tom's left arm is crippled. Mayella testifies and repeats her accusations against Tom, who, in turn, assures he was called into the house by Mayella herself and that she tried to seduce him. Atticus sums up the case saying that the testimony of the witnesses has been contradicted by the defendant and that Tom Robinson's guilt is not proven beyond doubt. Atticus' efforts, however, are in vain: Tom is convicted. Jem finds it very hard to accept the verdict, because it is so unfounded. Atticus is confident that an appeal will be successful. The members of the black community bring lots of food to Atticus' house as a sign of appreciation. In contrast, Mayella's father spits at Atticus.
Tom Robinson takes the verdict very hard, because he does not believe that he will find justice in a white dominated legal system. He tries to escape from prison, but is shot. At hearing the news of her husband's death, Helen Robinson breaks down. Some of the white population use Tom's attempt to run away as proof of the black man's inferiority. But the editor of the local paper, Mr Underwood, condemns Tom's death, comparing it to the senseless slaughter of songbirds. On thinking about this editorial, Scout realises despite all her father's efforts Tom hadn't stood a chance from the beginning. Prejudice cannot be overcome in a court.
The new school year starts and Scout is now ashamed of the childish games they used to play with Boo. People in Maycomb still talk about the Robinson case and are critical of Atticus Finch, but they re-elect him for the legislature. Bob Ewell, feeling that Atticus and Judge Taylor had made a fool of him, is given a job, but soon loses it due to his

laziness and blames Atticus Finch. He also menaces Tom Robinson's widow and tries to break into the judge's house.
On their way home from a Halloween party, Scout and Jem notice that they are being followed. They try to flee, but are attacked. They struggle to defend themselves against the assailant, until their attacker is suddenly pulled away in the dark. Scout sees a man lying on the ground, smelling of whiskey, and another one carrying Jem away. She manages to get home. Aunt Alexandra and Atticus call Doctor Reynolds and Sheriff Tate. Jem has been brought home unconscious and has a broken arm. Scout sees the man who brought Jem home but she doesn't know who he is. Sheriff Tate tells Atticus that Bob Ewell was found dead under a tree with a knife stuck under his ribs. At first Finch thinks that his son Jem stabbed Ewell and will have to face trial, and refuses to go along with the Sheriff's explanation that Ewell fell onto his knife, killing himself. Only slowly does Atticus realise that the Sheriff wants to suppress evidence to save shy Boo Radley, because it was he who had stabbed Ewell and rescued the children. Scout also agrees to the explanation of what had happened because not to do so would be like shooting a mockingbird. Atticus thanks Boo, who had all the time been waiting silently in the shadow of the veranda, and Scout guides him home.

Characters

Atticus Finch: Jem's and Scout's father is the descendant of one of the oldest families in Maycomb and a **highly respected personality** in the community. He is a competent lawyer and a member of the state legislature. He is a very **understanding father** with a lot of common sense and a dry sense of humour. He is one of the few residents of Maycomb **committed to racial equality** and treats all those around him with respect and consideration. Atticus **renounces violence** but stands firm for his convictions, risking his standing in the community and his personal safety when necessary. In accepting the defence of an African American he shows that he does not care about public opinion and ignores the animosities of the prejudiced white majority of Maycomb. In this quiet yet determined manner he sets an example for his children and teaches them moral principles and a strong sense of justice.

Jean Louise ("Scout") Finch: The narrator and protagonist of the story, is almost six years old when her story begins. She is **intelligent** and a real **tomboy**, refusing to act like a young lady, and always trying to prove herself equal to her playmates Jem and Dill. Scout has a natural feeling of what is right or wrong, and quickly responds to insults with her fists. She is **outspoken, sincere, innocent** and **unprejudiced** – in contrast to the hypocritical whites in her community. Scout **represents a new generation** which, hopefully, will grow up without arrogance and racial prejudice.

Jeremy ("Jem") Finch: He is four years older than his sister, an **adventurous** boy and a keen footballer. Jem and Scout are really close companions and always spend their free time together. He **wakes up to the hard facts of life** when he has to cope with the unfair verdict against Tom Robinson. At the end of the novel Jem proves his courage as fearless protector of his sister Scout.

Arthur ("Boo") Radley: He is the **reclusive** and **mysterious** neighbour who never leaves his house. As a child he was mistreated by his cruel father. Jem, Scout, and Dill are so fascinated by the rumours about this **supposedly sinister character** that they try to lure him into the open. In the end it turns out how wrong the children were in basing their judgement on hearsay, and that beneath the surface there is a different truth. Boo **symbolises one of the mockingbirds** in the novel – giving pleasure and never hurting others. He delights the children by leaving little gifts for them and, in the end, he proves his virtue by saving their lives.

Themes and Interpretation

Coming of age – From innocence to experience: The novel shows how two children learn important lessons about life. They are nearing the end of their innocent childhood days and become **confronted with reality**. Jem and Scout begin to view members of their Maycomb community in a new light. In the beginning they see Boo Radley as an evil monster. In the end, they learn to respect him as a human being and discard their prejudice. Scout realises that Boo needs her help because he is weak and shy. She comes to fully understand the meaning of the phrase "It's a sin to kill a mockingbird": good and innocent people must be protected. **Stereotypes and prejudice** are still very much alive in Maycomb as the example of Aunt Alexandra and her missionary circle shows. She calls poor people "trash" because of their low social status. Harper Lee tells her readers, to look below the surface and judge people by their behaviour not by their background. The novel is a **plea for tolerance and understanding**, as Atticus tells Scout: "You never really know a man until you stand in his shoes and walk around in them".
Jem and Scout also receive a lesson in **maturity and courage**. As children they believed courage meant to carry guns or to dare touch the Radley house. However, through the example of their father, whom they initially thought to be a rather weak person, they eventually learn what real courage is. Atticus stands up for his convictions, risking his standing in the community and his personal safety.
The children are also confronted with the **coexistence** of **good** (personified by Atticus, Calpurnia, Sheriff Tate) and **evil** (Bob Ewell, Boo's brother Nathan Radley, prejudiced community). For the first time they have to realise that good and evil exist side by side, and that the good does not always win. The case of Tom Robinson teaches Scout, Jem, and Dill a difficult lesson about the **nature of injustice**. The fact that the case could not be won has also to do with the era the events take place in.

Racial segregation and hatred against minorities: Harper Lee's novel was published in 1960, around the time when two of the most dramatic events in the American civil rights movement occurred in Alabama: the Montgomery bus boycott (1955), a protest against segregated seating on municipal buses, and the attempt of Autherine Lucy, an African-American woman, to be admitted to the University of Alabama (1956). The novel is set in the same state in the 1930s, and the events reflect the economic difficulties brought about by the **Great Depression** (when a severe economic crisis afflicted the USA following the dramatic collapse of the stock market in October 1929) and the **disadvantaged situation of the black population** in the Deep South. Racial segregation had a long tradition in the South. Blacks and whites went to separate schools, separate churches, etc. African-Americans were largely employed in low-status and manual jobs or those servicing the black community only. As qualification was a basic requirement for voting many blacks were not registered and therefore excluded from exercising this civil right. Furthermore, because jury lists were derived from registered voters, African-Americans did not serve on juries. In the novel Tom Robinson is tried by an all-white jury. When Atticus Finch is appointed by the local judge to defend a black man accused of raping a white woman, most townspeople expect only a token defense. Harper Lee drew many legal details from the so-called "**Scottsboro Boys**" **case**. In 1931, nine black young people were charged with the rape of two white women. This case is important for the American legal system because it was taken to the Supreme Court which ruled that criminal defendants are entitled to effective assistance of counsel and that people may not be excluded from juries due to their race.

In Maycomb, **racial discrimination** is still very much alive. The white majority regards African Americans as scarcely civilized, an attitude openly expressed by the white ladies' missionary society. Because of the presumed inferiority of blacks a sexual relationship between whites and blacks is unthinkable. Mayella Ewell knew that she had broken a common code of the white community and in order to cover her own guilt took advantage of racist attitudes by claiming an assault. As a result, the hysteria created by her false account led to the death of an innocent man. The world history is full of examples which prove that self-righteous majorities have treated minorities and dissenters with cruelty. The 17th century saw the Salem witchcraft trials (1692), when 19 innocent people were hanged. In modern times, and on a much larger and more horrifying scale, Jews were persecuted and extinguished by the Nazis in Germany – a tragedy which is referred to in *To Kill a Mockingbird*, when Scout's teacher Miss Gates gives an impressive lecture about Hitler. Listening to and thinking about Miss Gates' condemnations and warnings Scout proves that she has matured. She becomes aware of the **bigotry and hypocrisy** that exists in her hometown. She feels that it cannot be right to judge others (Germany's Nazis) and not realise one's own faults. Harper Lee's novel draws attention to intolerance, racism and ethnic cleansing and **calls for fair treatment, equality and mutual understanding.**

William Shakespeare, *Othello* (approx. 1603)

Author

William Shakespeare was baptised on April 26, 1564, in Stratford-upon-Avon, where his father was a wealthy glove-maker and town councillor, and his mother a farmer's daughter. He went to the local grammar school and probably became a teacher himself. In 1582 he married Anne Hathaway (1556–1623), and about three years later the couple moved to London. There he worked as both an actor and a playwright. His first plays, probably the comedies *Love's Labour's Lost* and the *Comedy of Errors*, were produced about 1590. There is no certainty about the dates of any of his plays, but for the next 20 years they appeared in a steady stream, 37 in all. In the middle of his career, Shakespeare wrote the tragedies for which he is perhaps most famous, among them *Hamlet*, *Macbeth*, and *King Lear*. He also wrote poems, including a collection of over 100 sonnets. His last production was *The Tempest*, staged in 1611. He died in Stratford in 1616.

Contents

Shakespeare's play *Othello* was probably written around 1603 and first performed at the Globe Theatre in 1604. The first printed version was published in 1622. The plot is based on a story of the Italian novelist and poet Giovanni Battista Giraldi (nicknamed Cinthio), which Shakespeare could have read in Italian or French. The drama comprises five acts. Act I is set in Venice, Acts II to V on Cyprus. The time is the Renaissance (about 1570).

Act I: The play opens with Iago, Othello's Ancient (= *Fähnrich*), and Roderigo, a rich Venetian gentleman meeting in a street in Venice. Roderigo has given Iago money and jewels to win Desdemona, the daughter of Venetian senator Brabantio, over for him. Iago complains that Othello has not promoted him, but chosen a less qualified man, Michael Cassio, as his lieutenant. Although Iago feels offended, he has decided to stay in Othello's service, but only to finally get what he wants. Iago and Roderigo wake Brabantio to tell him that his daughter Desdemona has secretly left the house and married Othello. Iago leaves. Brabantio calls on Roderigo to help him find and confront Othello.
Messengers led by Michael Cassio meanwhile inform Othello that he is wanted by the Duke of Venice because of an imminent Turkish invasion of Cyprus. Roderigo, Brabantio and his men appear on the scene. Brabantio is furious and accuses Othello of having used magic to steal his daughter. When Othello informs him that he has been called to meet the Duke on state matters, Brabantio joins him to put his wrong before the Duke.
In the Council Chamber various messages warn of a Turkish fleet heading towards Cyprus. Othello and Brabantio arrive, the latter repeats his accusations against the Moor. Othello, however, claims that he won Desdemona's love not by magic, but by telling her the story of his life. Desdemona confirms this and professes her love and allegiance to her husband. The Duke sees the case settled and sends Othello on a military mission to defend Cyprus. Desdemona asks permission to accompany her husband.
Roderigo is dejected about the outcome and wants to drown himself. Iago consoles him, saying that he would undermine the couple's loving relationship by convincing Othello that Desdemona betrays him with Cassio.

Act II: A terrible storm rages, delaying the arrival of the Venetians on Cyprus. Othello eventually makes it to the island with news that the Turkish fleet has been wrecked in the wild sea. Iago tells Roderigo that Desdemona will soon become tired of Othello and is already showing an interest in Cassio. He wants Roderigo to provoke Cassio into a fight, which will disgrace and eventually eliminate the newly appointed lieutenant.
To celebrate the destruction of the Turkish fleet in the storm, the Venetians gather in a hall in the castle. Iago gets Cassio drunk, who, under the influence of alcohol, insults Roderigo and injures Montano, Othello's predecessor in the government of Cyprus. The brawl arouses Othello, who is disgusted by Cassio's behaviour and removes him from his posi-

tion: “Cassio, I love thee, but never more be officer of mine.” (II, 3)[1]. Iago advises the desperate Cassio to ask Desdemona for help to regain Othello’s favour. Iago’s plan is to use Desdemona’s pleading for Cassio to make Othello jealous.

Act III: With the help of Iago’s wife Emilia, Cassio gets access to Desdemona. Iago makes sure Othello is away inspecting the fortifications of the city so that Cassio can talk to Desdemona, who promises him to speak with her husband on his behalf. Cassio leaves quickly when Othello returns because he does not want to meet the general right now. Desdemona speaks to Othello asking him to take Cassio back, but Othello hesitates. Iago uses Cassio’s hasty exit and Desdemona’s pleading for Cassio to rouse Othello’s suspicion, insinuating that Desdemona is having an affair with the deposed lieutenant. Othello begins to doubt his wife’s loyalty, but keeps it secret from her and develops a headache.
Trying to sooth Othello’s pain, Desdemona accidentally drops a handkerchief she has received as a gift from her husband. Iago gets hold of it through his wife Emilia, and puts it in Cassio’s room. He kindles Othello’s jealousy by telling him that he heard Cassio fantasise in his dream about his love for Desdemona and that he has seen Cassio in possession of Desdemona’s handkerchief. Othello vows revenge and makes Iago his lieutenant. When Othello asks Desdemona for her handkerchief, she is unable to present it. He is upset and becomes angry and unkind. Jealousy has taken hold of him.
In the meantime, Cassio asks his mistress Bianca to copy the embroidery on the handkerchief he found in his chamber. He does not know that it is Desdemona’s.

Act IV: Othello suspects that Desdemona gave the missing handkerchief to her new lover. Iago torments Othello further. When he tells Othello that Cassio said he spent a night with Desdemona, Othello briefly loses consciousness. Cassio enters and Iago asks him to come back later for a conversation. When Othello recovers, Iago instructs him to hide nearby and listen to Cassio’s report about his affair with Desdemona. Cassio describes his relationship with the prostitute Bianca in a light-hearted and joking manner. Othello, believing he is talking about Desdemona, is totally enraged: “How shall I murder him, Iago?” (IV, 1). Bianca, who enters to give Cassio the handkerchief back whose embroidery he had asked her to copy, only gives Othello further proof of his wife’s infidelity. Iago offers the furious Othello to kill Cassio for him and suggests that he should strangle his wife in the bed where she allegedly committed adultery with Cassio. Desdemona enters with Lodovico, a messenger from Venice, who announces that Othello is commanded home and Cassio should take his place on Cyprus. As Desdemona expresses her joy about this development, assuming that it will end the hostility between her husband and Cassio, Othello strikes her in front of everyone.
Later when the couple are alone, Othello, convinced of his wife’s disloyalty, calls Desdemona “whore”, “public commoner” and “strumpet” (IV, 2). He tells his wife to wait for him in bed and send Emilia away. In the meantime, Iago has persuaded Roderigo that he has to kill Cassio, if he still wants to have a chance of winning Desdemona over as only Cassio’s death will prevent Othello’s and Desdemona’s departure from the island.

1 Die römischen Zahlen beziehen sich auf den Akt, die arabischen Ziffern auf die Szene, auf die hier verwiesen wird.

Act V: Iago instructs Roderigo to ambush Cassio. As Cassio is seriously injured, Iago pretends to take revenge for him and stabs Roderigo, because the Venetian's death will hide the fact that Iago has kept the gold and the jewels Roderigo had given him for Desdemona.
Othello has decided to kill Desdemona to bring about justice. Although Desdemona professes her innocence, asserting she only loved Othello and did not give her handkerchief to Cassio, Othello stifles her. Emilia comes in to report on Roderigo's death and discovers the dying Desdemona. Othello claims he killed Desdemona because he had proof of her infidelity from Iago, Emilia's husband. Emilia tells him Desdemona never loved anybody but Othello, who did not deserve her love, and raises alarm. When Emilia discloses that her husband was behind this evil plot, Iago kills her. Othello, overcome with grief, tries to kill Iago, who manages to escape, but is recaptured. The wounded Cassio is carried on the scene and explains how the handkerchief came into his possession. Othello realises his terrible mistake and, kissing the dead Desdemona, stabs himself. Iago is to be tried and executed.

Characters

Othello: The Christian Moor Othello is the protagonist and hero of the play. He is **gentle, eloquent and physically powerful**. Because of his noble qualities he won the love of Desdemona, the daughter of a Venetian senator. Like Shylock in Shakespeare's *The Merchant of Venice*, Othello is a **stranger in the Italian town**. However, in contrast to the Jew Shylock, he is highly respected and honoured by the Duke, his officers and the people of Venice, because he is a brave and reliable general. **In his military function he is urgently needed** for the defence of Cyprus, but, having **darker skin**, he is **not socially accepted** as a person. Othello is aware of this and has therefore kept his courtship and marriage secret. The fact that he is an outsider certainly contributes to his becoming easy prey to Iago.

Iago: Othello's standard bearer Iago is the **villain of the play**. For Shakespeare's contemporaries he was the **personification of evil**. A ruthless cynic, he has a low opinion of human nature and **uses the weaknesses of the people around him** (e. g. Roderigo's lust for Desdemona, Cassio's concerns about his reputation, Othello's jealousy) **to deceive and manipulate them**. Iago hates Othello because he promoted Cassio over Iago's head. He takes his revenge by contriving a plan to alienate Othello and Desdemona. With his lies and insinuations he **turns Othello's love for his wife into blind jealousy**, thus stripping the Moor of his gentle and noble nature and destroying his integrity.

Desdemona: Othello's wife is the daughter of the Venetian senator Brabantio. She knows that her marriage will not meet with the approval of her father and the Venetian aristocratic society. Therefore she agrees to be secretly married. In a confrontation with her father she defends her choice and **stands firm in her allegiance to Othello**. For Desdemona, adultery is unimaginable, and she is completely taken by surprise at Othello's suspicions and his violent behaviour. Up to the very last moment she **professes her innocence**, but falls victim to Othello, who is eaten up by jealousy. For most critics, gentle **Desdemona is the most innocent of all of Shakespeare's heroines**.

Michael Cassio: He is a **highly educated** young man from Florence, whom Othello has promoted to his lieutenant. In Iago's view Cassio is a bookkeeper well-versed in statistics, but **inexperienced in combat**. Iago is furious that Othello preferred Cassio to himself. Thus the Florentine becomes the **object of Iago's contrivances**, when Iago spreads the word that Cassio has an affair with Desdemona. He destroys Cassio's reputation by involving him in a drunken brawl and thus causing his dismissal as lieutenant.

Emilia: Emilia is Iago's wife and Desdemona's **loyal** lady-in-waiting. She knows about her husband's malign nature, but **without realising she assists Iago in contriving his plot**. When she discovers that her mistress has been murdered, she reveals Iago's deceitful manoeuver and **boldly confronts her husband**: "Thou hast not half the power to do me harm [...] I care not for thy sword, I'll make thee known" (V, 2).

Themes and Interpretation

Character tragedy: In Shakespeare's early tragedies the catastrophe which destroys the protagonist results from an inescapable and unavoidable fate. For example, the young lovers Romeo and Juliet are doomed, because the stars are in an unfavourable position. In the prologue of the drama the chorus calls them "star-crossed lovers". A coincidence, which cannot be controlled by the two young people, is ultimately responsible for their deaths. In Shakespeare's later plays, the tragedy is not brought about by some higher force or destiny, **the downfall of the protagonist is due to a fault, a flaw, in his character**. These plays, amongst them *Othello*, are referred to as character tragedies. Shakespeare explains the Elizabethan view of the self-inflicted downfall of the hero in his play *Julius Caesar*, in which Cassius states, "The fault, dear Brutus, is not in our stars,/but in ourselves" (I, 2).

Jealousy: The character faults which ultimately cause the tragic development and outcome vary in Shakespeare' plays. In *Macbeth* it is the protagonist's ruthless ambition, in *Hamlet* the hero's insecurity and indecisiveness and in *Othello*, the Moor's gullibility and excessive jealousy. **Othello is a tragic character**, because he is basically a gentle and noble man, but **he fails to see through Iago's intricate net of lies**. He is **naïve** and therefore susceptible to Iago's ploys. He is convinced that Iago is an honest man, and **his trust in Iago increases in the course of the play**, whereas, on the other hand, **the trust in his devoted wife decreases**. Overwhelmed by suspicion, Othello does not listen to Desdemona's protestations of innocence. Instead, jealousy, the "green-ey'd monster" (III, 3), which Iago has brought to life, leads him astray. In the end **Othello** is completely convinced of his wife's guilt and **believes that it is his duty to kill Desdemona in order to bring about justice and restore order**: "Yet she must die, else she'll betray more men." (V, 2). When it is too late, he realises that he has been manipulated ("not easily jealous, but being wrought"; V, 2) and is completely heart-broken. He feels deep pain and recognises himself as "one that love'd not wisely, but too well" (V, 2). The tragic outcome rouses pity of the audience not only for Desdemona, but also for Othello.

Racial prejudice: The Venetians appreciate and respect Othello as a competent military leader. They rely on his expertise and call for his help when they need him as a soldier and general. However, racial prejudice is very much alive in the Venetian establishment. **Othello's background and the colour of his skin make him an outsider**. Roderigo and Iago **refer to him disparagingly** as "Barbary horse" (I, 1) and "thicklips" (I, 1). In their eyes, and in the view of Desdemona's father, **the match of the Venetian noble girl to the "lascivious Moor"** (I, 1) **is a disgrace**, a "treason of the blood" (I, 1) and thus totally unacceptable. The only person who is free of prejudice and accepts Othello as equal is Desdemona. She trusts him and loves him deeply. She is so devoted to her husband that she places him first, even before her parents.

Honour and reputation: For various characters in the play honour and reputation play an essential part. Iago begins his intrigue when he feels discriminated and insufficiently honoured. Talking to Othello he asserts that a person's good name, his reputation, is more valuable than any worldly possessions: "Good name in man and woman's dear, my lord; / Is the immediate jewel of their souls" (III, 3). Here he appeals to Othello not to let his honour be tarnished by Cassio's affair with Desdemona.
For Cassio, honour and reputation are of overall importance. After his involvement in the nightly brawl, while he was drunk, he feels ashamed and humiliated and implores Iago to help him restore his reputation. To him **reputation** is "the immortal part" (II, 3) which **distinguishes man from animal** and, consequently, **a life without reputation is not worth living**. From a modern point of view, Othello's, Iago's and Cassio's actions are hard to understand, but in the light of the ancient concept of honour and reputation, their train of thought might be easier to reconstruct.

Kurt Vonnegut, *Slaughterhouse-Five* (1969)

Author

Kurt Vonnegut was born in Indianapolis in 1922 into a well-to-do family with German ancestors. Vonnegut calls himself a "fourth-generation German-American". In 1940 he studied biochemistry at Cornell University in Ithaca, New York, and enlisted in the US Army in 1943. During World War II (1939–1945) he was captured prisoner by the Germans and witnessed the firebombing of Dresden by Allied forces in February 1945. After the war Vonnegut took up his studies again, worked as a police reporter and eventually took to full-time writing in 1950. His first novel *Player Piano* (1952) attracted little attention. Through the numerous short stories he wrote for the "slicks", magazines like *Saturday Evening Post*, *McCall's* and *Cosmopolitan*, he became known to a larger readership. Many of his stories and novels contain science-fiction elements, which led critics to class Vonnegut as science fiction writer – a classification which he rejected. His works include *Cat's Cradle* (1963), *God Bless You, Mr. Rosewater* (1965), *Slapstick* (1976), *Bluebeard* (1987) and *A Man Without a Country* (2005). Vonnegut's most famous work is *Slaughterhouse-Five or The Children's Crusade* (1969) which is based on his disturbing war experiences. The book was well received by critics and readership, and became extremely popular among students. It helped improve Vonnegut's reputation as a "serious author" and was filmed in 1972. Vonnegut died in 2007.

Contents

Kurt Vonnegut's *Slaughterhouse-Five* comprises ten chapters and is usually considered a "postmodern" novel, which means the plot is not developed chronologically or in a linear order. Instead the narrator jumps back and forth in time and place.
The first and last chapters are autobiographical and provide the frame for the main part of the novel which is the biography, the experiences, thoughts and preoccupations of a character called Billy Pilgrim. Billy's life story contains many elements of Vonnegut's own biography, in particular the events during World War II and the bombing of Dresden. In the opening chapter, Vonnegut tells the reader about his difficulties in writing a book about Dresden and explains why he cannot present the horrendous events in the traditional narrative form. With his "war buddy" Bernard V. O'Hare he returns to Dresden in 1967 and meets a taxi driver by the name of Gerhard Müller. Mary, O'Hare's wife, warns Vonnegut not to write a memoir glorifying the war because she thinks that wars are partly encouraged by books and movies. Feeling indebted to these two characters he dedicates his work to Mary O'Hare and Gerhard Müller. Vonnegut also introduces the catchphrase about life and death – "so it goes" – which is often repeated throughout the novel. It expresses both inevitability and predestination, the idea that one cannot escape one's destiny or change events.
In Chapter 2 Vonnegut begins the life story of the main character of the novel, Billy Pilgrim. Many of the events have parallels with Vonnegut's own experiences. The biography is not related in a straightforward manner, but is interspersed with jumps in time, backwards and forwards, from the present of narration (1960s) to the past (Billy's childhood, the time before his birth and events which occurred in 1945, 1965, 1958, 1961 etc.): "Billy is spastic in time, has no control over where he is going next"(p. 23).[2]

The life of Billy Pilgrim (in chronological order): Billy Pilgrim is born in Ilium, New York, in 1922. Aged 21, he is an inexperienced "college kid" (p. 42) and becomes a chaplain's assistant in the US Army. After training in military manoeuvers in South Carolina, he is transferred to the headquarters of an infant regiment in Luxembourg. During the Battle of the Bulge (= *Ardennenoffensive* in 1944), Billy's regiment is decimated by the Germans and he and three other soldiers (called "The Three Musketeers" by Roland Weary, one of the soldiers), become stranded behind enemy lines. Together with Weary, who saves Billy's life in the hope of being awarded a medal afterwards, he is captured and taken to a collecting point for prisoners of war (POWs). The prisoners are all locked up in boxcars and slowly transported to East Germany. On the train journey, which lasts ten days, Roland Weary hallucinates about "The Three Musketeers". In his delirium, he blames Billy for his plight, which makes his mate Paul Lazzaro swear to avenge him as Roland Weary dies of gangrene (= *Wundbrand*) on the ninth day. Having arrived at the camp, the prisoners are given used overcoats, which are completely frozen and have to be hacked out of an icy pile and – in Billy's case – are full of bullet holes. Billy gets familiar with one of the prisoners, Edgar Derby, a former high school teacher. Billy suffers a nervous breakdown, is taken to hospital and sedated. When he wakes up, Paul Lazzaro tells him that he will be killed after the war. The POWs are then transported to Dresden by

2 Page numbers refer to: Kurt Vonnegut, *Slaughterhouse-Five*. Dell Publishing: New York 1991.

train to work as contract labourers. On their arrival the American prisoners are impressed by the beautiful city. As Dresden does not contain any war industry or troop concentrations, it is untouched by the war and people go about their business as usual. The captured Americans are housed in a "one-story cement-block cube [which] had been built as a shelter for pigs about to be butchered" (p. 152): Slaughterhouse-Five. An American Nazi, Howard W. Campbell Jr., visits the POWs and wants them to join a new German military group to fight against the Russian army. On February 13, 1945, Dresden is destroyed by Allied bombers. Billy survives, but Edgar Derby is shot for stealing a teapot. After the war Billy is honourably discharged from the army. He returns to his hometown and resumes his studies at the School of Optometry. After suffering another nervous breakdown, he commits himself into a veterans' hospital ward for non-violent mental patients. In the hospital, he meets Captain Eliot Rosewater, who introduces him to the science-fiction novels of Kilgore Trout. Trout becomes Billy's favourite writer. Billy finishes his studies, marries Valencia Merble, the unattractive daughter of the owner of the Ilium School of Optometry. Having inherited the business from his father-in-law, Billy becomes a successful and rich optometrist. In 1967, Billy and his war companion Bernard V. O'Hare return to Dresden for a visit. On the night of his daughter's wedding a flying saucer from the planet Tralfamadore arrives. The aliens kidnap Billy and display him naked in a zoo, together with a beautiful movie star, Montana Wildhack. Back on earth, Billy survives a plane crash in Vermont; he was on his way to an optometrists' convention in Canada. Billy is taken to hospital for recovery where he shares a room with Harvard historian Rumfoord. On her way to her husband, Valencia is involved in a car accident and dies of carbon monoxide poisoning. After his release from hospital, Billy wants to tell the world about Tralfamadore and what he learned from its inhabitants about time and the insignificance of death. He gets on a radio talk show and writes letters to a local newspaper. His daughter Barbara believes her father is going crazy. As he had foreseen, Billy Pilgrim meets his death in a stadium in Chicago on February 13, 1976, while talking to "a large crowd on the subject of flying saucers and the true nature of time" (p. 141). He is shot either by a gun man hired by Paul Lazzaro or Lazzaro himself.

Characters

Billy Pilgrim: The main character of the novel is Billy Pilgrim, who displays **two completely different personalities**. On the one hand, there is the **successful, rich businessman** – married with two children –, who leads a comfortable life and is well-respected in society (e. g. as President of the Lions Club). On the other hand, there is the **insignificant soldier** Billy, who serves in World War II, a weakling **who seems to have lost any trace of personality**. Vonnegut explains this phenomenon: "One of the main effects of war, after all, is that people are discouraged from being characters." (p. 164). Consequently, Billy is a passive victim, constantly **pushed about by others**. Dressed in cheap civilian clothes or old theatre costumes he looks like a scarecrow or a clown. The most dangerous "weapon" he possesses is a two-inch pencil stub. He wanders through the war, bopping up and down because he lost a heel of his low-cut civilian shoes. Billy Pilgrim is **the typical anti-hero**, a fool who hardly knows what is happening to him: The expression "Jerry", the nickname used by the Allied soldiers for the Germans, is unknown to him (cf. pp. 97/98). He cannot even say which infantry regiment he belongs to (cf. p. 66). After the firestorm in Dresden Billy thinks there are "little logs lying around" (p. 179), which in reality are the remains of people who perished in the flames. All this shows that Billy is still **an innocent child taking part in a crusade which is completely beyond his grasp**. This is why Vonnegut chose the subtitle *The Children's Crusade* for his book to illustrate the absurdity, cruelty and incomprehensibility of war.

Valencia: Billy marries a rich woman. His wife Valencia Merble is the daughter of the owner of the Ilium School of Optometry, who runs several shops in town. She is **rather ugly and fat** as she **cannot stop eating**, and is only interested in the simple things in life (e. g. the patterns on her crystal and silverware). Billy and Valencia enjoy a **happy marriage** and have two children. Billy is unfaithful only once, when he is drunk at a party.

Barbara and Robert: Billy has two children, Barbara and Robert. In high school, **Robert** has a lot of trouble, but then he "straightens out" (pp. 24/25), joins the Green Berets as a **Marine** and fights in Vietnam. **Barbara marries an optometrist**, whom Billy sets up in business. After Billy's plane crash and her mother's death, Barbara becomes rather worried about her father. Thinking he is senile and cannot care for himself anymore, she insists on putting him under the care of a practical nurse. She is incredibly embarrassed about his letter to the newspaper about the planet Tralfamadore.

Roland Weary: Billy's war companion, who serves as an anti-tank gunner, provides a **contrast to the reserved pacifist Billy Pilgrim**. He is only eighteen and, like Billy, **inexperienced and new to the war**. He wanders around behind the enemy lines with two scouts. He likes to refer to the three of them as "The Three Musketeers". Being fat and stupid, Roland has always been **unpopular**, and he takes his frustration out on weaker people. He is a **bully**, full of aggression, loves weapons and **shows a perverse interest in cruelty and torture**. He threatens to shoot Billy for not being interested in saving his own life. They get separated when being transported to Germany. Before he dies, Roland Weary makes Paul Lazzaro, a former car thief, promise to have Billy killed.

Bertram Copeland Rumfoord: 70-year-old Rumfoord is a **Harvard history professor** and the official US Air Force historian. He is writing a book about the Air Force and wants to include a section on Dresden, but is **frustrated because a lot of information** about the raid **is still classified**. Rumfoord cannot understand why such a "howling success" (p. 191) is kept a secret. He is **merely interested in glorifying the military action** and brushes aside any thought on destruction or civilian deaths inflicted.

Themes and Interpretation

The atrocities of war: The major theme of Vonnegut's work is the absurdity and senseless destructiveness of war. When *Slaughterhouse-Five* was published, this subject was a most controversial issue on the political and social agenda. The opposition against the increasing involvement of the American forces in **the Vietnam War** (1956–1975) **peaked on campuses in the USA and Europe** (e. g. Germany and France). Protest marchers demanded to put an end to the killing of innocent civilians. In Vietnam, the US military sprayed a chemical, Agent Orange, to strip the leaves from plants and forests and dropped napalm bombs to set houses and people on fire. In *Slaughterhouse-Five*, Vonnegut alludes to the Vietnam War (Billy's son joins the Green Berets) and the **horrific weapons of mass destruction**. Billy Pilgrim's favourite author, science-fiction writer Kilgore Trout, had written a story as early as 1932 in which he predicted the "widespread use of burning jellied gasoline on human beings" (p. 168). Vonnegut uses **the bombing of Dresden**, which he himself witnessed, **as a symbol of the cruelty and destructiveness of any war**. Most factual information on the firestorm of 1945, which Vonnegut includes in *Slaughterhouse-Five*, is drawn from a book by David Irving, *The Destruction of Dresden*, published in 1963. Parts of two forewords to the American edition by high-ranking members of the armed forces are cited in *Slaughterhouse-Five*. They show the **different ways of assessing the Dresden bombings**. Royal Air Force Marshal Sir Robert Saundby maintains that the bombing of the city was unnecessary from a strategic point of view, causing the death of 135,000 people (cf. pp. 187/188). Modern research and more up-to-date studies meanwhile put the death toll around 25,000 people. US General Ira C. Eaker, on the other hand, claims it should be remembered that Nazi Germany started the war, committed cruelties in the concentration camps and bombed the British city of Coventry in 1940 (cf. p. 187). Vonnegut uses *Slaughterhouse-Five* to hint at the common excuse brought forward in any war or conflict: the aggressor usually compensates the feeling of guilt with the conviction that the action, although deplorable, was necessary to avoid more evil. To illustrate this, Vonnegut quotes US President Harry S. Truman justifying the bombing of Hiroshima as a necessity for the salvation of civilians (cf. pp. 185/186). When *Slaughterhouse-Five* was published, the memories of the atomic bombings of Hiroshima and Nagasaki in 1945 (causing 150,000–246,000 casualties) were still very much alive and the fear of the total annihilation of the human race in a nuclear war was widespread. During the years of the Cold War (1949–1991) the US and the Soviet Union fought for supremacy as world leaders and there was the constant threat of an atomic war. To Vonnegut, the horrors of Dresden and Hiroshima were drastic examples of awful carnages and needless suffering that should not be forgotten. Vonnegut became a cult figure of American literature, *Slaughterhouse-Five* is known as a brilliant anti-war novel.

Predetermination versus free will: Vonnegut included science-fiction elements in *Slaughterhouse-Five* to illustrate diverging opinions about free will and predetermination. The **Tralfamadorians** cannot understand what "free will" is all about. They **claim everything that is happening is predetermined**, which means things will happen anyway and cannot be changed or prevented. This philosophy is summed up with the fatalistic and stoical formula "**So it goes**". The phrase recurs throughout the novel, whenever somebody dies or a catastrophe happens. **The monotonous repetitions emphasise the inevitability of events and the absurdity of existence.** When Billy wants to know from the Tralfamadorians how the planet can live at peace, he is told that wars will continue until finally the Earth and the universe will be wiped out due to an experiment with new fuel. **Billy's** original **concept of "free will" is much more optimistic** concerning the future: **he believes that man can decide, influence and prevent events**. Sadly enough, by the end of his life, Billy has completely accepted the Tralfamadorian idea of predetermination (cf. p. 142).

Abiturprüfung Hessen 2012 – Englisch Grundkurs
Vorschlag A – The Electronic Dream

From tips to clicks: restaurants try e-menus

by Rebecca Harrison; TEL AVIV (Reuters) – Enter the e-waiter, Monday, Feb 25, 2008

Restaurants in Europe, the United States, and Japan are testing technology to let diners order their food directly from a screen at their table instead of depending on a fellow human being to note their choice – sometimes grumpily[1] or erroneously[2].

Besides cutting costs, companies that sell the "e-menu" argue the bytes-for-bites approach has a novelty value that can lure younger customers and boost revenues as tantalising[3] photographs of succulent[4] steaks and gooey[5] desserts tempt diners to order more.

It also could extend the TV dinner. How about a computer-game dinner?

The idea may be only the latest gimmick[6] in a trade which is driven by consumer appetites and where fads[7] help. But at least for now, it appears to be boosting business.

In Israel, privately owned start-up Conceptic has already installed e-menu technology in sushi bars, pubs, and family restaurants. The system is based on touch screens already used in self-service canteens or for ticketing in airports and cinemas.

"It's about impulse-buying," said Adi Chitayat, Conceptic's chief executive. "If a person starts looking at pictures of chocolate cake, the chances are he'll order it." […]

Frame, a trendy sushi restaurant in Tel Aviv, Israel, which has installed the system, said sales on tables with the e-menu have increased by about 11 percent. Customers often call ahead to reserve spots equipped with the screens, manager Natalie Edry told Reuters.

At one of the e-menu tables, information technology worker Gil Uriel and his young family were enthusiastic as they checked out pictures of the dishes on offer and squabbled over desserts.

"It's more visual," said Uriel, as his children clicked away furiously on a games function between courses. "We can still choose, we can still argue – but it's much easier when you can all see it." […]

Microsoft says its new Microsoft Surface system, which transforms an entire table into one big touch screen, is due to go live in spring 2008 in some U.S. hotels and casinos, letting customers order food directly as well as play music and games.

The Seattle-based giant says on its Web site it will "transform the way people shop, dine, entertain, and live." Both Conceptic and Microsoft argue their examples of interactive and communal technology represent the future.

"We are living in a technology age," said Conceptic's Chitayat. "People are not afraid of screens." The company, which launched its pilot in 2006, expects to turn a profit in mid-2009, he added. […]

Chitayat said taking computers into restaurants is an obvious next step after technology revolutionized the workplace, although he noted restaurants with the e-menu – including Frame – still rely on waiters to deliver the food. […]

But many diners doubt the e-menu idea will take off.

"I don't believe in screens; I believe in humans," said businessman Yoash Torkman as he lunched at Frame. "I'll wait for 15 minutes for a waitress instead of using this. It's a gimmick and gimmicks have very short lives."

In Europe, where dining out is a time-honored tradition as much about good conversation and etiquette as staving off[8] hunger, waiting staff were unsurprisingly circumspect[9].

"See this man here? He's been coming here for 25 years," said a waitress at Italian restaurant Rosticceria Fiorentina in Brussels, who gave her name only as Giovanna. "I know his wife; I know his daughter. Do you think it would be better if he was welcomed by computer?" […]

"There are always some people who embrace a new technology but others will avoid it for as long as possible," said Jackie Fenn, emerging technology analyst at Gartner consulting group.

"Will a bunch of teenagers have a blast using it? Yes. But it will take time to move from being an attraction in a small number of restaurants to something that is widespread." *(622 words)*

1 grumpily – mürrisch
2 erroneously – irrtümlich
3 tantalising – extremely tempting
4 succulent – juicy
5 gooey – sweet and sticky
6 gimmick – Masche, Trick
7 fads – Modeerscheinungen
8 stave off – vermeiden von, abwehren
9 circumspect – vorsichtig/zurückhaltend

Assignments

1. Summarize the text. (Material) (30 BE)
2. Compare the influence of innovative technology on everyday life to the influence of innovative technology on life in a utopian/dystopian society dealt with in class. Take the text at hand as a starting-point. (40 BE)
3. *"But, in fact, is it true that the happiness of the individual advances as man advances? Nothing is more doubtful"* (Emile Durkheim, 1893).
   Discuss the problem raised by Durkheim, taking the text at hand as a starting point. (30 BE)

Lösungsvorschläge

Teaching modules referred to:
The tasks you have to complete here centre on the main teaching module The Challenge of Individualism – Science and technology *(Q1), with a focus on* electronic media. *Knowledge of the teaching module* The Dynamics of Change – Order, vision, change *(Q3) with special reference to* models of the future *is also necessary.*

1. *How to approach the task:*
   Your summary should not exceed one third of the original text (between 150 and 200 words). Use the present tense and do not quote from the text. Explore the structure of the text first and then put your ideas in a logical order.

   The article from "Enter the e-waiter" by Rebecca Harrison, Tel Aviv (Reuters), published on February 25, 2008 and retrieved on July 13, 2010, revolves around the new trend of the e-menu adopted by some restaurants in Europe, Japan and the United States.
   Harrison portrays a restaurant in Israel that is offering e-menu technology by a company called Conceptic, which started a test project in 2006 and expects profits from 2009. The company considers interactive technology at restaurants to be the next step after changing people's working environment by means of technological innovations. Microsoft's futuristic concept of a full-screen table combining e-menu with entertainment features, scheduled to launch in 2008, follows similar objectives.
   Advocates of the e-menu argue that ordering food from a screen on your table is not necessarily about cutting costs but about the novelty factor and visually tempting pictures that boost business.
   However, e-menus might remain a short-lived trend. Especially in Europe, where eating in restaurants is a social event, the technology is regarded with suspicion as it lacks human interaction. It might attract young people and those eager to try out new technological features but it will take time for e-menus to spread more widely than that. *(200 words)*

2. *How to approach the task:*
   Step 1 *Make a list of relevant texts you have read, films you have viewed and vocabulary you have learned in class.*
   Step 2 *Looking for similarities and differences, establish connections between the narrative situation in this material and the situation illustrated in the text at hand.*
   Step 3 *Structure your essay carefully and explore the influence of new technology on people's lives with examples from the different texts.*

   The text "From tips to clicks: restaurants try e-menus" by Rebecca Harrison deals with people's positive and antagonistic reactions to technological progress. Depicting a real-life example from Israel, the author illustrates that technological advancement is embraced by some people as a chance to set new business standards and revolutionize social life in general or family life in particular. Yet she also portrays it as a "trend" or "fashion" that does not meet the requirements of long-standing traditions. Whereas some members of society, like the chief executive of Conceptic or the information technology worker Gil Uriel, are thrilled by the prospects offered by a new technology (ll. 10–14 and 18–23), others, like a waitress from an Italian restaurant in Brussels, cannot understand their enthusiasm and refuse to accept the new invention (ll. 40–45). However, technological progress is regarded from an economic point of view in the text and is perceived – at least for now – as an opportunity offered by a free market that one can accept or refuse (ll. 16/17 and 50/51). Additionally, this example visualizes technological progress as a minor, accessory phenomenon that only slightly influences consumer behavior during leisure time, with no or hardly any grave social or political implications.

Technology's influence seems much larger, however, considering that new innovations are not only present at trendy establishments but pervade all areas of life, from our workplace to health care, home entertainment and everyday communication. Technology is omnipresent and it seems normal for it to spread everywhere, even into social life with networks like Facebook substituting digital communication for real-life interaction.

Consequently, many seem concerned with the political, social and moral implications of technological progress in everyday life. A lot of the utopian/dystopian texts dealt with in class try to increase awareness about the threats, disadvantages and dangers that arise from new technologies and offer solicitous views on such innovations.

A rather humorous approach to the topic is offered by Dave Berry in his text *Remote Control*. He portrays appliance manufacturers as narcissistic, unworldly people who create gadgets that are smarter than their owner, put him under tutelage and, in the end, create a desperate consumer who is completely overtaxed and no longer able to lead a self-determined life. A new remote control is thus able to offer access to the internet, it can turn on the dishwasher from the office, remind the owner that the refrigerator is empty, give the necessary nutritional advice and serve as a telephone, smart phone and so on – if the user manages to understand it.

Even though the new remote control is not initially designed to control people, its complexity and omnipresence threatens people's individuality, privacy and liberty.

In *The Hunted*, Alex Shearer portrays a society without a moral and social conscience. Genetic engineering and medical and pharmaceutical advancements are finally able to provide the means to stop the aging process. In an aging society, where youth has become rare and therefore a very valuable economic commodity, smart racketeers take advantage of the sparseness of "supplies". They try to become owners of children and convince them to take the medicine required in order to remain young. The high demand for young people makes their business model very profitable and children are rented out by the hour to elderly people, sold for a lot of money or used as stakes in card games.

Alex Shearer convincingly portrays negative effects of innovative technology. In his dystopian vision, children are abused by greedy, ruthless adults to satisfy their temporary interest in youth. They are considered to be economic commodities that can be

disposed of at will like toys, whereas their needs, like playing with peers, are disregarded.
An even more dangerous outlook is offered by Aldous Huxley in his novel *Brave New World*. Huxley successfully explores what happens when political leaders are able to control scientific progress and innovative technologies. Genetic engineering has created the conditions for a caste system ruled by a World Controller that has eradicated unemployment and abolished families and emotional relationships. The price of social stability is high. A perfect drug keeps people happy, whereas a new religion controls their obedience and loyalty. Additionally, technological progress has created a thoughtless form of consumerism that is alluded to in Rebecca Harrison's article as well.
In conclusion, one can say that utopian/dystopian texts see innovative technology very critically, confronting the reader with complex moral, social and political implications. *(742 words)*

3. *How to approach the task:*
Step 1 *Explain the quotation in your own words.*
Step 2 *Make notes on what you think of the issue. You can agree, disagree or partly agree/disagree. You must give reasons to support your opinion and find convincing examples. Remember to refer to the text at hand in some way.*
Step 3 *Structure your ideas in paragraphs and start writing.*

In the quotation given the French sociologist Emile Durkheim raises the question of whether happiness is a constant of progress and denies its validity. Durkheim distinguishes between mankind and the individual. Although he admits the existence of progress in general, he doubts that individuals will profit from it to the same extent. I agree with Emile Durkheim's point of view.
In my opinion happiness is not always related to progress, but progress always influences the level of happiness, which includes pleasure and satisfaction during an ongoing process, as a result of a process one is directly involved in, or gained as a spectator. In America, it was even included in the Declaration of Independence as an important political precept: "Life, Liberty and the pursuit of Happiness" are unalienable human rights. This phrase has deeply shaped not only Americans' expectations and understanding of the world.
Starting with the 18th century, progress – political, technological or moral – has always been perceived as a significant contribution to human happiness. Feudal and other forms of authoritarian systems turned into democracies, technological progress improved the poor working conditions of many people, and moral values like tolerance created the conditions for a much wider acceptance of people with special abilities or minorities. Therefore, progress was looked upon as something that changed people's lives significantly for the better and thus increased their level of happiness one way or another.
At the same time one can hardly deny that people can fall victim to progress. Technological progress leads to mechanization and rationalization, which can cause unem-

ployment and dissatisfaction, at least temporarily. The invention of the computer comes to mind here, of course. Before that, the invention of the mechanical weaving loom at the end of the 18th century, for example, caused pain and distress that even led to riots.

More recently, the nuclear disaster at a power plant in Japan offers evidence of the downside of unquestioned progress.

In the text at hand, technological progress is dealt with from an economic point of view. Its contribution to human happiness is very short-lived, if it exists at all. From the author's point of view it is described as a "gimmick" (l. 8) or "fads" (l. 9), both words revealing the rather superficial contribution to human happiness. The alliteration "boosting business" (l. 9) points to the fact that the interest in the e-menu as an example of technological progress is purely financial without any moral significance. In addition, the position and range of application of the new invention in self-service canteens, airports or cinemas alludes to the temporary nature of its relationship with the consumer, which one could very well do without.

What is also traitorous is the fact that the new example of technological progress is only welcomed by representatives of advanced technology companies (ll. 18–34). Their enthusiasm seems prejudiced and not without strong personal and economic interests. From their point of view, progress is celebrated as a form of liberation and simplification of human life ("it's much easier when you can all see it" ll. 22/23). Global market leaders like Microsoft insist that this form of progress is the future.

The author might add a point in favor when she describes how a grumpy and erroneous waiter (l. 3) is replaced by a neutral screen, thereby satisfying the customer – making him happy. Yet the waiter is an individual human being as well and a victim of progress. Similarly, the customer might regret the loss of face-to-face interaction.

In conclusion, it is to be doubted whether this kind of progress makes the individual happier. On the contrary, it is more likely to increase people's isolation and limit their ability to interact physically and morally with other human beings. It will increase the synthetic atmosphere of our already superficial environment and will contribute to human alienation. People's happiness is rather a result of successful and meaningful human relationships. It can often be caused by small things such as a smile or the helping hand of a friend. Technological progress, on the other hand, has a destructive element.

Under these circumstances it is more than doubtful that individual happiness advances as man advances. In times of advanced environmental destruction and overpopulation, the relationship between technological progress and happiness will certainly have to be redefined. *(715 words)*

Multiculturalism has been Canada's solution, not its problem

by Irene Bloemraad, *The Globe and Mail,* October 28, 2010

German Chancellor Angela Merkel recently made headlines when she pronounced multiculturalism in Germany a failure. Shortly before, a Globe and Mail editorial argued that Canadians should eradicate "multiculturalism" from their vocabulary and refocus on "citizenship". Multiculturalism isn't just out of style, these statements suggest – it's dangerous for building unity in increasingly diverse societies.

Unfortunately, both analyses are dead wrong.

Social scientists can measure multiculturalism in a given society by examining the number and content of public policies and government pronouncements around cultural recognition and accommodation.

Such indices show that Germany is not, and has never been, a multicultural society.

Multiculturalism can't have failed in Germany because it was never tried. Turkish guest workers and other immigrants were never welcomed as future citizens – only as temporary labour. If Germans are now concerned about the consequences, the blame certainly doesn't lie with multiculturalism.

These indices also group countries such as France and Norway with Germany as least multicultural, Sweden, the Netherlands and the United States as moderately multicultural, and Australia and Canada as most multicultural.

Have Canada's past practices and policies hurt attempts to forge common citizenship out of diversity?

Absolutely not. Consider how many immigrants become citizens. The least multicultural countries count the lowest levels of citizenship; the moderate multicultural countries have somewhat more. In comparison, an overwhelming majority of immigrants proudly take up citizenship in Canada and Australia, the two countries that went furthest in the multicultural experiment.

The positive link between multiculturalism and citizenship is further supported by comparing Canadian policy with that of the United States. In 1971, the Canadian government began promoting a multiculturalism-based integration policy, which was enshrined[1] in the Charter of Rights and Freedoms in 1982 and expanded in 1988, when the Multiculturalism Act[2] became federal law. Over this same period, the U.S. enacted no formal immigrant integration program or multiculturalism policy.

In 1970, in both Canada and the U.S., about 60 per cent of foreign-born residents had acquired citizenship. By 2006, the American Community Survey estimated that, of the 37.5 million foreign-born people living in the U.S., just 42 per cent were naturalized[3] citizens. By that same year, 73 per cent of immigrants to Canada had acquired citizenship, one of the highest rates in the world.

There are, of course, many possible explanations for this statistical gulf, but here are some factors that did *not* play a predominant role: different immigrant streams; the large undocumented population in the U.S.; different costs and benefits of citizenship; easier or faster processing in Canada.

My research points to multiculturalism as a key factor driving Canada's success at citizenship integration. It legitimates diversity, provides a sense of inclusion and, through the multitude of (oft-maligned[4]) government grants given to community-based organizations – not only for multiculturalism but also for a host of integration programs – it provides the support structures to help newcomers join the country as full citizens.

Canadians certainly can, and should, have thoughtful debates about recognizing and accommodating diversity – just as we debate health-care policy or Stanley Cup[5] contenders.

Like health-care and hockey, multiculturalism has become a symbol of what defines Canada. In poll after poll, Canadians say multiculturalism is one of the top three defining features of the country. What's more, they are proud of it.

They should be. Over four decades, incredibly rapid demographic change has transformed Canada, especially its largest cities. In Europe, similar change has resulted in riots and cultural tensions that have tarnished[6] the concept of multiculturalism there. But, in Canada, these changes, despite many challenges, happened peacefully, productively and positively. Multiculturalism was part of the solution, not the problem. *(641 words)*

1 enshrined – niedergelegt
2 Multiculturalism Act – the act acknowledged the right of ethnic groups in Canada to preserve and share their unique cultural heritage; it also guaranteed equal opportunity for Canadians of all origins. This act has remained largely unchanged since 1988 with the exception of some minor amendments.
3 naturalized – eingebürgert
4 maligned – schlechtgemacht
5 Stanley Cup – North American hockey championship
6 tarnish – mit einem Makel versehen

Assignments

1. Summarize the article. (Material) (30 BE)
2. Relate Canada's approach to multiculturalism to the situation in either the USA or Great Britain. Refer to material discussed in class. (40 BE)
3. *"Is wanting to preserve your country's cultural identity a bad thing?"* *(http://www.sherdog.net/forums/f54/wanting-preserve-you-countrys-cultural-identity-bad-thing-1173076/index3.html [retrieved: September 29, 2011])* Discuss. (30 BE)

Lösungsvorschläge

Teaching modules referred to:
The tasks centre on the teaching module Promised lands: dreams and realities *(Q3) with particular focus on* Canada *and* political and social issues. *Depending on your line of argument, knowledge of the module* USA *and the topic of* living together *(Q1) or* social structure *and* social change *in the* United Kingdom *(Q2) is necessary.*

1. *How to approach the task:*
   Your summary should be between 160 and 215 words (about one third of the original text). Remember to use the present tense, avoid quotations and start with an umbrella sentence. You should focus on the author's line of argument and omit unnecessary detail.

   In *The Globe and Mail* from October 28, 2010, Irene Bloemraad discusses the importance of multiculturalism in diverse societies based on the example of Canada. Contrary to recent comments by German Chancellor Angela Merkel and some Canadian journalists, the author is convinced that multiculturalism is the key to integrity and peace despite diverse influences.
   Her argument is verified by scientific indices which show that Germany, France and Norway have never been real multicultural societies, whereas Australia and Canada rank highest on the scale. These statistics are linked to the number of immigrants becoming citizens in these areas, with the latter countries featuring the most.
   According to the author, the importance of acquiring citizenship is confirmed further by Canada's active integration policies from 1971 onwards, including the Charter of Rights and Freedoms in 1982 and the Multiculturalism Act in 1988. In the United States, in contrast, where the rate of naturalizations is decreasing, there were no official attempts to integrate immigrants and encourage multiculturalism.
   Multicultural policies make immigrants feel included and welcome and offer support in the process of becoming a citizen, thus guaranteeing unison and avoiding cultural tensions like those in Europe. Canadians should indeed be proud of multiculturalism as it is the solution for peaceful unity in increasingly diverse societies. *(211 words)*

2. *How to approach the task:*
   Step 1 *Make a list of texts and films dealt with in class that focus on the situation of immigrants and their experience with diversity, multiculturalism and integration policies.*
   Step 2 *Decide which country you want to use for comparison with Canada, the USA or Great Britain, and find examples from the texts or films you listed.*
   Step 3 *Structure your essay carefully and explore what is typical in the respective country.*
   The following solution will deal with the situation in Great Britain and offers two possible ways of dealing with the task: one is based on non-fictional material, and the other on fictional texts offering a more emotional view of the topic.

Canada is often proclaimed the ultimate multicultural society. It actively fosters unity in spite of diversity through legal acts, integration programs and "support structures" (l. 44), as can be seen by political measures established, for example, in the Charter of Rights and Freedoms Act (1982) or the Multiculturalism Act (1988), but also by sheer numbers: by 2006 about 73 percent of the country's immigrants received Canadian citizenship. This is one of the highest rates in the world and fully proves Canada's commitment to and approval of cultural diversity. Multiculturalism is something that Canada's citizens are proud of.

Multiculturalism in Great Britain, in contrast, is more a result of colonialism and a delayed immigration process. Although it has a history of accommodating immigrants, the numbers of immigrants in former centuries were small. Many arrived after the Second World War to counteract the labor shortage and due to Great Britain's conviction that it had a moral responsibility to host people from former colonies. Immigrants from India, Bangladesh and Pakistan mainly settled in big cities, where they found job opportunities and housing. Another wave of immigrants came from the West Indies and the Caribbean. Although they have the same colonial past, this group of people insists on their cultural difference.

Immigrants from Commonwealth countries were guaranteed citizenship until 1962, when the government decided to limit the number of immigrants. The immigration process today is controlled by a number of measures started in 1971 and completed by the Immigration Act in 1988.

However, multiculturalism is dealt with differently in works of fiction, the media and on day-to-day politics, and each decade has its own approach. In addition, immigrants perceive the topic differently from people who are not personally affected by the problem. *(290 words)*

Variante 1

In the article "The New Empire within Britain", first published in 1982, the British Indian writer Salman Rushdie deals with doubtful aspects of immigration law and Great Britain's attitude towards multiculturalism in the eighties. Rushdie criticizes the discriminative practices of British authorities towards immigrants from the former colonies. According to him, white immigrants with one British-born parent are offered immediate citizenship, whereas blacks are denied this basic right.

This attitude is even more dubious against the backdrop of the Macmillan initiative, which, based on hopeful and optimistic advertising campaigns, invited these people to immigrate and apply for British citizenship in the first place. Now they are accused of abusing the welfare state and confronted with hate, threats and other forms of discrimination by parts of British society and institutions like the police. What is even more shameful is that a larger number of people prefer to ignore the situation and thus indirectly encourage racism and cultivate a very selective attitude towards a multicultural society.

This attitude seems to have changed in the nineties. In his speech "Chicken Tikka Massala", delivered on 19 April, 2001, Robin Cook, British Foreign Secretary from 1997 to 2001, points out the advantages of an immigration process that leads to a multicultural society. He claims that multiculturalism enriches British society, makes

it more vivid and innovative and more tolerant. He also points out that immigration is a part of British tradition which can be traced back to the very beginning of time and has invigorated the nation.
However, Cook also points out that tolerance towards immigrants is more common among the younger generation, who accept cultural diversity and seem to understand its positive impact on the British economy. Nevertheless, he sees British society as being capable of integrating foreign cultures.
The text "Down Up North" from *The Economist*, 15 December, 2001, explores the idea of multiculturalism from an economic point of view. The author of this article observes that a multicultural society adapts more easily to the immediate needs of the modern economy and attracts a much larger number of companies because they appreciate this kind of variety. In his view, a multicultural society is more flexible, and people with a multicultural background usually speak more languages and have a deeper and more genuine understanding of foreign cultures. At the same time he warns of the negative consequences of racism. He makes clear that it is not the high number of immigrants that cause social tensions but the unemployment rate that can affect both natives and immigrants. He therefore claims that more concern should be devoted to the question of education, which can contribute substantially to the success of a multicultural society. *(446 words)*

Variante 2

Contemporary short stories by Muriel Spark, Qaisra Shahraz, Hanif Kureishi or Salman Rushdie describe a rather incomplete multicultural society and try to explore the reasons for its deficiencies.
In her short story *The Black Madonna*, Muriel Spark explores the idea of multiculturalism in a middle-class Catholic environment, where unintentional discrimination, lack of education, ignorance and hidden hypocrisy impede the success of an inclusive, diverse society.
The childless couple and firm believers Raymond and Lou Parker make the acquaintance of two Jamaicans, Henry Pierce and Oxford St. John. The couple somehow feel responsible for them and consider it their duty to help them integrate into English society.
At the same time, the Parkers are trying to have a baby and pray to the Black Madonna for help. Their prayers are answered, but the Parkers are shocked when they realize that the baby is black. Although the test clearly shows that Raymond is the father, they decide to have the baby adopted and distance themselves from their Jamaican acquaintances.
Muriel Spark draws a very hypocritical picture of English society and its attitude towards multiculturalism. People pretend to be open-minded and welcoming but in fact are prejudiced and narrow-minded. They use immigrants to display their tolerance as long as it is necessary and convenient, but show racial intolerance and lack of understanding when their moral reputation is at stake. By giving their own black baby up for adoption, they reject multiculturalism. At the same time, the author suggests that multiculturalism is a young social experiment and needs protection. Everyone is invited to "adopt" the idea and foster it.

In his short story *My Son the Fanatic*, which is set in the Pakistani community, Hanif Kureishi blames religious fundamentalism for the tensions within the community and British society.
When Parvez, a taxi driver, finds out that his son Ali has become a religious fundamentalist, rejects a modern way of life, has given up higher education, insults his female clients and is isolating himself more and more from friends and family, he is more than shocked. Emotionally devastated, he tries to understand the reasons for the change in his son. When he realizes that Ali is not open to rational arguments anymore, he kicks and beats him.
The two characters, father and son, symbolize different generations of immigrants and different attitudes towards British society. Whereas the father has successfully adopted the British way of life and internalized their moral and social values, like tolerance and a more relaxed view of religion (although he was born and grew up in Pakistan), the son seems to be looking for something else. He is not capable of adapting to the needs of modern British society and looks for comfort and orientation in religion. He rejects democracy and any form of worldly pleasure, becomes incapable of critical thinking and starts hating people who are different. He thinks his father has betrayed his culture and distances himself from him.
Kureishi alludes to the fact that a multicultural society can only be successful if it finds a healthy balance between two different cultures. Complete accommodation of British values does not seem to be the solution because it ends in assimilation. Kureishi seems to suggest that a society can profit more if people can keep their traditions and adapt to the social, economic and political requirements of a society.
In conclusion, one could say that the success of a multicultural society depends on its ability to create a social and moral climate of tolerance, understanding, acceptance and recognition – as can be seen in Canada. *(592 words)*

3. *How to approach the task:*
__Step 1__ Try to put the question in your own words.
__Step 2__ You should find arguments for and against the preservation of one's cultural identity and then express your own opinion, so make notes on what you think about the issue. Find convincing examples and justify your views.
__Step 3__ Structure your ideas in paragraphs and start writing. It is a highly sensitive topic and should be handled with care. Try to avoid stereotypes and prejudiced ideas.

Traditions acquired over centuries form the basis for cultural identity. Identity confers people with unique characteristics but also promotes similarity with others: we are all the same, but different. Ideally, cultural identity gives people the chance to preserve uniqueness within sameness. A society with strong liberal traditions, for example, provides the framework for undisturbed personal development. On the other hand, people can easily lose their individuality and personal identity in a more restrictive cultural environment coined by religious fundamentalism, for example.
I therefore think that in the context of immigration and multiculturalism, preserving one's cultural identity is not a bad thing if a cultural environment with its traditions

does not distort your personality and does not lead to alienation and hostile behavior towards other cultures. Thus, I think that cultural identity is a bad thing if it leads to segregation and hostility.

Cultural traditions and, accordingly, cultural identity can help people overcome the difficulties they have to face at the beginning of the immigration process when they are struggling to learn a new language or improve the skills required by the new job market. A tradition of compassion and understanding like in Canada, for example, can create a climate of hope and one can easily overcome setbacks or any form of disillusionment and disappointment.

Additionally, cultural identity can help close the gaps between cultures. If people understand that every culture is incomplete and has potential for development, they will not feel offended and be more likely to adopt new traditions that enrich their own culture. Cultural identity is therefore a visual extension of traditions and a never-ending process. Local and traditional dishes are a good example of permanent and accepted changes brought about by diverse cultures in a multicultural society.

Furthermore, the will to preserve one's cultural identity increases cultural awareness and makes people more tolerant. A new culture can be perceived as a mirror that reflects one's perception of oneself and can help assess advantages and disadvantages in a constant process of evaluation. Questions of a balanced diet, for example, or a wasteful attitude towards the environment, can lead to new and unexpected answers if discussed with people who have a different outlook on things.

On the other hand, a cultural identity that distorts your personality can have negative consequences and is therefore a bad thing. The writer Qaisra Shahraz refers to such a situation in her short story *A Pair of Jeans*, where she describes the conflict between a young Muslim girl, who has adopted the values of a modern society, and her parents and future parents-in-law, who perceive her lifestyle as a violation of their cultural identity. The pair of jeans symbolizes emancipation and a threat to cultural identity at the same time. The different cultural identities in this case lead to alienation and oppression. Their respective restrictions violate the characters' personalities, isolate them from people and society and strain family relations. Such a situation is even more dangerous if it is accompanied by the rejection of the official language.

Religious fundamentalism is another form of cultural identity that should be questioned and looked at critically. Although it promises orientation and moral guidance, it incapacitates people and reduces their ability to think and lead their own lives. It transforms the followers' perception of the world, creates feelings of hatred and fear and isolates them from society. Honor-killing, for example, is often a consequence of religious fundamentalism. It stands in contrast to civil law and is, to us, a very doubtful form of cultural identity. Additionally, followers of fundamentalist movements feel morally superior and justify their intervention in the name of a divine power or a superior culture. In the end, they perceive everybody who is different as someone inferior and themselves as superior.

Concluding, one could say that the process of preserving cultural identity can only be successful if the balance between adjustment and refusal is kept. *(650 words)*

Abiturprüfung Hessen 2012 – Englisch Grundkurs
Vorschlag C – Kombinierte Aufgabe: Environment/Attitudes towards Work

Material A: Aufgabe zur Sprachmittlung

Öl – war da was?

Bislang haben wir bei jeder Umweltkatastrophe dazugelernt. Diesmal nicht.

von Andrea Böhm, 22. 7. 2010

Die Empörung über die Umweltkatastrophe ist grenzenlos. Protestaktionen gegen Ölfirmen im ganzen Land, in Kalifornien verbrennen Bürger ihre Kreditkarten, mit denen sie an Tankstellen Rabatt bekommen. Der Kongress handelt, der amerikanische Präsident unterzeichnet mehrere radikale Gesetze zum Umweltschutz.

Barack Obama im Jahr 2010? Nein, Richard Nixon[1] im Jahr 1970.

Auch damals ging es um eine Ölkatastrophe (und um verseuchte Flüsse). Das Fernsehen zeigte Bilder von toten Seevögeln, stillgelegten Fischereiflotten[2] und ölverschmierten Stränden – in diesem Fall lagen sie in Kalifornien[3]. Aber die politischen Zeiten waren offensichtlich andere. Vor vierzig Jahren zog der Schock über die ökologischen Folgen des Energiehungers politisches Handeln nach sich, um ebendiese Folgen zu korrigieren. Und er beschleunigte den Aufstieg der amerikanischen Öko-Bewegung.

Erst kommt die Katastrophe, dann der Lernprozess, dann die Politik. Dieser Dreisatz prägte bislang die Geschichte des Umweltschutzes. Bislang. Angesichts des Desasters im Golf von Mexiko, verursacht durch die BP-Ölplattform *Deepwater Horizon*, zeigt sich der Staat ebenso hilflos wie die Austernfischer[4] in Louisiana. Politischen Aufwind verspüren in den USA offenbar nicht die Befürworter neuer Auflagen zum Schutz von Natur und Klima, sondern deren Gegner. […]

Mit der Verhängung eines vorläufigen Bohrstopps scheiterte Barack Obama an der amerikanischen Justiz und an der öffentlichen Meinung. Sein Appell an seine Landsleute, unter dem Eindruck der Katastrophe eine neue, nachhaltige Energiepolitik zur nationalen Mission zu machen, verhallte.

Das Paradoxe dabei ist: Wir – denn es geht ja nicht nur um die Amerikaner – ertrinken bei der Berichterstattung über solche Katastrophen inzwischen in absurden wie erschreckenden Informationen über unser eigenes Zerstörungspotenzial. […]

Wir wissen, dass die über 700 Millionen Liter Rohöl, die in den vergangenen Wochen in den Golf geflossen sind, etwa einem Fünftel des täglichen Verbrauchs der USA entsprechen. Wir haben außerdem gelernt, dass *oil spills* andernorts seit Jahrzehnten zur Tagesordnung gehören. […]

Nur will der Lernprozess, also die Umsetzung dieser Informationen in politisches Handeln, heute nicht mehr so recht gelingen – nicht in den USA, nicht im Rest der Welt. […]

Womöglich folgt die heilsame Wirkung des Schocks über *Deepwater Horizon* ja noch. Womöglich wird irgendwann eine überfällige Konvention ausgehandelt, eine Diskussion über ein Moratorium für Tiefseebohrungen[5] angeschoben und die Debatte über

Klimaschutz aus dem Keller geholt. Aber vorerst ist keiner in Sicht, der den Anfang machen will oder kann. Barack Obama schon gar nicht. Der muss im November bei den Kongresswahlen mit einer verheerenden Niederlage rechnen. *(381 Wörter)*

Die Zeit, 22. Juli 2010, Nr. 30, S. 8, http://www.zeit.de/2010/30/Umweltkatastrophe-Oelfirmen-Klimadebatte [abgerufen: 20. 08. 2011]

1 Richard M. Nixon – 37th President of the United States, 1969–1974
2 Fischereiflotte – fishing fleet
3 This refers to a major oil spill off Santa Barbara, CA, in January 1969
4 Austernfischer – oyster farmer
5 Tiefseebohrung – deep-sea drilling

Assignment

A group of environmental activists in Louisiana is interested in international opinions on U.S. environmental policies after the oil spill disaster in the Gulf of Mexico in 2010. Summarize the excerpt for them. (Material A)

Material B: verkürzte Textaufgabe

Dashed Hopes

M. G. Vassanji's novel portrays the Lalani family, who are East-Indian immigrants to Canada, now living in the run-down apartment block 69 in Toronto's Don Mills district. The following excerpt describes a decisive moment for their daughter Fatima.

Fatima Lalani was standing squeezed into an elevator on her way up to receive the tidings[6] which she did not as yet know were bad. Her mother Zera had phoned her at the drugstore, where she worked after school, to tell her "it" had arrived, meaning the long-awaited letter from the university, and Fatima took off. In the elevator, although she greeted two small boys and threw a brief but disdainful glare at some of the more ordinary-looking people returning from work bearing parcels of groceries, she was as nervous as she had ever been in her life. It seemed to her that when she opened the envelope which was waiting for her, her entire life would be decided. It did not occur to her that the decision she awaited had already been made a few days before, and she whispered a prayer in much the same way her mother sometimes did; although she had never believed in, in fact had begun to scoff at[7], the efficacy[8] of this remedy, and her mother was the last role model she had in mind. […]

When the elevator stopped on her floor, […] Fatima could push herself out. Then, with a swing of her shoulders and a shake of her head, as if to banish the odours of cheap perfume and sweat and groceries, she strode off to her apartment. When she let herself in, her mother was waiting like an attendant, envelope in hand. Fatima grabbed it, tore it open, quickly read the gist, and slumped down on the sofa with a loud groan.

"What's it?" asked Zera, her mother, having guessed the answer.

"Arts and Science[9]," spoke Fatima in a mixture of grief and anger tinged with[10] drama.

"So? This is the end of the world then? Arts and Science – what's wrong with it?"

Fatima sulked, picking up the telephone and cradling it in her lap. During the last year, whenever any well-wisher asked her what she wanted to "become", she had given one unequivocal[11] reply: "Become rich." To many of the girls and boys of Sixty-nine and Sixty-seven and the other high-rise apartment buildings in this part of Don Mills, this is what growing up meant – making it. To the brighter ones, those with averages in the eighties and nineties[12], making it meant going to university: not to study pure science or humanities, but something more tangible[13], with "scope"[14], computer science or pharmacy for instance. For the girls, the latter of the two was preferable. It was more feminine, less threatening to the boys. Among the brighter girls of Don Mills the competition for a place to study pharmacy at the university is intense. Fatima Lalani, with an average of eighty-six, had struck out.

To Zera Lalani, of the old school, any education was a way out, a way up, and her daughter's disappointment carried no significance beyond her having to put up with a bout of adolescent sulkiness. *(490 words)*

Moyez G. Vassanji, No New Land, Toronto 1991, pp. 3–5

6 tidings – news
7 scoff at – make fun of
8 efficacy – Wirksamkeit
9 Arts and Science – Geistes- und Sozialwissenschaften
10 tinged with – mixed with
11 unequivocal – unmissverständlich
12 averages in the eighties and nineties – *Ergebnisse gemessen im 100-Punkte-System; entspricht in etwa guten bis sehr guten Ergebnissen im deutschen System*
13 tangible – handfest
14 scope – Entfaltungsmöglichkeit

Assignments

1. Describe the situation. (Material B) (30 BE)
2. Compare Fatima's attitude to that of immigrants to the United States discussed in class. Refer to material discussed in class. (40 BE)
3. Discuss how important money is for you when choosing your job. Take the text at hand as your starting point. (30 BE)

In die Gesamtwertung gehen die Ergebnisse der Teilaufgaben A und B im Verhältnis 1:3 ein.

Lösungsvorschläge

Teaching modules referred to:
The mediation assignment centres upon work done in the module Science and technology *(Q1) with special emphasis on* ecology. *Part B focuses on the module* Tradition and Change – Work and industrialization *(Q2), especially on the key issues* business, industry and the environment, *and requires you to refer to texts about or by immigrants to the USA (module* United States – American Dream, *Q1).*

Teil A: Aufgabe zur Sprachmittlung

How to approach the task:
Step 1: *Read the text carefully and concentrate on the main objective of the article, which already becomes visible in the title and subtitle.*
Step 2: *Start out with an umbrella sentence containing the source and the topic.*
Step 3: *Write a maximum of 100–130 words.*

The article from the German newspaper *Die Zeit* (July 22, 2010) deals with the increasing indifference towards ecological catastrophes. Forty years ago media coverage of an oil spill and contaminated rivers caused an uproar among the American public and finally led to strict environmental policies. The Deepwater Horizon disaster of 2010 did not entail any consequences. Obama's attempts to put an end to deep sea drilling and to support sustainable energy were rejected by the courts and the public. Everyone – not only in the USA – has become used to hearing of the destructive impact of ecological disasters and no one is able or willing to take action – especially not Obama, since environmental protection policies might result in his defeat in the upcoming congressional elections.

(124 words)

Teil B: Verkürzte Textaufgabe

1. *How to approach the task:*
   Read the text carefully and describe the situation Fatima is in. Pay special attention to describing her feelings and the reasons for her disappointment. Consider her aims in life and what a successful career means to her.

   In the extract, Fatima Lalani, the daughter of an East-Indian immigrant family in Toronto, is eager to come home after she is informed by her mother that she has received a reply to her university application. Fatima is extremely edgy since the reply will determine her future. She rushes from the elevator to her apartment, where she grabs the envelope from her mother's hands and opens it. The admission to an Arts and Science program provokes deep disappointment and anger in Fatima because it is her ultimate aim to strike it rich through a successful career. She shares this dream with other good students in the run-down high-rise buildings in her district who equate growing up with making it to the top by studying hard in subjects like computer science or pharmacy. The reader discovers that the girls prefer pharmacy because of its feminine appeal and that there is a lot of competition for a place to study it. As an above-average student Fatima is crushed because she has only been accepted for the less promising Arts and Science. Her mother, Zera Lalani, who considers any education a means of climbing the social ladder and leaving the run-down neighbourhood, cannot comprehend her daughter's disappointment. *(204 words)*

2. *How to approach the task:*
   Step 1: *Read the text carefully and underline the passages that provide an insight into Fatima's attitude to work, education and a future career.*
   Step 2: *Try to pinpoint why she is so disappointed about her admission to an arts and science program.*
   Step 3: *Portray her attitude and compare your findings with the expectations and attitudes of immigrants to America, referring to texts or films you know. Develop a clear structure and concentrate on the following aspects:*
   - *the idea of success*
   - *higher education as a means of climbing the social ladder and acquiring prestige*
   - *higher education as a means of becoming rich*
   - *subjects that guarantee a high income*
   - *subjects with a feminine aura*

   The following essay focuses on T. C. Boyle's The Tortilla Curtain. *Other possible examples would be the Lithuanian immigrants in Upton Sinclair's novel* The Jungle. *You could also refer to short stories by Asian-American authors, e. g. Amy Tan, or Hispanic writers, e. g. Sandra Cisneros. Non-fictional accounts of successful immigrants like Arnold Schwarzenegger can also be related to the text at hand.*

In the following I will compare Fatima's attitude to education and material success to that of Cándido and América in T. C. Boyle's *The Tortilla Curtain*. In the extract at hand we meet Fatima Lalani, the daughter of East-Indian immigrants to Canada, who lives with her family in a lower-class housing area in Toronto. Obviously, her parents support her in her attempt to enter upon a successful career through a university education. Although she graduated from high school with a high average, she is terribly disappointed when she is notified that she has only been accepted for an Arts and Science program. Her mother cannot understand why Fatima is so devastated.
In Boyle's novel the main characters have a completely different background. As illegal immigrants in the United States they do not even have a roof to sleep under. They live in even worse circumstances than Fatima. Cándido's and América's home is a canyon and their beds are some blankets in the sand. The canyon is full of shrubs with thorns, snakes and spiders. They drink water from a stream and have to make a fire every time they want to cook. As illegal immigrants they are forced to move about in eternal fear of being stopped by the Migra or Border Patrol and sent back to a desolate life in Mexico. Nevertheless, they still dream of having a better life in the United States.

This evidently applies to Fatima as well. She sees a university degree as a means of climbing the social ladder and leaving her run-down neighbourhood. Fatima is disappointed about only being accepted for so-called soft subjects. She would have preferred computer science or pharmacy (ll. 28/29) since such hard subjects will most probably result in higher pay. Her priority is pharmacy, as it has a more feminine appeal. It is her ultimate aim to strike it rich, as is pointed out in l. 24. In the extract it is also emphasized in ll. 24–26 that she shares this dream with many boys and girls in the apartment blocks in her district, who view material success as a way of escaping from their poor neighbourhood. They might also want to escape from their ethnic environment or their family.

In contrast to Fatima, Cándido's and América's dreams of a better future are a lot more modest. The seventeen-year-old América, who is pregnant, cherishes a simple dream of a house, a yard and maybe a car and a TV. She does not fancy the palaces of the gringos she works for. Four walls and a roof are the most she can hope for. Education is beyond her reach. Both Cándido and América take up any kind of work for little money. They work extremely hard without complaining. Without the right to stay in the United States and without medical care or a regular income, professional training or higher education remains unattainable.

To sum up, both Fatima and the illegal immigrants in Boyle's novel share a dream of a brighter future in the countries they immigrated to. Whereas Fatima aims at "making it" (l. 27) through university education and a prospective career, Cándido and América are absorbed in their fight for survival. They are willing to bear any hardship and suffering in order to stay in the USA. That is why they humbly accept the most terrible circumstances, such as working with toxic detergents or being pushed away like dogs in the parking lot of a supermarket, for example. Seen in this light, Fatima seems to be privileged and extremely ambitious in her pursuit of material success.

(601 words)

3. *How to approach the task:*
   Step 1: *Start off by examining how important money is for Fatima.*
   Step 2: *Consider other factors that might be rewarding.*
   Step 3: *Come to a conclusion and give reasons.*

Quite obviously, Fatima is an extremely ambitious young lady who dreams of making it to the top. She is utterly disappointed upon hearing that material success will not easily come her way since she has not been accepted for computer science or pharmacy. From the extract it is hard to tell whether she is really interested in these hard subjects or whether she has only fallen for the status they might promise in the future. The reader is not informed about what she is really good at. Fatima seems to view a successful career as a means of leaving her run-down surroundings.

On the one hand, I can understand that especially the children of immigrants view higher education as a ticket to the job market and perhaps as a way of leaving their ethnic environments. In the text at hand Fatima looks down on hard-working people carrying their grocery bags (ll. 5/6).

On the other hand, one should keep in mind that money and material success or status are not everything. There are other factors that I consider important when choosing a career.

Personally, I feel that job satisfaction is an extremely important aspect to be considered. It can only be achieved if you choose very carefully and attain a balance between your talents, motivation and your desires for the future. I reject the idea of choosing a career only because of the material benefits or the status that it is connected with. Fatima's wish to study pharmacy because it has a feminine appeal and promises money seems to be very superficial. Long working hours in a laboratory or in a pharmacy might be the wrong choice if she is not intrinsically motivated.

In my opinion it is important for every individual to choose a worthwhile and meaningful field of occupation since money alone does not necessarily entail satisfaction or happiness. The increasing number of stress-related diseases such as the burn-out syndrome clearly indicate that stressful situations might result from increasing demands and perhaps also from the wrong choices made when choosing a career. Inability to work and early retirement might result from the urge to strike it rich and make it to the top. Very often, highly paid positions, for example in the computer industry, require a fierce competitiveness that not everyone wants to develop. To me, factors like flexibility of working hours, family-friendliness or the opportunity to travel are just as important as cooperating with others.

Nevertheless, the choice of a personal career should definitely be made on the basis of a realistic assessment of whether or not you can make a living with it and support yourself and perhaps, later, your family. It is important to consider the risks that accompany unrealistic aspirations for so-called "dream jobs". *(462 words)*

Should Huck Finn get a 21st-century revision?

by Seán O'Driscoll, The Irish Times, January 7, 2011.

The word 'nigger' has been replaced by 'slave' in one US publisher's new versions of Mark Twain's classic novels – but should texts really be sanitised?

SITTING AT his desk in Montgomery, Alabama, Prof. Alan Gribben is weathering a storm he knew was coming. "Of course there was going to be trouble," he says with a shrug. "You don't change Mark Twain and not expect the walls to come crashing down."

This week, an Alabama publishing company, NewSouth, announced it will be releasing Gribben's altered version of Mark Twain's classics, *The Adventures of Tom Sawyer* and *The Adventures of Huckleberry Finn*, in which the word "nigger" is replaced with "slave", while the word "injun" is replaced by "Indian".

It's the removal of the first word (used 219 times in *Huckleberry Finn*) that has cultural commentators frothing with outrage this week. Some have called the new version an "abstinence-only" approach to discussing racism, while others have heralded the arrival of the politically correct apocalypse, the point of no return for liberal thought police.

"Let's get one thing straight," says Gribben, an Auburn University professor who has been vilified by both the left and right. "Mark Twain was a notoriously commercial and populist author. If he was alive today and all he had to do was change one word to get his book into every schoolhouse in America, he couldn't change it fast enough." But he isn't here and he can't answer for himself. Maybe Twain would have screamed in indignation that his work was being robbed of its original meaning.

Gribben, a likeable straight talker, is adamant that he is not robbing Twain of anything, merely making a small change so that English teachers are no longer embarrassed to read out loud in class.

But should literature really be changed to avoid the blushes of English teachers? For a cut-and-paste digital generation, is literature just another mash-up that can be altered to suit demand? "I sincerely hope not because it would be very, very bad for American literature," says Randall L. Kennedy, who is probably the world's greatest expert on the N word (he never uses such euphemisms), having written a widely discussed social history book called *Nigger: The Strange Career of a Troublesome Word.*

Kennedy, an American law professor at Harvard University, is among a large group of black commentators who denounced Gribben this week.

"It's a profoundly bad idea," he says. "The word 'nigger' appears in the autobiography of Malcolm X, should that be removed as well?" But it's not the same thing, is it? Mark Twain was white, Malcolm X was not, the context is very different.

Kennedy sighs. "No, I really don't think so. If the word is hurtful and contemptuous, then it ought to be condemned no matter who is speaking."

I wonder if there isn't a certain power play going on here. A white professor wants the word removed because it makes him squirm, a black professor wants it included. Isn't that squirming a form of social control over white people? A way of keeping them forever awkward and eager to please? "Now that's an interesting argument," says Kennedy.

"By removing the word from Mark Twain, we are losing the opportunity to discuss. If I was an English teacher, I would relish the opportunity to talk about my own feelings and open the discussion to the classroom. Now that's having a real argument, that's showing your students respect."

I wondered what other black people thought of the N word and whether removing it from Twain would help bury a painful past or save white America from confronting its own history. I was pondering all on the subway on the way home when I heard two black teenagers talking. "Hey nigga, what's up with you?" said one. The reply was instant "Ain't nothin' wrong with me nigga, something wrong with you though."

Enter white Irish reporter with a copy of *Huckleberry Finn* and a massive avalanche of awkwardness. I stutter through an explanation of my article and show them a few of Mark Twain's offending passages.

The first, 17-year-old Laurence Johnson, picks up the book, studies it for a moment and shuts it suddenly.

"So he said 'nigger'. So what? People think slave owners called us African-Americans?" he says loudly.

His friend laughs, so do some middle-aged black women sitting nearby, all of whom nod in agreement. Johnson, who is in his final year of high school in Brooklyn, puts himself in the place of a slave owner counting his slaves.

"One, two, three, four … damn, we got an African-American escaped up north!"

More laughter, some of the women are clapping their hands. "It's about the timing," says one of them, Katicha Spencer, a 42-year-old dental nurse from Bedford Stuyvesant in Brooklyn. "If some white person said that word to me, I'd be mad as hell. But if it's from 100 years ago, and it's someone trying to get the flavour of what people are saying, then that's what people said. You can't sugarcoat the past of this country, you can't pretend it didn't happen." Her friends nod in agreement. "Mark Twain's alright," says one. "He's not my boss." Katicha gives her a high five and they laugh as they leave the train. […]

(881 words)

http://www.irishtimes.com/newspaper/features/2011/0107/1224286958314.html
[retrieved: January 8, 2011]

Assignments

1. Summarize the article. (Material) (25 BE)
2. Analyse the attitudes towards racial discrimination in the article at hand and relate them to forms of discrimination in Great Britain or Canada as encountered in material discussed in class. (40 BE)
3. *"I've never seen a sincere white man, not when it comes to helping black people. Usually things like this are done by white people to benefit themselves. The white man's primary interest is not to elevate the thinking of black people, or to waken black people, or white people either. The white man is interested in the black man only to the extent that the black man is of use to him. The white man's interest is to make money, to exploit."* (Malcolm X)
   Comment on this quotation taking the history of African Americans and their current situation into account. (35 BE)

Lösungsvorschläge

Teaching modules referred to:
The task relates to the teaching module USA *(Q1), with particular reference to the theme* living together (ethnic groups: African Americans). *Other modules are also touched on, such as* The United Kingdom (Q2), *with particular emphasis on* social structures, social change *and the theme* Promised lands (country of reference: Canada) *from Q3.*

1. *One particular point to watch out for here is the fact that the newspaper article contains different viewpoints. The author juxtaposes opposing views as to whether it is politically correct to use the word "nigger" in writing and whether this word should be replaced in literature.*
   Step 1 *Make sure you identify the different points of view correctly. You need to allocate the viewpoints to a specific person <u>and</u> their skin colour.*
   Step 2 *Without going into unnecessary detail (your summary can only be 220–300 words long), you can structure your writing according to the different points of view.*
   Step 3 *Bear in mind that there seems to be a difference as to whether the N word is used by a white or a black person and in which context, historically or in the present. This forms the second layer of the controversy.*
   Step 4 *Your umbrella sentence, apart from stating author, newspaper, headline and date of publication, should also include the cause of this debate.*

   In this newspaper article, which appeared in *The Irish Times* on January 7, 2011, Seán O'Driscoll describes a heated debate amongst American cultural commentators about the release of Mark Twain's two classical novels in an altered version.
   The editor, Prof. Alan Gribben from Alabama University, replaced the word "nigger" in *Tom Sawyer* and *Huckleberry Finn* with "slave" and used "Indian" instead of "injun". Although expecting trouble, his reason for doing so is to avoid racist references in the new version and enable teachers to use it in their classrooms without embarrassment. He maintains that Mark Twain himself would have made these small changes if his popularity or chances of being read at school had been at stake.
   The African-American Professor Randall L. Kennedy, from Harvard University, and author of a social history book about the N word, attacks his white colleague Gribben, fearing for the reputation of American literature if such changes are made to please public demand. He argues that even in the autobiography of Malcolm X this word is used, and points out that it would be a shame to forego the opportunity to discuss the use of the word "nigger" for educational purposes.
   The author of the newspaper article asks whether the uncomfortable feeling of Whites concerning the use of the N word is about social control on the part of African-Americans and conducts short interviews with random black people. Here, reactions range from those who believe that replacing the N word for historical reasons is ridiculous to those who claim you cannot make history sound better or who even make fun of the idea. Used by Whites nowadays, however, the N word is supposed to be politically incorrect. *(282 words)*

2. ***Step 1*** *Focus on the range of attitudes as expressed in the newspaper article. What is also important is the skin colour of the people quoted in the text and their different expectations of dealing with ethnic minorities in the USA.*
Step 2 *Draw up a list of novels, short stories, articles, films or other material you have dealt with in class that provide sufficient background for your analysis of attitudes towards discrimination.*
Step 3 *Decide whether you want to use Great Britain or Canada as a country of reference. In the following, a sample solution for both countries will be presented.*
For Great Britain, Andrea Levy's novel Small Island *is included. What is also discussed is an undercurrent of xenophobia visible in the rejection of immigrants depending on the needs of the labour market in times of economic recession. The changes in British legislation concerning Commonwealth citizens and migration within the European Union are also of importance. If you want to include inter-ethnic discrimination, you could refer to Bali Rai's novel* (Un)arranged Marriage. *For a more recent focus, the practice of sharia courts in GB could also be mentioned.*
If you would like to base your argument on the situation in Canada, you would have to concentrate on a different historical situation and differences in the make-up of ethnic minorities in this British dominion. Here, the Franco-Anglo bilingualism is of consequence as well as the situation of the First Nations and Stephen Harper's apology for their maltreatment and the disadvantages encountered. Dawn Dumont's novel Nobody Cries at Bingo *would be a good starting point as there is a similar discussion to that in the US as to whether it is politically correct to use the term "Indian" if addressing members of the First Nations. Canadian attitudes towards multiculturalism and the concept of a melting pot or salad bowl could also be compared with those in the US.*

The history of racial discrimination in the US starts with the arrival of African slaves in the 17th century. This is why the use of the word "nigger" – even in a historical context such as Mark Twain's classics – triggers such controversy in the USA when the white Professor Alan Gribben changes the word to "slaves" in two of Twain's novels. By purifying these time-honoured texts he believes he will be able to avoid racial discrimination and, above all, act in accordance with what Mark Twain himself would have done.
Gribben's attitude towards African-Americans can be seen as marked by caution and respect, taking into account difficulties high school teachers and their students may experience in a politically correct world. He does not shy away from changing even well-known classics, fully aware of the public outcry this will undoubtedly provoke.
The criticism which Gribben has to face, however, is less about this caution and political correctness (although some cultural commentators are quite outraged about this "abstinence-only" approach [l. 10] and even denounce it as a "point of no return for liberal thought police" [l. 11]) than about his changing works of literature and covering up America's past.
One of his black critics, denouncing Gribben's approach to avoiding racial discrimination, is an expert on the use of the N word, whose "troublesome career" (cf. l. 26) he has researched in a widely discussed social history book. Professor Randall L.

Kennedy's main objection is about pleasing public demand and changing works of literature for this purpose. He points out that even in Malcolm X's biography the N word is used and would have to be removed if one followed Gribben's logic. The fact that Malcolm X, in contrast to Mark Twain, was a black person does not make much difference to Kennedy.
At this stage, the author's own opinion comes into play. Seán O'Driscoll, a white, Irish journalist, wonders whether in fact a person's skin colour creates a different context altogether (l. 31). Furthermore, Driscoll speculates about whether the controversy at hand has not established "a certain power play" (l. 34) directed against Whites.
Kennedy does not reject this idea completely but claims that by removing offensive words and thus changing the meaning of original texts, opportunities for discussion might be lost in which teachers and students could express their own feelings – instead of simply looking at the N words as being hurtful and contemptuous (l. 32).
Driscoll finally decides to find out what other black people think about the N word, suspecting that its removal could stop Americans from confronting their own history and help to cover up a distressing past (ll. 42–44). By interviewing black subway passengers at random he finds a mixture of attitudes, some agreeing that being addressed as "nigger" by a white person would be regarded as being very offensive and would make them "mad as hell" (l. 60), whereas this would have been normal 100 years ago. Black teenagers even call each other "nigga" in a jocular way (ll. 45/46). That racial discrimination goes deeper than words is shown by another youth, who points out the irony of a slave owner talking about black people as African-Americans. Not covering up America's past and history of slavery seems to be more important to the interviewees than using words the way Mark Twain did. *(551 words)*

Great Britain
Although there has been – and still is – racial discrimination in Great Britain as well, its history and origins are quite different from the American context. As the colony's motherland, Great Britain was instrumental in the slave trade between Europe, Africa and North America but never used slaves itself to any considerable extent. It was only after World War II that significant numbers of different ethnic communities, such as Caribbeans, Commonwealth citizens and East and South Europeans, arrived in Great Britain.
Jamaican people especially had already served in the British army during the war and it is their social history that the plot of Andrea Levy's novel *Small Island* is based on. Gilbert Joseph (the novel's protagonist) was one of several thousand Jamaican men who joined the RAF to fight against Hitler. After the war, his wife Hortense joins him to start a better life in England. In spite of her training as a fully qualified teacher, her applications to the British school system fail. Both she and her husband experience many instances of racial discrimination on the grounds of their skin colour and because their neighbours are afraid of the immigrants.
The same sentiment becomes apparent in Enoch Powell's famous speech on the "Rivers of Blood", in which the right-wing politician warns the public against too many immigrants "flooding" Great Britain and demands that their numbers be re-

stricted. He was opposed to the government's policy of allowing people who were not white to come from other countries to live and work in Britain in the late 1960s, and he predicted street violence between different races.

The British government, however, promoted equal opportunities and helped make improvements in social conditions and employment. In this context, black people in Great Britain protested against continued discrimination and the lack of houses and job opportunities, in a campaign that resulted in the Brixton riots. More recently, attempts to encourage the integration of ethnic minorities have been successful. Social, economic and educational programmes have been put into place, so that different cultures can take pride in their traditional festivals and practices, and racial harmony remains part of official government policy.

As of today, Great Britain has emerged as a multicultural nation promoting integration rather than assimilation. Shared values and an active membership are supported at large, although particularly within the Muslim communities there appears to be a split between the older, integrated members and younger Muslims, some of whose aims seem to point to parallel societies.

All in all, racial discrimination still seems to be an unresolved problem in Great Britain but rather on the grounds of social and traditional values, compared to the situation in the USA, which has seen considerable progress since the arrival of the Civil Rights Movement but still suffers from inequality based on skin colour. This has also led to affirmative action, where members of particular ethnic groups, mostly Blacks and Hispanics, have enjoyed preferential treatment. However, this policy has also caused a lot of disagreement and members of the ethnic minorities concerned feel that this is just another form of discrimination. *(512 words)*

Canada

Whereas the concept of a melting pot is now being replaced by the idea of a salad bowl or cultural quilt in the US, Canadian society has been trying to overcome the racial divide and discrimination since the 1970s by establishing an official policy of multiculturalism in their legislation, promoting the idea of a mosaic. Different cultures are encouraged to maintain their own qualities, languages and cultural practices. In this respect, Canada is regarded as a model for other immigration countries. This does not mean that ethnic minorities have never been disadvantaged or discriminated against. However, in contrast to the USA, Canadians never employed slaves but often provided a safe haven for African-Americans who were able to escape from their slave owners in the south. Ethnic tension in Canada has developed on two other historic lines: those of the French-Anglo relationships and the attitudes towards the First Nations – the so-called Canadian Indians.

In terms of easing the historical tensions between French and British settlers, the Canadian government has repeatedly tried to employ pro-active policies and introduced official bilingualism as a means to preserve cultural traditions, especially in the minority group of people with a French background.

In another contrast to the USA, the French and English cultures have always been considered the two founding cultures of Canada, and the issue here is not one of discrimination against each other but of political influence and economic resources.

In terms of social and political equality, the First Nations of Canada have had a much more difficult stance, and whereas Mark Twain's usage of the word "nigger" would not raise an eyebrow in Canada, the change of Twain's "injun" to "Indian" would. There is an ongoing debate in the country about whether the members of the First Nations can feel happy about being addressed as Indians, or whether this is just another sign of the cultural and social suppression they suffered in Canada's past.

Apart from being refused the right to vote in their own country of origin until 1960, the people of the First Nations were not considered part of Canadian society for a long time and even had special status under the Indian Act, according to which they were exempt from some taxes. In particular, their children were subject to government control and many of them were forcibly sent to what were known as residential schools, where they were not allowed to speak their native languages or follow their traditional customs.

This aspect of discrimination is part of Dawn Dumont's novel *Nobody Cries at Bingo*, which describes her experiences on an "Indian" reserve. Her parents had to attend residential schools themselves but never complain much about this. It is only after Dawn's parents discover that the Canadian government hands out "Common Experience payouts" that they remember any maltreatment at these schools. Such payouts were made to compensate former students of residential schools for their negative experiences. Similar compensation was given to the Stolen Generation of Australia. In her novel, Dumont argues that her parents deserved the money but criticises their hypocrisy at the same time.

A couple of months after Australia, Canada, through Prime Minister Stephen Harper, apologised in Parliament to the Aboriginal peoples of Canada for their forced assimilation in the Indian residential schools. In his speech he deplored the role of both government and the Church in using force and inflicting much harm on the children in their custody, in forbidding cultural practices and destroying family ties. This apology, although seen as a first step towards reconciliation, did not meet with unequivocal approval. Leaders of the First Nations have reacted by pointing out that Harper's apology was not specific enough and it was not clear what he was apologising for. The issues their communities are struggling with on the reserves, namely drug abuse and serious social problems, were not really addressed. There is little or no funding from the government to deal with these issues.

As a conclusion, it has to be said that there has been, for a long time, a certain condescension in the way the mainstream societies of Canada and the USA have been dealing with their Aboriginal and Native American population, respectively. In Canada, many problems have been resolved by official government policies regarding the First Nations as well as other ethnic minorities. In the USA the success of the Civil Rights Movement has brought about considerable changes and the election of the first black president, Obama, is a sign of hope. *(747 words)*

3. *In order to assess this quotation by Malcolm X you are required to put it in both its historical and autobiographical contexts.*
__Step 1__ The history of the African-American population is characterised by slavery, Reconstruction and the Civil Rights Movement. So first you need to delineate these developments and the current situation of the black community.
__Step 2__ The role of Malcolm X within the Civil Rights Movement needs to be scrutinised in order to explain his pessimistic outlook as the leader of the Muslim Black Panthers.
__Step 3__ Finally, you will have to take both contexts into account and come to your own conclusions as to whether you agree or disagree by following your line of argument.

The quotation by Malcolm X shows a strong distrust in the role of the white man and his tendency to exploit rather than support black people in the USA.
Looking at the history of African-Americans, this distrust seems to be justified. Brought to the USA as slaves since the 17th century, they were bought and sold, treated as property and abused in the worst possible manner. They did not have a place in the American Constitution and were excluded from the pursuit of happiness promised in the Declaration of Independence of 1776.
As a result of the Civil War (1861–1865) slavery was officially abolished in the USA and, with the 14th Amendment to the Constitution, Blacks became US citizens by law and were subsequently granted the right to vote. However, segregation followed and discrimination against black people did not stop, and, especially in the south, continued well into the second half of the 20th century. In particular, what were known as the Jim Crow laws in the 1890s made sure that black people were hindered from voting, were not allowed to eat a meal in a white restaurant, even had to use different and inferior public toilets and could not sit in the front of a bus. The Jim Crow laws were meant as a mockery of the black man, based on the cliché of the Jumping Jim Crow figure, a caricature of a singing, dancing and uneducated black man.
Technically, all slaves were freed by the 13th Amendment to the Constitution (1865) and also allowed to rent land to farm on. However, they were still dependent on the Whites and often led poor lives as sharecroppers, agreeing to deliver a certain share of their crop every year to the landowner, trapped in a cycle of endless hard work and relentless poverty. This situation is best outlined in two novels by Toni Morrison.
A Mercy describes how Florens, a slave born in America, suffers a great deal of hardship from her owners but also enjoys human mercy later in a family. In *Beloved*, set just after the Civil War and focused on the psychological impact of slavery, the main character tries, in vain, to leave the memories of a horrific past behind her. Both novels show a certain victim mentality of African-Americans in the past and are very much in accordance with Malcolm X's statement and opinion about the white man.
It took a long time to change the living conditions of black people in the USA. Reconstruction after the Civil War had not brought the improvements hoped for by the African-Americans.
Rosa Parks, a member of the National Association for the Advancement of Colored People (NAAP), sparked off the fight against segregation and the start of the Civil

Rights Movement. In 1955, she refused to give up her seat to a white passenger in a Montgomery bus, was arrested, and in her support black citizens came together to fight for their rights. Led by Martin Luther King, boycotts of the public transportation system were organised and one year later the Supreme Court of the US declared segregation of public transportation unconstitutional.

Based on Mahatma Gandhi's principle of non-violent resistance, Martin Luther King organised national protests against the discrimination of Blacks with sit-ins and freedom rides. His activities culminated in his famous speech of 1963, "I have a dream", but he was assassinated in 1968.

Malcolm X's radical views made him an opponent of Martin Luther King. Instead of non-violent agitation he proposed a Black Revolution and criticised his black fellow-countrymen for an attitude where they would turn the other cheek. He was very popular at a time when poor housing, little education and no jobs for Blacks were the order of the day. This also explains his distrust of any promises of the white man, who from his point of view (expressed in this quotation) would do nothing to support the Civil Rights Movement but only acted according to his own advantage, meaning exploitation of the Blacks. Malcom X was shot by black gunmen in the same year.

As much as Malcolm X's statement seems to be supported by the history of Blacks in the USA, it also suffers from over-generalisation. Not every white person has been opposed to the emancipation of African-Americans and his opinion does not reflect the obvious advancements in the black cause and the success of the Civil Rights Movement, despite certain setbacks.

Since the 1960s, the federal government of the US has passed laws forbidding discrimination of ethnic minorities at work. The policy of affirmative action has played a major role in admitting black students to universities, although this has been criticised as another form of discrimination. Cultural diversity has been experienced by white people as a positive element of daily life, and as the numbers of people making up the traditional mainstream get smaller in the light of a growing Black and Hispanic population, attitudes toward minorities are changing and giving way to more tolerance and less pressure to assimilate.

In economic terms, there is a considerable black middle class in cities like Chicago, and from there the first black president, Obama, emerged. Although Malcom X's statement is true in a historic sense, it does not express the chances of a more optimistic future for a multicultural America. *(886 words)*

Abiturprüfung Hessen 2012 – Englisch Leistungskurs
Vorschlag B – Violence in Society

Fight Club

Palahniuk's cult novel Fight Club *depicts a sinister, nightmarish big-city-USA. The protagonist, a well-to-do young office worker, becomes the founder of 'fight club' which involves secret after-hours brutal (boxing) fights between upper-middle class males in the basement of bars.*

What you see at fight club is a generation of men raised by women. […]

Last week, I tapped a guy and he and I got on the list for a fight. This guy must've had a bad week, got both my arms behind my head in a full nelson[1] and rammed my face into the concrete floor until my teeth bit open the inside of my cheek and my eye was swollen shut and was bleeding, and after I said, stop, I could look down and there was a print of half my face in blood on the floor.

Tyler stood next to me, both of us looking down at the big O of my mouth with blood all around it and the little slit of my eye staring up at us from the floor, and Tyler says, "Cool."

I shake the guy's hand and say, good fight.

This guy, he says, "How about next week?"

I try to smile against all the swelling, and I say, look at me. How about next month?

You aren't alive anywhere like you're alive at fight club. When it's you and one other guy under that one light in the middle of all those watching. Fight club isn't about winning or losing fights. Fight club isn't about words. You see a guy come to fight club for the first time, and his ass is a loaf of white bread. You see this same guy here six months later, and he looks carved out of wood. This guy trusts himself to handle anything. There's grunting and noise at fight club like at the gym, but fight club isn't about looking good. There's hysterical shouting in tongues[2] like at church, and when you wake up Sunday afternoon you feel saved. […]

When we invented fight club, Tyler and I, neither of us had ever been in a fight before. If you've never been in a fight, you wonder. About getting hurt, about what you're capable of doing against another man. I was the first guy Tyler ever felt safe enough to ask, and we were both drunk in a bar where no one would care so Tyler said, "I want you to do me a favor. I want you to hit me as hard as you can."

I didn't want to, but Tyler explained it all, about not wanting to die without any scars, about being tired of watching only professionals fight, and wanting to know more about himself.

About self-destruction.

At the time, my life just seemed too complete, and maybe we have to break everything to make something better out of ourselves.

I looked around and said, okay. Okay, I say, but outside in the parking lot. So we went outside, and I asked if Tyler wanted it in the face or in the stomach.

Tyler said, "Surprise me."

I said I had never hit anybody.

Tyler said, "So go crazy, man."

I said, close your eyes.

Tyler said, "No."

Like every guy on his first night in fight club, I breathed in and swung my fist in a roundhouse[3] at Tyler's jaw like in every cowboy movie we'd ever seen, and me, my fist connected with the side of Tyler's neck.

Shit, I said, that didn't count. I want to try it again.

Tyler said, "Yeah it counted," and hit me, straight on, *pow*, just like a cartoon boxing glove on a spring on Saturday morning cartoons, right in the middle of my chest and I fell back against a car. We both stood there, Tyler rubbing the side of his neck and me holding a hand on my chest, both of us knowing we'd gotten somewhere we'd never been and like the cat and mouse in cartoons, we were still alive and wanted to see how far we could take this thing and still be alive.

Tyler said, "Cool."

I said, hit me again.

Tyler said, "No, you hit me."

So I hit him, a girl's wide roundhouse to right under his ear, and Tyler shoved me back and stomped the heel of his shoe in my stomach. What happened next and after that didn't happen in words, but the bar closed and people came out and shouted around us in the parking lot.

Instead of Tyler, I felt finally I could get my hands on everything in the world that didn't work, my cleaning that came back with the collar buttons broken, the bank that says I'm hundreds of dollars overdrawn. My job where my boss got on my computer and fiddled with my DOS[4] execute commands. [...]

Nothing was solved when the fight was over, but nothing mattered. [...] There's nothing personal about who you fight in fight club. You fight to fight. *(795 words)*

1 a full nelson – a wrestling hold
2 shouting in tongues – shouting in foreign languages (biblical reference)
3 a roundhouse – weit ausholend angesetzter Boxhieb
4 DOS – veraltetes Computer-Betriebssystem

Assignments

1. Point out what you get to know about 'fight club' and its 'members'. (Material) (25 BE)

2. Relate the text to the concept of the American Dream as discussed in class, taking into account the narrator's statement *"my life seemed too complete"*. (40 BE)

3. You are a member of a project team on 'violence in modern society'. Write a comment on the surge of violence for the project report. (35 BE)

Lösungsvorschläge

Teaching modules referred to:
The text and questions dealt with here relate to the major theme Ideals and reality *(Q3), focusing on* structural problems (violence). *Other teaching modules are also covered, such as the module* USA *(Q1) with the major themes* American Dream and living together, *and the module* Extreme situations *(Q2), focusing on* initiation *and* the troubled mind.

1. ***Step 1*** *As with a summary, it is a good idea to start your own text with an umbrella sentence that refers to the name of the author and the title the extract comes from. You should also mention the main theme and details of the situation described.*
   Step 2 *In contrast to a formal summary, the assignment "point out" means both to identify and explain certain aspects, in this case the rules of fight club, its location and proceedings and the motivation of its members.*
   Step 3 *Make sure you understand certain hints, such as "generation of men raised by women" (l. 1), "a bad week" (l. 3), "how about next month" (l. 12), "carved out of wood" (l. 17) etc. After working out the meaning of these references you might want to underline the points you consider important and then structure them according to the assignment.*
   Step 4 *Describing the main points, you should only use your own words as much as possible. The main points should include a description of the particulars of this fight club, like secrecy, location, proceedings and its members, who become brutal and aggressive and enjoy extreme situations. What are also important are the aims and objectives of this informal institution.*

   In this excerpt from the novel *Fight Club*, the author Chuck Palahniuk portrays the practices of a secret fight club for middle-class men in a big city in the USA.
   Fights usually take place in the basement of bars and are characterised by utter brutality and the cheering support of spectators.
   The narrator and his friend Tyler started these informal meetings after they had got into their first fight with each other, in a parking lot (l. 32). They had wanted to learn how far they could take things (ll. 47/48) – without pleasantries and using extreme violence. After the fight no problems were solved but nothing mattered anymore. It was fighting for its own sake and not on personal grounds.
   After that they invented a fight club for "men raised by women" (l. 1), those members of their own middle class who were looking for adventure and extreme situations and wanted to end up as tough guys (ll. 16/17) roughened by unlimited fights following hardly any rules.
   The idea is not to win or lose but to hit your opponent as hard as you can (l. 25) and receive scars and survive experiences you do not get in normal life. In fight club you can test your limits and gain self-knowledge; it is also about self-destruction (l. 29). Additionally, breaking everything may help you to overcome your daily stress and after that you are able to handle any situation you may come across (ll. 56–59).

   (249 words)

2. *The assignment requires you to focus on three things: firstly, you need to have a closer look at the social and psychological background of the fight club members. After considering some of the aspects of the text at hand you should then establish a meaningful connection ("relate") to elements of the American Dream as discussed in class. Finally, the author's statement "too complete" could point you towards understanding similarities and differences between the fight club and the promises of the American Dream.*

The American Dream and its reversal, often called the American Nightmare, has tended to consist of promises rather than being based on the "survival of the fittest" – as the rules of the fight club seem to suggest.
Before considering relationships here, a closer look at the origins of the American Dream will be helpful, as will following up on how this concept has changed over time and, under certain social and political circumstances, might even have been perverted.
In the Declaration of Independence, the founding fathers had thought three elements decisive for a better life in the New World: liberty, equality and the pursuit of happiness. When the historian James T. Adams coined the phrase "American Dream" much later in 1931, he did not merely have "motor cars and high wages" on his mind, but a social order where everyone could develop their social stature and be recognised by others for what they were.
This dream has lured millions of immigrants to the American shores and is still based on idealistic as well as materialistic views of the world. It includes the idea of equality, no matter what race, religion or political beliefs a person might have, and has been connected to the "Manifest Destiny", which originally provided new settlers with the justification to conquer land in the west of the continent – at the cost, however, of the Indian tribes who had to withdraw and suffered greatly from this expansion. The open frontier not only granted social and economic mobility, but also the chance to rise from rags to riches and, supposedly, through hard work to successfully engage in one's pursuit of happiness.
In the course of history, taking up opportunities has also led to fierce competition and to exclusion. Older immigrants tended to close the doors after their arrival to protect their jobs and lifestyle, so they argued, from new waves of immigration. This situation is shown in an exemplary way in T. C. Boyle's novel *The Tortilla Curtain*, where an illegal Mexican couple is compared and contrasted with an American family who seem to have fulfilled their American Dream.
The sequence of events in the novel shows that the American Dream means different things to different people. The Mexicans fight for (physical) survival, have no health insurance and finally lose their baby. The American family lives in affluence and is more worried about fencing off their life to protect themselves from the illegal immigrants. Kyra, especially, a real estate agent and the breadwinner of the family, is successful at acquiring all the commodities she might wish for, and yet she is not happy at all.
As in the narrator's case in the given text, Kyra's life is complete but not secure; she imagines being in a fight for the survival of the fittest in her job and private life all the

time – in her case the illegal Mexican immigrants are enemies who take away the jobs, degrade housing areas and even steal food. This fight for survival is reflected in the often brutal and aggressive situations the Mexican couple find themselves in; but in contrast to the fight club, their fight is not about boredom but about carving out a decent livelihood, which they are denied by social pressures and political obstacles.
The Mexicans' experiences – ending with a catastrophic plight at the novel's climax – are a perversion of the American Dream, turning their fate into a nightmare. Compared to this, the narrator's statement "my life seemed too complete" has to be seen from a completely different perspective. These middle-class men he organises in his fight club are not fighting for their survival at all. Theirs is a quest for extreme experiences, self-confidence, testing their limits and overcoming their boredom. Like Kyra, they lead their lives in affluence, feel pampered by strong mothers ("men raised by women") and mistake liberty and equality for the promise of unfettered violence. By physically living out their stress and fantasies ("scars") they have perverted the American Dream in a cynical way, not to mention the physical abuse of others and over-indulging themselves due to their weariness of life. *(685 words)*

3. *Your comment should be based on facts collected by your project team and should evaluate possible reasons for the surge of violence in modern society.*
__Step 1__ Beyond the events mentioned in the text, you might want to refer to other manifestations of violence you have heard or read about (in your own country or in the world) and look out for reasons and consequences.
__Step 2__ After following up and focusing on some events – e. g. the riots of 2011 in the UK or recent suicide bombers – you are supposed to assess possible reasons for the documented surge of violence as experienced by yourself and/or demonstrated in the media. Among those would be escaping from daily boredom, protest against regulations and alienation, a search for extreme experiences in an overregulated society, copying of celebrities and idols in the media, violence on TV and in computer games, disorientation in a fast-changing world, fighting for religious or ideological aims etc.
__Step 3__ Your conclusion should include your own evaluation and possibly a perspective on further developments.

A recent survey by the NSPCC (**N**ational **S**ociety for the **P**revention of **C**ruelty against **C**hildren and Young Adults) documented a surge of violence, not only in Great Britain but all over the world. The findings were published in a report by our project team – the outcome of which I would like to comment on as follows:
With the fight against terrorism and the advent of suicide bombers since September 11, 2001 in New York, it is probably no surprise that there has been a general surge of violence in our societies.
Apart from the fact that most news in the media focuses on violent events, there is a widespread tendency towards presentations of violence on TV, including thrillers, crime stories and war reports. Beyond this close connection between news and violence, electronic media also base their success on violent animations, and first-person shooters are now at home in the families of teenagers. Whether this has increased

shooting rampages at schools and in public places is open to debate and not as yet proven.

I assume, however, that the readiness to commit acts of violence is encouraged and reflected in these developments, as is a tendency to look out for extreme sports and experiences – from bungee jumping right to the spreading of fight clubs started in New York.

It would be an easy guess to connect this with the grind of everyday routine or the boredom in our overregulated society. The fact is, however, that the absence of real challenges – such as the older war generation had to face – and a surfeit of material gadgets has led to a weariness with life, where (self-)destruction seems to be a real and only way out.

A different kind of challenge became apparent in the UK riots of 2011, when cars were burned and shops looted in major English cities; there the government was quick to label the disorder as criminal pure and simple. Six months later, a report on this youth violence showed, nevertheless, that the disturbances could partly be blamed on the lack of opportunities for the young. Those that had to appear at the quickly installed special courts in London and elsewhere were found to come mostly from deprived circumstances, some from the poorest backgrounds. As a consequence, the British government promised to monitor the most troubled people in Britain – the so-called 500,000 forgotten families.

All in all, it would appear that there is no one reason for this surge of violence. Different elements, like poverty, deprivation, satiety and even overregulation need to be looked at and addressed in a combined manner; if this does not happen quickly, they are a certain recipe for disaster. *(444 words)*

Abiturprüfung Hessen 2012 – Englisch Leistungskurs
Vorschlag C – Kombinierte Aufgabe: Family/Discrimination

Teil A: Aufgabe zur Sprachmittlung

Taschengeld

Interview mit Susanne Mattern, Diplom-Pädagogin und 2. Vorsitzende des Deutschen Kinderschutzbundes Rheinland-Pfalz (Dezember 2008)

Welche Bedeutung hat Taschengeld? Geht es einfach nur darum, Kindern eigenen „Konsum“ zu ermöglichen?
Nein, es geht nicht nur um Konsum, sondern vor allem darum, Kindern und Jugendlichen ihrem Alter entsprechend Eigenverantwortung und Selbstbestimmung zu ermöglichen. Darum geht es ja zunehmend in unserer Gesellschaft: Kinder auf dem Weg zu einem selbstbestimmten und autonomen Leben zu begleiten, in dem Selbstregulierung eine große Rolle spielt. Wir leben in einer Konsumgesellschaft und Kinder sind längst Zielgruppe der Wirtschaft geworden. Deswegen sollten sie frühzeitig Erfahrungen im Umgang mit Geld machen dürfen. Das ist wie mit Medien- oder Verkehrserziehung – das fängt heute auch früh an, weil Kinder früh damit konfrontiert sind.

Ab wann sind Kinder im „Taschengeld-Alter“?
Das bestimmen vor allem die Kinder selbst, weil jedes Kind anders ist. Die meisten zeigen spätestens Interesse an Taschengeld mit dem Eintritt in die Grundschule. Das wird vor allem dadurch beeinflusst, wie wichtig das Thema Geld in der Familie ist. Für manche hat etwas einkaufen und bezahlen schon im Kindergartenalter eine große Bedeutung. Diese Kinder sind beispielsweise völlig fasziniert zu sehen, dass man etwas bezahlt und trotzdem Geld zurück erhält. Dann können Eltern das Interesse aufgreifen und ihnen auch schon im Alter von vier bis fünf Jahren einen spielerischen Umgang mit geringen Beträgen ermöglichen. Die meisten Kindergartenkinder interessieren sich aber noch nicht für Taschengeld und sollten damit auch nicht belastet werden. Grundschulkinder, die sich für Taschengeld wenig oder gar nicht interessieren, sollten dennoch welches erhalten. […]

Wie viel Taschengeld sollten Kinder bekommen?
Die Summe sollte den Lebensumständen der Familie angepasst sein. Das bedeutet, wenn Eltern viel Geld haben, sollten sie ihre Kinder nicht künstlich knapp halten – und andersrum. Auch im Vergleich zu dem, was Kinder im Umfeld bekommen, sollte der Betrag angemessen sein – sonst entsteht ein subjektives Gefühl von Mangel. Ich halte es für sehr sinnvoll, sich mit anderen Eltern über die Höhe des Taschengeldes auszutauschen – zum Beispiel auf Elternabenden oder mit den Eltern der Freunde. Grundsätzlich sollte der Betrag so hoch sein, dass sich das Kind seinem Alter entsprechende Wünsche ermöglichen kann: Für einen Erstklässler wären das dann wöchentlich etwa 50 Cent, mit denen er Schnuckelzeug am Kiosk kaufen kann. Bei Kindern, die großes Interesse am Umgang mit

Geld haben, kann der Betrag so sein, dass es reicht, um Schulmaterial und später Kleidung selbstständig einzukaufen.

Sollten die Eltern die Höhe festlegen oder das mit ihren Kindern verhandeln?
Alles, was Eltern mit Kindern gemeinsam und demokratisch aushandeln, wird in der Regel von Kindern akzeptiert. Das gilt auch für die Höhe des Taschengeldes. Da wird – je nach Verhandlungsgeschick und -lust der Kinder und Eltern – gefeilscht und argumentiert. Wenn die Eltern-Kind-Beziehung stimmt, wird es eine einvernehmliche Lösung geben. Es sollte auch in die Verhandlung einbezogen werden, was davon gekauft werden soll. […]
Das Ergebnis der Verhandlungen sollte man unbedingt schriftlich festlegen, damit nicht verloren geht, was im Taschengeld beinhaltet ist und was Eltern noch zusätzlich bezahlen müssen. *(478 Wörter)*

http://www.lokale-buendnisse-rlp.de/familienservice/familienkompetenz/taschengeld/taschengeld-das-interview.html [abgerufen: 02. 05. 2011]; Herausgeber: Viva Familia

Assignment

As part of a European-wide project on the living conditions of children and adolescents your class has been invited to contribute information on the issue of pocket money. You have already exchanged information about the personal experience of the participants and now you want to continue by adding short and precise reports concerning the ongoing public discussion in Germany. You have decided to inform your partners about the opinion of Susanne Mattern as presented in the December 2008 interview.
Summarize her thesis and her supporting arguments. (Material A)

Teil B: Verkürzte Textaufgabe

The Raid

This episode from Hanif Kureishi's novel The Black Album *is set in London's East End in the summer of 1989. Pakistani student Shahid and his friends Chad, Tahira, and Sadiq have decided to help a Bengali family that has been terrorized and attacked for months. They keep watch in the family's flat.*

[A]bout one hour before Shahid's shift was due to end, something happened.

Chad was in the kitchen. Sadiq had gone. The other boy hadn't appeared yet. Shahid and Tahira were sitting down with their college books. Tahira offered Shahid a bag of sticky gulab jamans[1], which she knew he could eat all day. "Let's spoil ourselves," she giggled. While they were together they had begun to take it for granted that the racists knew of their presence and didn't want a battle: either that or they were awaiting an opportunity. A bottle had been lobbed at Sadiq from a passing car but, living in the East End, he was accustomed to dancing around glass.

Now there was a rattling of the letter-box followed by the sound of a brick being hurled at the reinforced window beside the door.

Chad jumped to his feet, seizing his weapon. Shahid picked up a carving knife. For a moment, to instil courage, they clasped one another's free hand.

Chad unbarred the door. Tahira threw on her coat.

"Stay there," Chad warned, looking around the door.

He saw nothing. Cautiously, he and Shahid moved outside. Tahira followed. Some of the walkway lights had been smashed; the air was so cold it hung like a gauze. In the wan light it was difficult to make anything out.

"Better ring for reinforcements," Shahid whispered to Tahira.

The two men looked both ways. Shahid discerned a young woman standing along the walkway with an object in her hand. She was accompanied by two kids, neither of whom could have been older than eight.

"Hey," Shahid called.

At this, the woman, who was wearing slippers, flung half a brick at them and tried to dash away. Chad and Shahid chased them. The smallest kid slipped at the top of the stairs and Chad seized her by the collar. The mother, with a dingy raincoat thrown over her heavy shoulders, stopped and stared defiantly at them, clutching the other kid.

"Chad!" Shahid said. "No!"

Chad clenched his weapon over the child's head, and waved it about. He might have wanted restraining. [...] Around them lights went on. A door opened and a tattooed face peered round. Dogs barked. No doubt the police were on their way.

In the hope that this might satisfy Chad, Shahid yelled at the woman: "Can't you leave these people alone? What have they ever done to hurt you? Have they come to your house and abused you or thrown stones? Did they make you live in these mildewed flats?"

The child escaped Chad's grasp, ran to her mother and turned screeching at them. The woman, who was unafraid, jerked her head forward and spat at Chad and Shahid. But her saliva blew back and spun through her daughter's hair.

"Paki! Paki! Paki!" she screamed. Her body had become an arched limb of hatred with a livid opening at the tip, spewing curses. "You stolen our jobs! Taken our housing! Paki got everything! Give it back and go back home!"

She and the kids fled.

"You stay out here," Chad told Shahid. Both of them were trembling. "There might be more trouble. But don' worry, Hat, Sadiq and Tariq rushin' this way, reinforced up!"

Alone, Shahid paced the walkway, knowing the woman would return with rat-faced brutes carrying bats. He wanted badly to go away, but his father had not been a coward, it wasn't in his family. Not that Chili[2], he reflected, could ever be described as an orthodox defender of his community. One of his black girlfriends did once persuade him to go on an anti-racist demonstration; and when the National Front yelled, "Get back, Pakis!" Chili, wearing a mink-coloured suit, had annoyed everyone by taking out his fat wallet, waving it at the racists and shouting, "Get back to your council flats, paupers!" *(642 words)*

Hanif Kureishi, The Black Album, Faber and Faber, London 1995, p. 137–139

1 gulab jamans – a popular dessert in India
2 Chili – Shahid's older brother

Assignments

1. Summarize the text. (Material B). (25 BE)
2. Relate the experience of the Pakistani students to the African American experience in the USA.
   Include references to material discussed in class. (40 BE)
3. *"... if you want to live in AMERICA so badly, speak our language (English), salute our American Flag and accept being an American. Not African American, not Mexican American, not French American, just AMERICAN. Don't try to bring your country's ideals into ours. If you think your home country is so much better GO BACK!!"*
   (http://abcnews.go.com/WhatWouldYouDo/comments?type=story&id=6551048 [retrieved: November 4, 2011])

   Comment on this statement and its implications. (35 BE)

Lösungsvorschläge

Teaching modules referred to:
The mediation text focuses on the topics social structures, social change *(Q2). The second text refers to the teaching module* The United Kingdom *(Q2), with special emphasis on the topics* social structure, social change. *Another teaching module covered is that of the* USA *(Q1), particularly with the topics* living together *and* American Dream.

Teil A: Aufgabe zur Sprachmittlung

Your English summary will have to be much shorter than the German interview (95–125 words) and follows the rules of an ordinary summary (present tense, no direct speech, no quotations or comments). In the introductory sentence you would mention the institution, time, speaker, topic and source of the interview. Also try to find a title for your mediation.
Before writing your summary, follow the line of argument used in the interview and highlight the main points in the text.

In her interview in December 2008, Susanne Mattern, representative of the German Childcare Association, points out that pocket money is important even for younger children.
Adolescents need to gain experience with handling money and learn to act independently and responsibly. As children are one of the target groups of the economy, they must be prepared to deal with money at an early age – either while they are attending kindergarten or when they start primary school at the latest. This depends on the child's interests, but encourages a playful approach towards money.
The amount of pocket money should be in accordance with a family's income and be the result of parent-child negotiations and fixed in writing. This will lead to a satisfactory agreement in intact families. *(125 words)*

Teil B: Verkürzte Textaufgabe

1. *Your summary should be no more than 180–210 words in length.*
   Step 1 *Before you start writing, make sure you comprehend the sequence of events, the protective intentions of the three students, the hatred and aggression of the English woman and the expectation that more trouble is to come.*
   Step 2 *Using the method of close reading (i. e. carefully studying the text in detail), highlight the most important aspects in this extract.*
   Step 3 *Your umbrella sentence at the beginning needs to contain a description of the time and place of action, the characters involved and the nature of the confrontation.*

   This excerpt from Hanif Kureishi's novel *The Black Album* describes a confrontation in an eastern suburb of London (in 1989), where a Bengali family has been subject to racist attacks for months and is now being defended by some Pakistani students.

Waiting in the family's flat one evening, the three students are aware of being watched by racists who have shown hostility towards the family. When a brick is thrown at a window, the students arm themselves and rush outside. There, they see a young woman with two small children flinging another brick at them and then trying to run away.
One of the children is caught by Chad, one of the students. His friend Shahid shouts at the woman to leave the family alone. However, she is full of hatred and accuses the Pakistanis of stealing jobs and housing and wants them to go back home. While she is able to escape with her children, the students expect her to return with reinforcement. Left alone while waiting for support, Chad summons his courage by remembering how his brother once even confronted the National Front. *(208 words)*

2. *You have to focus on experiences of racial discrimination and racist violence in two different countries and compare and contrast relevant aspects ("relate") to each other. This requires taking into account a number of facts that distinguish the historical developments in Great Britain and the USA and still influence the present situation.*
Step 1 *Look for instances of violence in London's East End and identify them in the text at hand. You might also want to take into account the extent to which this situation influences the attitude and actions of the white woman.*
Step 2 *Briefly explain the background of racism in Great Britain. Often, xenophobia is used in the political agitation of right-wing politicians. Enoch Powell's attempt to undermine the official policy of the British government to support a multicultural society is a typical example. More recently, the development of parallel societies and the spread of sharia courts have not helped integration.*
Step 3 *The long history of slavery and segregation in the USA points at different sources of racial discrimination. In two of her novels, Toni Morrison has outlined the impact on the victims. Violent actions and lynchings carried out by the still existing Ku Klux Klan are another example. On the other hand, the success of the Civil Rights Movement needs to be considered and you should also mention recent steps in the emancipation of African-Americans in terms of political developments.*

London's East End, where the extract from Kureishi's novel takes place, has traditionally been known for its poor housing, terrible living conditions and prevailing violence in the streets. The students who have decided to defend a Bengali family against racist attacks in these surroundings, with their mildewed flats (ll. 33/34), are used to violence and prepared for fights, having dodged flying bottles there before (ll. 7/8).
The confrontation the Pakistani students are faced with one evening (in this extract from the novel), however, comes as a surprise. It is not a gang of brutal racists who have come after the Bengali family but a young woman with her two small children, who throws bricks at their flat and abuses them, full of hatred. In her verbal attack she reiterates common prejudices against the Pakistani immigrants, stemming from popular opinion rather than relating to economic or social realities – namely that "Pakis" take away jobs or housing from the English.

The fact that this English woman draws her children into this violent confrontation is a sign of her deeply felt aggressions towards this visible minority, not so much because of their skin colour but because she assumes that they are responsible for her own poor living conditions. Her hatred, however, seems to come back at her when she spits at the students but the saliva flies back and hits her daughter's hair (ll. 36/37).
This sentiment of being socially and economically disadvantaged has been used by right-wing politicians before – a famous example was Enoch Powell in his "Rivers of Blood" speech, where he denounced the British government's policy of allowing immigrants, particularly from Commonwealth countries and the Caribbean, to live and work in Great Britain, creating a multicultural society. Powell claimed that in times of economic recession and cuts in employment figures the presence of too many immigrants would lead to street fights and recommended sending them home again.
This attitude is precisely picked up as the fear of families who live in poorer social conditions and serves as a ready explanation for their own economic plight. In this way social grievances are turned into racial discrimination with little resemblance to reality and no relevance to solving real problems in a globalised world.
Apart from this social background of racist agitation and intolerance, the development of parallel societies in Great Britain has also created concern and helped spread xenophobic actions. As outlined in Bali Rai's novel *(Un)arranged Marriage*, there is some resistance within the Sikh community to dropping traditional practices of their former home country, to the extent that in this example a teenage boy in the family is supposed to accept an arranged marriage according to Indian custom. Luckily, the boy is able to resist and successfully integrates in the mainstream society of Leicester.
Religious barriers can also lead to difficulties in the process of integration of ethnic minorities, as is shown by the spread of sharia courts in Great Britain, which deny female rights, practice rulings in open contradiction to British law and feed xenophobia once again.
Ethnic minorities are just as visible in the USA. The longest duration of racial discrimination had to be endured by the African-Americans, who did not immigrate by their own free will but were forcibly brought to the USA as slaves as early as the 17th century.
So, in contrast to the Pakistanis in Great Britain, for example, the slaves had never been immigrants in the true sense of the word and were treated as property rather than human beings from the beginning. Even after the abolition of slavery in the wake of the American Civil War (1861–1865), their situation did not improve much. Through the system of sharecropping they were kept dependent on their former masters; in compensation for renting land they had to pay the owners in shares of their crops and were even forced to buy their goods in overpriced shops owned by the same Whites.
Toni Morrison has made their fate and suffering the subject of two of her novels. In *Beloved*, the main character, living just after the Civil War, tries in vain to leave her terrible past as a female slave behind and is haunted by traumatic psychological aftereffects. In *A Mercy*, a slave born in America is only rescued from a similar fate by being accepted into a family that does not practise the mainstream discrimination against Blacks typical of the times.

Discrimination – regularly based on skin colour here, rather than on social difference – was not stopped by the abolition of slavery and similarly, the situation of African-Americans did not improve by the so-called Jim Crow laws. They resulted in complete segregation and widened the gap between Blacks and Whites. Violence had always been part of this relationship – and from its foundation in the second half of the 19th century to uphold white supremacy, the Ku Klux Klan had been instrumental in terrorising and even lynching black people for ridiculous reasons or no reasons at all. In some states this racist and violent organisation is active even today.

Only in the 1950s did the Civil Rights Movement successfully fight for the political and social rights of the black minority. Their leaders, foremost Martin Luther King and Malcolm X, were able to get to the bottom of the reasons for discrimination and paved the way for considerable changes. With the inauguration of the first black president, Barack Obama, discrimination on the grounds of skin colour is at least officially no longer acceptable. Thus, in both Great Britain and the USA pro-active policies of the respective governments were and still are necessary to fight against discrimination and encourage tolerance. *(942 words)*

3. *The implications of the quotation given come very close to the racist attitude expressed by the young woman in Kureishi's novel who wants the Pakistanis to go back home. So bear in mind that forced assimilation or even expulsion of ethnic minorities point towards a social situation of exclusion and little tolerance.*
   Step 1 *Look at the harsh convictions of the speaker that immigrants have to abandon all of their cultural traditions and become part of the American melting pot. You might want to view this concept of "e pluribus unum" in contrast to ideas of a salad bowl or even cultural mosaic, as practised in countries like Canada and Australia.*
   Step 2 *Assess the social consequences of such demands and attitudes. They would lead to forced assimilation and little tolerance of minorities, who would lose their identity and cultural traditions. Even a rise in patriotism and nationalism might ensue. The pressure on minorities is in stark contrast to the promises of the American Dream, the reversal of which found its literary form in novels like T. C. Boyle's* The Tortilla Curtain, *where the affluent members of society fence off their property as a protection against the poorer and often illegal immigrants.*
   Step 3 *In your line of argument you need to consider problems and perspectives of an immigrant society like the USA.*

The statement at hand reproaches newly arrived immigrants for failing to meet the demands of their new home country. If they want to live in America "so badly", they are supposed to speak English, accept American values and abandon their old ideas; the alternative for them is simply to go back to where they came from.

This concept stems from the traditional idea of a melting pot, the American motto "e pluribus unum", which was introduced as early as 1782 and is imprinted on the Great Seal of the USA. Originally referring to the union of individual states, it has developed into the concept of assimilation to American values and does not encourage the identity of diverse ethnic groups. In order to maintain their own cultural traditions and beliefs, the concept of a salad bowl or cultural quilt was introduced later and seems much more in accordance with the values of the American Dream.

Whether this is a realistic aim in present-day American society has been the subject of many controversial debates, where the reversal to an American Nightmare has often been described. This is particularly true for T. C. Boyle's novel *The Tortilla Curtain*, where both Dream and Nightmare are experienced by people from different walks of American society. Although immigrants themselves, a more affluent part of the community sees their success and wealth endangered by new waves of (illegal) immigrants and wants to see the door closed behind themselves. The Mossbachers, a typical, successful couple, have fulfilled their American Dream and are involved in pro-environmental activities. The female breadwinner of the family, an efficient real estate agent, fears the competition with low-paid immigrant labour and the downgrading of the housing estates she looks after. An illegal Mexican couple, on the other hand, is struggling on the poverty line and their American Dream is simply one of physical survival. They do not succeed in the end, because social prejudices are too strong and they are subject to ubiquitous discrimination and exploitation, helpless victims in a highly competitive society with zero tolerance.

The hatred of the woman in Kureishi's novel who yells at the Pakistanis to go back home expresses the same sentiments as those in the statement. Whereas in the situation in London's East End the fear of losing their jobs and housing leads to violent attacks and is due to economic competition and social envy, racial discrimination in the USA is more often based on skin colour and foreign cultures.

The proportion of mainstream Anglo-Americans is decreasing considerably with the rise of black and Hispanic minorities. In this light the chances of a peaceful development can no longer be seen in forced assimilation and the propagation of American core values. Countries like Canada have developed quite a different solution to these problems with their government-supported policy of a multicultural society.

In this concept of a mosaic, each and every culture has the right to preserve its identity and traditions under the umbrella of a unified community. That way the contribution of each ethnic group is valued for its own sake and encourages diversity and mutual respect. Xenophobia has never won a Canadian election and their cultural system is regarded as a model in a globalised world. *(537 words)*

Abiturprüfung Hessen 2013 – Englisch Grundkurs
Vorschlag A – Performance Enhancement

Elective Performance Enhancement Surgery[1] For Athletes: Should It Be Resisted?

Sport history reveals that athletes will use any means possible to get an edge[2]. [...]

Genetic engineering is advancing upon us and will create massive ethical complications in the performance enhancement debate. Meanwhile another performance enhancing practice, generally neglected as part of the discussion, has been around for over [a] decade with new forms of it being rapidly advanced: elective performance enhancement surgery.

Surgical procedures are being employed to enhance general human performance in memory, concentration, vision, strength; it is naive to ignore these advances in sports competition. Ethical considerations of these procedures should be pursued.

The most common form of surgical performance enhancement is LASIK[3] eye surgery. Its results have been very convenient for professional baseball players or golfers who no longer need to wear glasses or contacts; some have even claimed it has made them more effective players. The Tommy John[4] surgery on the arm [...] has been done on many professional baseball pitchers with over 90 % returning to pre-injury form. As this procedure has been refined it has also become common knowledge that some pitchers are actually increasing their pitching speed after the surgery. [...]

The uncritical acceptance of this rather benign[5] [...] surgery, along with the advances in surgical techniques [...] and the lessening of recovery times opens the door to the possibility of athletes having elective surgeries to enhance their senses or to become bigger, stronger, or faster. Someone will soon choose to have advanced surgery to enhance performance, such as electively having the Tommy John surgery with the hope of throwing a baseball harder afterwards. The possibilities of elective surgery seem endless. [...]

Picture this scenario: You are a twenty-seven-year-old professional minor league athlete or high-level amateur. You have been knocking on the door to become a true professional in your sport and to make a very substantial income. Your options are beginning to run out and the end of your professional dreams is nearing.

You ask management for an explanation. They tell you they like your mental approach to your sport, it's just that you lack a little ability to really become successful. If you were a baseball pitcher and threw several miles an hour more there would be a place for you on a big league roster[6]. [...] You are shattered. You've already overachieved.

What options are left now? What about surgery on a tendon[7] or ligament[8] to increase driving distance or foot speed? What about optional Tommy John surgery to increase pitch speed?

These surgeries have little risk and there would actually be the chance of coming out of it in a year or two a faster runner or with a stronger than ever arm. [...] Knowing the mentality of doing anything to "make it", athletes will obviously consider this type of surgery to enhance performance to achieve the highest levels possible. This is particularly true as the financial incentives skyrocket[9] [...].

It is self-evident that surgical practices which enhance the athlete beyond what is considered to be normal could certainly give the surgically enhanced athlete a competitive advantage.

Surgery has historically been seen as a means to correct or heal for therapeutic reasons. But as cosmetic operations have become acceptable as a non-therapeutic means of surgery, so it seems that what is now beginning among athletes is enhancement surgery for non-therapeutic means. And it has become an acceptable practice without much critical thought or established policy. The Professional Golfers' Association allows for enhanced eye surgery, but there could be great controversy if they allow a surgically enhanced swing where a golfer's drive is lengthened by fifty yards. The possibilities seem endless. *(588 words)*

Mark Hamilton: Elective Performance Enhancement Surgery For Athletes: Should It Be Resisted?
In: Acta Univ. Palacki. Olomuc., Gymn. 2006, vol. 36, no. 2.

1 performance enhancement surgery – leistungssteigernde OP
2 to get an edge – sich einen Vorteil verschaffen
3 LASIK – eine Laser-Korrekturoperation am Auge
4 Tommy John – ein Werfer, an dessen Ellenbogen ein gerissenes Band durch eine Sehne ersetzt wurde
5 benign – gutartig, *hier:* harmlos
6 big league roster – Spielerliste eines Profiteams
7 tendon – Sehne
8 ligament – Band
9 to skyrocket – steil ansteigen

Assignments

1. Summarize the text. (Material) (30 BE)
2. Relate the problem described in the text to developments in the field of science and technology discussed in class. (35 BE)
3. In his book *Our Posthuman Future: Consequences of the Biotechnology Revolution,* Francis Fukuyama[1] raises the broader issue of performance enhancement:

   "The original purpose of medicine is to heal the sick, not turn healthy people into gods."

   Benedict Carey: Brain Enhancement Is Wrong, Right?
   In: The New York Times *from March 9, 2008*

   Discuss the statement and refer to dystopian models of society discussed in class.

   or

   One person who posted anonymously on the Chronicle of Higher Education[2] Web site said that a daily regimen of three 20-milligram doses of Adderall[3] transformed his career:

"I'm not talking about being able to work longer hours without sleep (although that helps)," the posting said. "I'm talking about being able to take on twice the responsibility, work twice as fast, write more effectively, manage better, be more attentive, devise better and more creative strategies."

Benedict Carey: Brain Enhancement Is Wrong, Right?
In: The New York Times from March 9, 2008

Discuss the statement and refer to dystopian models of society discussed in class. (35 BE)

1 Francis Fukuyama – professor of political science at Johns Hopkins University
2 Chronicle of Higher Education – a newspaper/website on college education
3 Adderall – a frequently used amphetamine

Lösungsvorschläge

Teaching modules referred to:
The assignment centres on the teaching module Order, Vision, Change *(Q 3), with special focus on* models of the future (utopias, dystopias, progress in the natural sciences). *The material is also relevant to the core theme* Science and Technology *(Q 1), with an emphasis on* Biotechnology.

1. ***Step 1*** *Start with an umbrella sentence that contains information on the author, the title, the type of text, date and the topic of the text.*
   Step 2 *Then focus on the author's line of argument, avoiding unnecessary detail.*
   Step 3 *Your summary should have 170 to 200 words (about 1/4 to 1/3 of the original text). Use the present tense and do not quote from the text.*

   The article by Mark Hamilton, retrieved from the Internet, is about unnecessary surgery which is thought to improve the efficiency of athletes and the ethical questions this development poses.
   Within the context of genetic engineering, the author records that surgery serves other purposes than it used to do: in former times surgery was needed to treat injuries, whereas nowadays it helps to enhance athletes' performance. Several forms of enhancement surgery have emerged in this field: apart from memory and concentration these are LASIK surgery to improve eye sight by laser technology and the Tommy John surgery that replaces damaged elbow ligament to improve a baseballer's pitching speed.
   Because of these new possibilities in surgery, athletes are faced with a new dilemma. Not only can they gain competitive advantage to achieve the highest level possible with the help of an operation but they might also be tempted by financial incentives. Many of them are put under pressure by their management to optimize their performance. The author points out that there is no public debate on the ethical aspects of this new technological opportunity and asks the question whether everything that is possible in theory should be put into effect. *(198 words)*

2. ***Step 1*** *This task requires you to place the issue of enhancement surgery for athletes in the wider context of genetic engineering as made possible by technological innovations and the global demand for better farming and food supply. You may want to draw on e. g. genetically modified seeds or cloned animals or other examples of genetic engineering discussed in class.*
Step 2 *Before you start writing, take the following points into consideration: Scientific and technical progress are not necessarily met with unique approval and are related to issues of economic and social control as well as medical issues. Artificially acquired enhancement of performance can be taken as much to extremes as the unlimited pursuit of technological progress. In both cases questions of an ethical nature are raised, which should be discussed in your analysis.*

Performance surgery is not the only progress made in the field of science in recent years. Breakthroughs in medicine have made it possible for people to live longer and healthier. Developments in science and technology provided opportunities to fight starvation globally and brought about interesting findings in medical research, which shall be explained in detail using two cases of genetic engineering as examples. The positive and negative aspects of these two issues shall be stated below.
Technologically advanced nations like the US have embraced genetically modified (GM) foods on a broader level. In European countries GM technology is not met with the same public acceptance and its risks are widely believed to be uncontrollable. Apart from economic doubts, political measures were put into place by the European Union to ban GM products and stricter policies towards biotechnology were implemented. These strategies have also had repercussions on global trade and led to ongoing discussions within the World Trade Organization.
Another issue that attracted global attention was the cloning of Dolly the sheep by Scottish scientists near Edinburgh who successfully managed to create a genetically identical copy of the nucleus of an udder cell. In the ensuing controversy it was often pointed out that human identical twins are also a sort of clone. The experiment has allegedly led to new ways of producing medical supplies (e. g. stem cells) and has generally helped to understand genetics much better than before. Opponents raised doubts about the procedure on mainly religious grounds and discussions involving the use of stem cells have resulted in contradictory policies in different countries.
It cannot be doubted that the risk-benefit analysis concerning GM foods and the cloning of animals is highly controversial. The limits of technological progress therefore need to be defined by law. This seems to be true for genetic engineering as well as for enhancement surgery. The crucial question to be asked is whether progress should be facilitated at any cost. It is difficult to draw the line between the technical support and having an unfair advantage over your competitors. The case of Lance Armstrong's doping during the Tour de France is clear cut, whereas there have been debates on whether the South African athlete Oscar Pistorius should be allowed to participate in the Olympics 2012. His prosthetics gave him an edge over his competitors.
All in all, medical and technological progress are beneficial within legal limits, as long as they are able to meet the criteria laid down by an informed and objective public discussion. Taken to extremes, progress in the fields of genetic engineering and en-

hancement surgery cause dangerous developments far beyond human control, e. g. insects might become immune to pesticides due to GM food and the true spirit of sports might be lost as success depends on money rather than on capability. *(469 words)*

3. *The two statements at hand clearly describe opposing attitudes, but refer to two sides of the same coin: the positive and negative aspects of medical progress.*
Step 1 *You only need to choose one of these quotations. It is expected that you start by focusing on the problem raised in the quotation chosen.*
Step 2 *Think about novels, films or texts that best reflect the positive and negative outcomes of medical and technological progress in a future society.*
Step 3 *At the end of your text, you need to assess your findings and take sides.*
Please note: *Both statements are part of the sample solution below. You are free to choose the one you feel better prepared to answer. Afterwards, there is a general part focusing on the dystopian societies of Orwell's* Nineteen Eighty-Four *and Huxley's* Brave New World *and the way progress is portrayed there.*

Statement 1

Francis Fukuyama issues a warning against the unreflecting support of modern medical research. Medical advances have helped to eradicate many diseases and increase life expectancy considerably. Even in severe cases new drugs have improved the quality of life and improved the chances of healing. This is commonly believed to be the main purpose of the work of doctors.

When it comes to enhancing the performance of athletes, ethical questions arise. The questions are when medical care crosses the line and becomes manipulation and who decides on this issue. The problem is not confined to medical improvements only but extends to what kind of society people would like to live in. *(110 words)*

Statement 2

In sports the use of drugs has been a long-standing issue and is outlawed particularly in international competitions such as the Olympics and Paralympics. Temptation for sportsmen and -women is great. Fame and money are great incentives that come with the edge athletes hope to gain over their competitors. But beyond the area of sports, performance enhancement plays a major role in society as a general value. The capitalist society demands people to perform with constant efficiency and effort. Employees that work under pressure all the time develop stress-related symptoms and illnesses. The same goes for young people who study challenging subjects at university such as medicine and law, which require long hours of intensive preparation. It is evident that in those situations the offer of medical devices and even drugs is seen as an easy way out. It is this attitude that is displayed by the anonymous user the quotation is from.

But drugs will not improve performances in the long run and might cause mental disorders such as hallucinations or delusion or lead to dependency and the loss of self-control. Instead of becoming more creative individuals, people might fall victims of what seems like progress. *(197 words)*

Models of a dystopian society

Especially those people that are over-optimistic concerning progress should have a look at some science fiction novels. Dystopian models of society highlight changes with regard to social relations and living conditions. Blind faith in the idea of social and technological progress requires further exploration, including the nature of social and political structures. I would like to refer to two dystopian societies pictured in famous works of literature.

A nightmare story of a totalitarian system is George Orwell's *Nineteen Eighty-Four*. In his dystopian society technological progress is driven to the extreme. A faceless individual named Big Brother is supposed to watch every citizen of Oceania and people are under control via interactive TV. The protagonist Winston Smith is trapped in a system where there is no privacy and where free thinking might be punished with death. The strategy of "Doublethink" helps people not to question the state propaganda they are exposed to constantly. The vocabulary of the common language "Newspeak" narrows the range of ideas and independent action. Although Smith is no hero he longs to know the truth about Oceania and is sick of the lie he is told all the time. In the end, he is declared a public enemy and has to undergo torture and brainwashing. In *Nineteen Eighty-Four* science and technology serve the purpose of controlling a starving population in a state where all important decisions in people's lives have already been made for them.

A similar situation is described in *Brave New World* by Aldous Huxley. Here, technological and medical progress is used to produce human beings hatched from test tubes who are brought up in state nurseries. Social stability is based on a caste system and the acceptance of social destiny. In fact, the babies' development is influenced heavily by drugs put into the test tubes. Thus, the future of the human beings can be planned and the exact number of people needed for a certain sort of work can be produced. Some embryos' cells are also divided so that identical people can be brought into existence. Individual freedom is unavailable in a trouble-free society. But there is a drug called "soma" that the citizens are free to take whenever they feel unhappy. For the sake of staying young for a seemingly endless period, never having to face death or suffering from pain of any kind, the society of *Brave New World* sacrificed true happiness.

These two examples show how the unlimited use of technology and scientific progress can transform communities into oppressive societies. Elaborate systems of machinery and ideological strategies are used to control and manipulate the population. There is no freedom of thought and will, instead strict conformity prevails. I believe that some of the patterns and trends are already common in contemporary society, e. g. the tendency to be available all of the time thanks to smart phones that connect us to the rest of the world. Therefore, people need to become aware of the inherent dangers of progress if technology is allowed to advance unfettered. *(504 words)*

Abiturprüfung Hessen 2013 – Englisch Grundkurs
Vorschlag B – Living Together

The Neighbourhood

In this excerpt from Hanif Kureishi's novel Something to Tell You, *the narrator Dr. Jamal Khan, a successful psychoanalyst living and working in London, and his friend Henry take a walk around the area where they live.*

Carrying his own atmosphere with him, Henry swung around the neighbourhood like it was a village – he was brought up in a Suffolk hamlet[1] – continually calling out across the street to someone or other, and, frequently, joining them for talk about politics and art. His solution to the fact that few people in London appeared to speak understandable English now, was to learn their language. "The only way to get by in this 'hood is to speak Polish," he announced recently. He also knew enough Bosnian, Czech and Portuguese to get by in the bars and shops without yelling, as well as enough of several other European languages to make his way without feeling marginalised[2] in his own city.

I have lived on the same page of the A-to-Z[3] all of my adult life. At lunchtime I liked to stroll twice around the tennis courts like the other workers. This area, between Hammersmith and Shepherd's Bush, I heard once described as "a roundabout surrounded by misery". Someone else suggested it might be twinned with Bogotá. Henry called it "a great Middle Eastern city". Certainly it had always been "cold" there: in the seventeenth century, after the hangings at Tyburn, near Marble Arch, the bodies were brought to Shepherd's Bush Green to be displayed.

Now the area was a mixture of the pretty rich and the poor, who were mostly recent immigrants from Poland and Muslim Africa. The prosperous lived in five-storey houses, narrower, it seemed to me, than North London's Georgian houses. The poor lived in the same houses divided up into single rooms, keeping their milk and trainers fresh on the windowsill.

The newly arrived immigrants, carrying their possessions in plastic bags, often slept in the park; at night, along with the foxes, they foraged through the dustbins for food. Alcoholics and nutters[4] begged and disputed in the street continuously. […] New delis, estate agents and restaurants had begun to open, also beauty parlours, which I took as a positive sign of rising house prices.

When I had more time, I liked to walk up through Shepherd's Bush market, with its rows of chauffeur-driven cars parked alongside Goldhawk Road Station. Hijabed[5] Middle Eastern women shopped in the market, where you could buy massive bolts of vivid cloth, crocodile-skin shoes, scratchy underwear and jewellery, "snide"[6] CDs and DVDs, parrots and luggage, as well as illuminated 3-D pictures of Mecca and Jesus. (One time, in the old city in Marrakech, I was asked if I'd seen anything like it before. I could only reply that I'd come all this way only to be reminded of Shepherd's Bush market.)

While no one could be happy on the Goldhawk Road, the Uxbridge Road, ten minutes away, is different. At the top of the market I'd buy a falafel and step into that wide West London street where the shops were Caribbean, Polish, Kashmiri, Somali. Along from the police station was the mosque, where, through the open door, you could see rows of shoes and men praying. Behind it was the football ground, QPR[7], where Rafi and I went sometimes, to be disappointed. Recently one of the shops was sprayed with gunfire. Not long ago a boy cycled past Josephine and plucked her phone from her hand. But otherwise the 'hood was remarkably calm though industrious, with most people busy with schemes and selling. I was surprised there wasn't more violence, considering how combustible[8] the parts were.

It was my desire, so far unfulfilled, to live in luxury in the poorest and most mixed part of town. It always cheered me to walk here. This wasn't the ghetto; the ghetto was Belgravia, Knightsbridge and parts of Notting Hill[9]. This was London as a world city.

(610 words)

Hanif Kureishi, Something to Tell You, *Faber & Faber, London 2008, S. 13ff.*

1 hamlet – little village
2 marginalised – being made unimportant
3 A-to-Z – Geographer's A–Z Street Atlas: a series of street maps of cities in the UK; the first atlas, of London, was originally published in the 1930s.
4 nutter – *(Brit. slang)* foolish, eccentric or mad person
5 hijabed – wearing a headscarf (hijab) for religious reasons
6 snide – *hier:* schwarzgebrannt
7 QPR – Queens Park Rangers (a soccer team)
8 combustible *(adj.)* – catching fire and burning easily; explosive
9 Belgravia, Knightsbridge and Notting Hill – rather wealthy boroughs of London

Assignments

1. Outline what is special about the area from the narrator's point of view. (Material) (30 BE)

2. Compare the narrator's experience of multicultural London to challenges the US society faces today referring to material discussed in class. (35 BE)

3. "I was surprised there wasn't more violence, considering how combustible the parts were."
   Discuss whether a functioning multicultural society is possible drawing on classroom discussions and/or your own experience. Refer to the statement from the text. (35 BE)

Lösungsvorschläge

Teaching modules referred to:
The tasks relate to the teaching module The United Kingdom *(Q 2), with special focus on the topic* Social Structures, Social Change. *Task 2 also ties in with the module* USA *(Q 1) referring particularly to the topic* Living Together.

1. ***Step 1*** *Start with an umbrella sentence that contains information on the author, the title, the type of text, date and the topic of the text.*
Step 2 *In your summary you are supposed to outline impressions from the narrator's neighbourhood in London that make it appear special to him. Omitting unnecessary detail and examples, your text should be written in the present tense, in your own words and without quotations. Including the umbrella sentence, the summary should have about 200 words (about 1/3 of the original text).*

The text "The Neighbourhood" is taken from the novel *Something to Tell You* by Hanif Kureishi, published in 2008. It is about the narrator's multicultural neighbourhood and his impression of people from different nations.
Many people speak languages other than English in this multicultural area, where various ethnic groups share the limited space. As English lost its function as a universal language, Jamal's friend Henry started to learn some Eastern European languages to make himself understood.
This part of London is compared to Bogotá and Marrakech as many poor people live here. It seems that recently richer people have moved to the area so that the inhabitants live under very different social conditions now. Continuous changes are said to be typical of the area: new restaurants, delis, estate agents and beauty parlours have appeared, which is regarded as a good sign by the narrator.
Although there is crime and violence, this neighbourhood seems remarkably quiet, which comes as a surprise due to the dense living conditions in the area. In his view the real ghetto is to be found in the wealthier boroughs of London, whereas he sees his own part of town as the reason why London can truly be called a world city.

(205 words)

2. ***Step 1*** *You need to focus on the narrator's experience of multicultural London first and make sure to convey the view of the author who does not only focus on problems but also describes the new variety in lifestyles and positive changes.*
Step 2 *Then compare the author's perception of the neighbourhood to the present US society concerning the situation of – illegal – immigrants and the strife of different ethnic groups for equal treatment.*
Step 3 *Keep in mind that whereas multiculturalism is part of the official British policy on immigration, the current society in the United States is still based on the theory of "melting pot" and "salad bowl". To explore the similarities and differences, use the material discussed in class to make your comparison more plausible.*

The narrator has lived in this London neighbourhood all his adult life and notices the changes in its multiethnic, multilinguistic and multireligious set-up. In order not to be marginalized in their part of town, he and his friend had to become accustomed to a variety of languages particularly from the East of Europe and even had become familiar with some of them (cf. ll. 4–6). Of course, the area has manifold problems to cope with: overcrowding (cf. ll. 18–20), the constant influx of new – supposedly illegal – immigrants (cf. ll. 21/22), crime (cf. ll. 38/39) and the ever-widening gap between rich and poor due to gentrification (cf. ll. 17–20) are just a few named by the narrator. To the narrator these difficulties are outweighed by the positive changes: He is impressed by the variety found in markets and shops (cf. ll. 26, 34/35) and he particularly mentions rising house prices as a sign of a turn for the better (cf. ll. 24/25). The narrator seems biased and therefore unable to perceive the negative sides of change as a potential threat to his current lifestyle. Contrary to many other people in his position, he has no intention of leaving the neighbourhood although the reader gets the impression that he could afford it.

The relaxed attitude of Jamal Khan towards immigrants differs widely from the opinion of many US citizens who want the borders closed and oppose new waves of immigration especially of the Hispanic influx. This problem is depicted in T. C. Boyle's novel *The Tortilla Curtain*. The Mossbachers, a white couple, are able to live their dream in California but are confronted with illegal immigrants from Mexico. Delaney Mossbacher, a liberal humanist, changes his attitudes during the course of the story and ends up with xenophobic ideas as he feels threatened by Cándido, who, together with his wife América, struggles to make a living and is forced to take on the lowest jobs possible. The couple has come to the US illegally, hoping for a better life. But instead of finding acceptance, they experience a real nightmare and end up homeless, hungry and disillusioned back on their way to Mexico. The white community meanwhile has fences put up around their houses.

Another ethnic minority, the black Americans, had to wait a long time to be fully integrated in American society. In the 1960s the Civil Rights Movement brought about improvements but the blacks in the US are still far from equal to the white population. The re-election of Barack Obama as the first black American president is a sign of hope for many of them in their fight for equal rights.

Contrary to Great Britain, the US has always been a country of immigrants. Thus, the challenges the present US society faces are considerably larger and more diverse than the ones in Great Britain. The possibility of realising the American Dream has attracted millions of people from all over the world who sought religious and political freedom and wished to pursue their individual way to success. In both countries the ever-growing influx of migrants has led to restrictions and a quota system based on the needs of the labour market. *(535 words)*

3. ***Step 1*** *The quotation points at possible tensions expected in a society where diverse ethnic groups live together. Against this backdrop, your views of a functioning community should be presented.*
Step 2 *You need to use your background knowledge to weigh up the challenges of*

multiculturalism, but you could also include personal experiences. In the end, your conclusion has to be based on an assessment of the opportunities and limitations of such a community.

The quotation refers to challenges that people face when diverse ethnic minorities are crowded in limited space – nevertheless, in Jamal Khan's area this difficult situation does not result in an outbreak of violence. Immigrants leave their home country for various reasons and are confronted with a mainstream culture that might widely differ from their own values or traditions. The more serious this culture clash is, the less likely it is that immigrants can quickly integrate and adapt to their new home. On the other hand, a successful multicultural society also depends on the host country: the social structures, the labour market and previous experiences with ethnic minorities influence the readiness of the host society to accept new immigrants. If different expectations cannot be bridged, tensions will ensue, violent reactions will be the consequence and conflicts might not be reconciled. There is a big difference between expected assimilation and assisted integration and several concepts such as of the US melting pot or the Canadian cultural mosaic provide alternative models of a functioning society. As every society has its own values and traditions – and its specific mixture of ethnic groups, it depends on the make-up of the society itself which cultural concept predominates.

In the case of Great Britain, multiculturalism is necessary to integrate different sets of values. Here, the existence of at least 85 Sharia Courts has created a lot of problems because their rulings often contradict existing laws, for example when wives seek a divorce from their husbands due to domestic violence and are told to correct their lifestyle so that this treatment does not occur again. It is obvious that two contradicting laws cannot co-exist in the same country. In this case, the multicultural attitude has resulted in a divided society which cannot grant equal rights to every citizen. On the contrary, after the events of 9/11 and the London bus bombings on July 7, 2005, Muslim communities were very often regarded suspiciously in Western countries, and their members were subject to unwonted discrimination. It is not surprising that this unfair rush of judgement by a prejudiced and frightened host society would lead to counter-reactions and provide a hotbed for radical attitudes on both sides.

In Germany however, we have come to terms with the dominant ethnic minorities such as the Turks and the Russians. The younger generation is integrated quite well into our culture, which enriches the host society's attitudes as well and broadens our horizons. If misunderstandings occur, dialogue and mutual information have proved successful. Of course, young men's behaviour or the role of young women are a concern. Special courses for Muslim mothers and their children as well as many projects all over Germany that were founded by young Muslims should provide role models and thus enable young second or third generation immigrants to integrate better.

In conclusion, it is very important to overcome prejudices against immigrant cultures. Xenophobia very often is a result of social problems. Integration will work both for the immigrants and the host country, if both sides are willing to tolerate each other's values and beliefs. Of course, this cannot mean that basic human rights the whole European society is based on are neglected. *(533 words)*

Abiturprüfung Hessen 2013 – Englisch Grundkurs
Vorschlag C – Kombinierte Aufgabe: Driving License at Age 16/World Hunger

Teil A: Aufgabe zur Sprachmittlung

Führerschein mit 16? Auf gar keinen Fall!

Es gibt Politiker und Jugendliche, die den Führerschein ab 16 Jahren fordern. Doch angesichts schrecklicher Unfälle gerade junger Fahranfänger muss man sich fragen: Sollte man ihn wirklich einführen? Jugendliche sind eben Jugendliche. Sie können Risiken noch nicht so gut einschätzen. Studien zeigen das. Junge Fahrer sind weitaus häufiger in Unfälle verwickelt als andere Altersgruppen. Nun stellt sich die Frage, wenn schon 18-Jährige so viele Unfälle bauen, wie wäre es dann mit 16-Jährigen?

Wäre das nicht ein unkalkulierbares Risiko für die Gesellschaft? Außerdem steigt die Jugendkriminalität immer noch an. Könnte die Fahrerlaubnis nicht ein zusätzliches Werkzeug darstellen?

Freilich, es wird oft angeführt, Jugendliche würden immer früher erwachsen. Doch sie leben immer noch bei ihren Eltern und würden in aller Regel nicht genug Geld für ein eigenes Auto haben. Konflikte sind programmiert: Wer darf das Auto wann und wie lange nutzen? Was, wenn sich ein Unfall ereignet, was bei Jugendlichen schließlich häufiger vorkommt? Jugendliche könnten den Führerschein für eine Machtprobe mit den Eltern benutzen, etwa einfach das Auto nehmen.

Befürworter des Führerscheins ab 16 Jahren führen oft an, Jugendliche bräuchten mehr Freiheit und Selbstbestimmung. Doch wo würden Jugendliche hinfahren? Zur Schule? Oder eher zur Kneipe oder einfach „zum Spaß“ in die Stadt? Hätten sie kein Auto, könnten sie die Zeit in ihre Bildung investieren, was angesichts steigender Schulabbrecherzahlen umso wichtiger ist! Denn gerade Jugendliche, die die Schule abbrechen, würden vielleicht viel fahren, um der Realität zu entfliehen!

Jugendliche können schließlich auch noch nicht wählen und sind nicht strafmündig. Sie dürfen nicht rauchen und keinen Alkohol trinken. Warum sollten sie Auto fahren dürfen?

Es wäre doch sicher besser, wenn sie ihren Führerschein mit 18 machen würden, wenn sie auch die anderen Rechte erhalten. Es gibt ja bereits das begleitete Fahren für 17-Jährige. Das ist eine Möglichkeit. Jugendliche können es ausprobieren, werden aber kontrolliert. Aber der Führerschein ab 16? Nein!

Es lohnt sich ein Blick in die USA: Dort können Jugendliche mancherorts schon ab 15 Jahren den Führerschein machen. Und wozu führt das? Hohe Unfallzahlen und hohe Kriminalität. Wollen wir das wirklich in Deutschland? *(338 Wörter)*

Matthias Aengenheyster, „Führerschein mit 16? Auf gar keinen Fall!“, in: Hamburger Abendblatt, *26. 03. 2008; http://www.abendblatt.de/ratgeber/extra-journal/article526754/Fuehrerschein-mit-16-Auf-gar-keinen-Fall.html*

Assignment

Point out the arguments the text provides for and against driving at age sixteen. (Material A)

Hinweis: Die Rechtschreibung entspricht der Textvorlage.

Teil B: verkürzte Textaufgabe

Sorry Bill Gates: GMO Crops Proven to be Ineffective at Fighting World Hunger

Monsanto shareholder[1] Bill Gates has argued that GMOs[2] are the solution to world hunger, going as far as to say that they are actually needed to fight worldwide starvation. Unfortunately for Gates, who back in 2010 bought 500,000 shares of the company he is now promoting in mainstream media as the solution to the world's problems, a team of 900 scientists have found that GMO crops are actually not effective at fighting world hunger. In fact, the massive team found that Monsanto's seeds, which have led to thousands of farmer suicides due to excessive costs and failure to yield[3] crops, were outperformed[4] by traditional "agro-ecological"[5] farming practices.

Funded by the World Bank and United Nations, an organization was created known as the International Assessment of Agricultural Knowledge, Science and Technology for Development (IAASTD). Consisting of 900 scientists and researchers, they set out to examine the complex issue of world hunger. While the issue of world hunger may be quite complex, their results were not. Quite plainly, the group found that genetically modified crops were not a meaningful solution to the problem. In other words, the expert team showed through rigorous analysis and repeated study that the claims made by Bill Gates are completely inaccurate.

Perhaps what is most compelling, though, is the fact that Bill Gates was fully aware of these findings before going on air to inform the public that GMOs are the solution to world hunger. The same GMOs that have been linked to organ damage, mutated insects, and a host of other issues.

[…]

The findings of the IAASTD regarding the ineffectiveness of GMO crops were published on April 15, 2008. That is long before Bill Gates' address to the public in late January of this year [2012]. Did Monsanto stockholder[6] Gates ignore this information, or does he believe the 900 scientists to be incorrect? Perhaps the evidence generated from the expert team is not enough. In that case, then Gates should look no farther than the Union of Concerned Scientists.

Another massive research organization, the Union of Concerned Scientists also examined the true yield of GMO crops, only to find that the altered crops do not produce increased yields over the long run – despite their excessive cost and extreme danger to health and environment. The lack of scientific support behind the GMO crops was so startling to the Union that they documented all the details in a 2009 report entitled "Failure to Yield."

GMO crops are not only ineffective at fighting world hunger, but are a genuine[7] threat to public health. Even if they *were* effective at feeding more individuals than traditional farming practices, would they really want to consume it? Bill Gates appears to have the interests of massive corporations in mind when perpetuating[8] the myth that GMOs are the answer to fighting starvation. *(455 words)*

Anthony Gucciardi: Sorry Gates: GMO Crops Shown to be Ineffective at Fighting World Hunger. In: Natural Society, *March 2nd, 2012.*
URL: http://naturalsociety.com/gmo-crops-proven-to-be-ineffective-at-fighting-world-hunger/

1 Monsanto shareholder – Aktionär von Monsanto, einem multinationalen Biotechnologiekonzern
2 GMO – genetically modified organism
3 to yield – *hier:* erbringen
4 outperformed – übertroffen
5 agro-ecological – *hier:* nachhaltig
6 stockholder *(AE)* – shareholder *(BE)*
7 genuine – echt
8 perpetuating – preserving sth. for a long time

Assignments

1. Summarize the text. (Material B) (30 BE)
2. Relate the controversy over GMO crops to another debate in modern science as encountered in class. (40 BE)
3. Write a letter to Bill Gates in which you develop your ideas concerning business ethics in today's world. (30 BE)

In die Gesamtbewertung gehen die Ergebnisse der Teilaufgaben A und B im Verhältnis 1:3 ein.

Lösungsvorschläge

Teaching modules referred to:
The mediation text refers to the teaching module Work and Industrialization *(Q 2). The second text deals with the topic* Biotechnology *from the teaching module* Science and Technology *(Q 1). Another important point of reference is the module* Work and Industrialization *(Q 2) with the topic* Trade and Competition.

Teil A: Aufgabe zur Sprachmittlung

Step 1 *Read the text carefully and focus on the topic and the pros and cons listed in the article.*
Step 2 *Remember to start with an umbrella sentence containing source and topic.*
Step 3 *Write a maximum of 110 words. Refer to relevant information only.*

In the *Hamburger Abendblatt* from March 26, 2008 the author comments on driving at the age of 16. He accepts that teenagers mature more quickly nowadays and therefore want more freedom and responsibility. But the disadvantages for society seem to outweigh the benefits of this idea: according to US experiences, young people cause the most accidents. Possessing a driving license would distract teenagers from school work and result in conflicts with parents. The author cannot understand why young people should be allowed to drive but not to vote and to be treated as adults in court. He believes guided driving at 17 is a good alternative to the traditional way. *(110 words)*

Teil B: Verkürzte Textaufgabe

1. *In your summary you are supposed to outline the criticism directed against Bill Gates and his involvement with the biotechnology industry.*
   Step 1 *Omitting unnecessary detail and examples, your text should include an umbrella sentence.*
   Step 2 *Remember to write the summary in the present tense and use your own words: Do not include quotations. The summary should be between 130–150 words (about 1/3 of the original text).*

   The text, retrieved from an Internet commentary on April 14, 2012, deals with Bill Gates' suggestion to use genetically modified organisms (GMOs) to ease global food shortage.
   In his public speech in January 2012, Gates argued that GMO seeds from the biotechnological company Monsanto would be able to free the world from starvation. Gates is also one of the shareholders of Monsanto. Four years earlier, an organisation called IAASTD consisting of 900 scientists and researchers had already proven the inefficiency of GMO crops as compared to traditional methods. In 2009 these findings were confirmed by another research institute. Furthermore, the author claims that

GMO seeds are overpriced and dangerous to both health and the environment. Gates seems to ignore the fact that GMO crops cannot solve food shortages and only work in the interest of big companies and their shareholders. *(140 words)*

2. *The controversy over GMO crops is to be related to other issues in modern science also referring to examples and questions of a more ethical nature.*
   Step 1 *Start with putting the issue of GMOs in the wider context of biotechnology and drawing on examples from discussions in your class (e. g. designer babies, reproductive and therapeutic cloning, designer food or cloned livestock).*
   Step 2 *When you move on to a more principal level of ethical concerns, you will also focus on the question of who profits from the results of modern science.*

Bill Gates' high hopes in GMO have been unjustified as the commentary demonstrated. Despite excessive costs they were not productive and were the ruin of the farmers who believed in the new biotechnology (cf. ll. 6/7). In fact, the crops were a threat to health and the environment (cf. ll. 30/31).
Similar shortcomings can be experienced in other areas of biotechnology. A case in point is the cloning of animals and plants. Dolly the Scottish sheep, an artificial identical copy of an animal, triggered doubts concerning its scientific value, which questioned the sense of cloning altogether. Researchers claimed that it was a great step with regards to the development of new medicines and that useful protein could be produced by transferring genes. The understanding of genetics could also be improved by cloning. In the end, the opponents of cloning felt they had been proven right: Dolly was able to mate and have a normal offspring but had to be put down prematurely. Other attempts at cloning were rather short-lived so the benefits remain doubtful. An issue related to this topic is the heated discussion about designer babies. Those children are created artificially in order to help sick brothers or sisters as they have got the same genetic make-up. It is an ethical question whether the ill children should be helped by creating a clone that supplies the necessary cells.
In contrast, there is no doubt that the therapeutic value of cloning belongs to the positive aspects of medical research. In many countries, however, the implementation of stem cells does not meet with unequivocal public approval and politicians have to face the controversial question whether they wish to exclude their scientists from the global progress. This has led to a brain drain in the academic world and countries with strict legislation such as Germany seem to be left at a disadvantage.
Without a doubt, biotechnology has positive effects on the standard of living and life expectancy. On the other hand it is difficult to predict its long-time effects and the impact on the environment. Ethical concerns touch on the question whether biotechnology is a blessing or a curse. The case of Bill Gates tells us that the interests of big corporations, the profits from scientific research and progress are often closely related. This development might not be in the interest of the majority of the population as only a few people will benefit from it. *(404 words)*

3. *Writing a letter requires keeping important aspects of letter-writing in mind, such as using formal English, referring to the text in question, naming the date, address as well as the formal addressing of the addressee.*
Step 1 *Begin with acknowledging the role Bill Gates plays in the IT world and the modern ideas he stands for. Also remember his commitment to charity.*
Step 2 *By drawing attention to the contradictory research on GMO foods and the fact that Gates is a shareholder of a biotechnological company you might find a reason to raise questions of ethical responsibilities.*
Step 3 *Then you will be able to refer to the social and political implications in everyday life, such as the decreasing privacy of individuals, the shaping of public opinion, increasing social obligations and the profit margins.*

Bill Gates
Main Office
500 Fifth Avenue North
Seattle, WA 98102
(206) 709-3100

April 15, 2013

Dear Mr Gates,

It was very interesting to read about your public speech on the advantages of GMO crops that you delivered in California. In Germany, you are well-known for the innovative role you have played in the world of IT. The Internet and digital resources in general have greatly increased access to information and are a great help in studying the phenomena of our globalised societies. I am also aware of your commitment to solving current problems and addressing the issues of food supply and starvation, which I have supported whole-heartedly up to now.
So it came as a surprise to me that you promote the activities of a biotechnological company claiming that GMO crops are the solution to the complex problems of world hunger. Research projects of a great number of scientists proved years ago that GMO seeds do not only refuse to yield crops but are absolutely harmful to human beings and nature. Your participation in this case seems very doubtful in a moral sense, even more so as a shareholder of Monsanto, the biotechnological company in question. I take it that you are aware of the research results. This also calls your ethical responsibility into question when it comes to corporate interests.
In Europe, Microsoft has come under close scrutiny for creating a monopoly for software applications. As beneficial as the digital innovations really are, we as consumers need to have a choice as to what system we would like to use and competition in this area is essential to find the best solutions. If Microsoft is only interested in defending their own monopoly and extending profit margins, social obligations are being ignored.
I would be very keen to know more about your attitude towards Corporate Social Responsibility (CSR), a concept that is nowadays taken on by many German companies. Although it is thought to belong to the soft skills of a corporation, people are very much aware of its social functions and companies embracing CSR find it helpful to sell their products.

It would be very kind of you if you could explain to me how you are able to reconcile your sense of social obligation with the pursuit of maximizing profits, which you apparently favour in the case of Monsanto.
I would find it very helpful, if you could explain some of these contradictions to me and let me know about your stance on CSR, as well.

Yours sincerely
Peter Schnell *(407 words)*

Abiturprüfung Hessen 2013 – Englisch Leistungskurs
Vorschlag A – Clashes in Society

A Clash of Values

Rick, the narrator, is a young man who has gone through difficult times and now joins his brother Philip, a successful doctor at an abortion clinic in Detroit. Rick wants to work there as an unskilled labourer. They are on the point of arriving at the clinic where they are confronted with anti-abortionist demonstrators. The story reflects a social problem in the U.S. where so-called "pro-life"-activists use non-violent and violent forms of protest against abortion clinics, i. e. protest marches and fire-bombings.

[…] there were people there, a whole shadowy mass of shoulders and hats and steaming faces that converged on us with a shout. At first I didn't know what was going on – I thought I was trapped in a bad movie, *Night of the Living Dead* or *Zombies on Parade.* The faces were barking at us, teeth bared, eyes sunk back in their heads, hot breath boiling from their throats. "Murderers!" they were shouting. "Nazis!" "Baby-killers!"

We inched our way across the sidewalk and into the lot, working through the mass of them as if we were on a narrow lane in a dense forest, and Philip gave me a look that explained it all, from the lines in his face to […] the phone that rang in the middle of the night no matter how many times he changed the number. This was war. I climbed out of the car with my heart hammering, and as the cold knife of the air cut into me I looked back to where they stood clustered at the gate, lumpish and solid, people you'd see anywhere. They were singing now. Some hymn, some self-righteous churchy Jesus-thumping[1] hymn that bludgeoned[2] the traffic noise and the deep-frozen air with the force of a weapon. I didn't have time to sort it out, but I could feel the slow burn of anger and humiliation coming up in me. Philip's hand was on my arm. "Come on," he said. "We've got work to do, little brother."

That day, the first day, was a real trial. […] I had no illusions about the job – I knew it would be dull and diminishing, and I knew life with Philip and Denise[3] would be one long snooze – but I wasn't used to being called a baby-killer. Liar, thief, crackhead[4] – those were names I'd answered to at one time or another. Murderer was something else.

My brother wouldn't talk about it. He was busy. Wired. Hurtling[5] around the clinic like a gymnast on the parallel bars. By nine I'd met his two associates (another doctor and a counsellor, both female, both unattractive); his receptionist; Nurses Tsing and Hempfield; and Fred. Fred was a big rabbity-looking[6] guy in his early thirties with a pale reddish mustache and hair of the same color climbing up out of his head in all directions. He had the official title of "technician", though the most technical things I saw him do were drawing blood and divining[7] urine for signs of pregnancy, clap[8], or worse. None of them – not my brother, the nurses, the counsellor, or even Fred – wanted to discuss what was going on at the far end of the parking lot and on the sidewalk out front. The zombies with the signs – yes, signs, I could see them out the window, ABORTION KILLS and SAVE THE PREBORNS and I WILL ADOPT YOUR BABY – were of no more concern to them than mosquitoes in June or a sniffle in December. Or at least that was how they acted.

I tried to draw Fred out on the subject as we sat together at lunch in the back room. We were surrounded by shadowy things in jars of formalin, gleaming stainless-steel sinks, racks of test tubes, reference books, cardboard boxes full of drug samples and syringes and gauze pads and all the rest of the clinic's paraphernalia. "So what do you think of all this, Fred?" I said, gesturing toward the window with the ham-and-Swiss on rye Denise had made me in the dark hours of the morning.

Fred was hunched over a newspaper, doing the acrostic puzzle[9] and sucking on his teeth. His lunch consisted of a microwave chili-and-cheese burrito and a quart of root beer[10]. He gave me a quizzical look.

"The protesters, I mean. The Jesus-thumpers out there. Is it like this all the time?" And then I added a little joke, so he wouldn't think I was intimidated: "Or did I just get lucky?"

"Who, them?" Fred did something with his nose and his upper teeth, something rabbity, as if he were tasting the air. "They're nobody. They're nothing."

"Yeah?" I said, hoping for more, hoping for some details, some explanation, something to assuage[11] the creeping sense of guilt and shame that had been building in me all morning. Those people had pigeonholed[12] me before I'd even set foot in the door, and that hurt. They were wrong. I was no baby-killer – I was just the little brother of a big brother, trying to make a new start. And Philip was no baby-killer, either – he was a guy doing his job, that was all. Shit, somebody had to do it. Up to this point I guess I'd never really given the issue much thought – my girlfriends, when there were girlfriends, had taken care of the preventative end of things on their own, and we never really discussed it – but my feeling was that there were too many babies in the world already, too many adults, too many suet-faced[13] Jesus-thumping jerks ready to point the finger, and didn't any of these people have better things to do? Like a job, for instance? But Fred wasn't much help. He just sighed, nibbled at the wilted stem of his burrito, and said, "You get used to it." *(871 words)*

1 Jesus-thumping – christliche Ideale aggressiv vertretend
2 to bludgeon – *hier:* übertönen
3 Denise – Philip's wife
4 crackhead – *hier:* person with strange/crazy ideas or drug user
5 to hurtle – move at a great or dangerous speed
6 rabbity-looking – looking like a rabbit
7 to divine – *hier:* untersuchen
8 clap *(coll.)* – Geschlechtskrankheit (Tripper)
9 acrostic puzzle – *hier:* ein anspruchsvolles Kreuzworträtsel
10 root beer – a sweet drink that does not contain alcohol
11 to assuage – to lessen, to reduce
12 pigeonhole – give sb. a label (German: einordnen)
13 suet-faced – *hier:* fettig, aufgedunsen

Assignments

1. Point out the situation Rick finds himself confronted with at his brother's clinic. (Material) (30 BE)

2. Analyse the image Rick creates of the demonstrators and his feelings towards them referring to the language he uses. (35 BE)

3. *"Frequent violent protests against abortion clinics, in the form of arson, fire-bombing, and vandalism, started in the early 1970s in the U.S. after the U.S. Supreme Court's ruling [...] theoretically gave abortion access to all women [...]."*

   http://www.religioustolerance.org/abo_viol.htm (abgerufen am 03. 12. 2012)

   Discuss the legitimacy of different forms of fighting for one's most basic moral/ethical beliefs. Take the quotation as a starting point and refer to the text at hand and to material discussed in class. (35 BE)

Lösungsvorschläge

Teaching modules referred to:
The text at hand and the assignments refer to the teaching module Ideals and Reality *(Q 3) focusing in particular on the topic* Structural Problems. *It also includes the teaching module* Extreme Situations *and the topic of* The Troubled Mind *(Q 2). One can also relate the text to other modules such as* Them and Us *and the topic* Values *(Q 1).*

1. ***Step 1*** *To start off, it would be a good idea to begin your text with an umbrella sentence giving the name of the author and the title of the book the extract is taken from. You should also generally refer to the content of the extract.*
Step 2 *Then it is your task to find more information about the situation the character is in. Keep in mind that the story is narrated from the protagonist Rick's point of view. The following aspects should be focused on: Rick's first reaction to the protesters, what impact the demonstrators have on him and the other employees at the clinic and finally how Rick struggles to come to terms with the situation.*
Step 3 *The task can be either completed by following the chronological order of the text or by concentrating on the reaction of the single groups involved: Rick's brother Philip, the other employees and most important of all, Rick himself.*

The extract of T. C. Boyle's "Killing Babies" published in *After the Plague* in 2001, provides an insight into the internal conflict of the protagonist and narrator Rick concerning the legitimacy of abortions which is caused by a group of abortion opponents gathering in front of the Detroit clinic where Rick is to start as an unskilled worker.
Confronted with the religiously motivated protest of the loud demonstrators who accuse the employees of the clinic of murder, Rick is totally confused and unable to classify the event (cf. ll. 2/3). He does not really know how to deal with the situation, but soon realises that it is serious: (cf. l. 9). He feels overtaxed and humiliated (cf. ll. 14/15, 19). Trying to come to terms with the situation, he wants to talk to his brother Philip and the technician Fred. But Philip refuses to talk about the demonstration or the nightly calls even though he suffers from them (cf. ll. 7–9, 21). Rick soon realises that the other employees have got used to the demonstrators and don't seem to mind anymore. They refuse to discuss the matter and prefer to ignore the demonstration (cf. ll. 27–29, 57–59). Rick suspects the employees' behaviour to be mere pretence (cf. l. 32).
In the end, he is left alone with his growing confusion and shame. He suddenly feels forced to deal with the moral implication of an abortion – a matter he has only considered superficially before (cf. ll. 52–55) and thus avoided any responsibility. Now he strongly rejects the accusation of Philip or himself being murderers (cf. ll. 50/51), tries to defend their work (cf. l. 52) and even justifies the abortions (cf. l. 55). Thus, he gets angry at the demonstrators (cf. ll. 56/57) for disturbing his peace of mind.

(305 words)

2. *Dealing with such a task it is necessary to remember the stylistic devices learnt in class and apply them to the text at hand.*
   Step 1 *First of all find text passages that contain references to the demonstrators and how they are described by Rick. Also analyse his feelings towards them.*
   Step 2 *Collect certain expressions that give an impression of the way the protesters look and behave in Rick's eyes. Identify and underline the stylistic devices. Make a list of all the examples and interpret their function in the text.*
   Step 3 *Then try to group your findings, make a plan and start writing.*

The pro-life demonstration Rick witnesses on his arrival at the clinic provokes a series of mixed emotions that reveal his attitude towards the demonstrators.
He is shocked, confused and irritated by the mass of people awaiting his brother. At first he questions his sense of perception and feels "trapped in a bad movie" (l. 3) The activists are depersonalised and metaphorically referred to as a "shadowy mass of shoulders and hats and steaming faces" (ll. 1/2), introduced as an instinct-driven animal that threatens the narrator: "The faces were barking at us, teeth bared, eyes sunk back […], hot breath boiling from their throats" (ll. 4/5). The feeling of danger is once more evoked by the comparison "[we] inched our way across the sidewalk […] through the mass of them as if we were on a narrow lane in a dense forest" (ll. 6/7) and underlines the protagonist's fear and feeling of helplessness caused by the faceless demonstration. The metaphorical exaggeration "This is war" (l. 9) reveals his upcoming anger towards them and their cold-hearted aggressiveness. He describes the protesters' songs as "self-righteous" (l. 12), used as weapons to drown every sound around them (cf. ll. 12–14). The alliteration "my heart hammering" (l. 10) shows Rick's rage and the humiliation that results from this confrontation with this unexpected danger.
The gloomy atmosphere in the clinic only makes things worse, adding to Rick's "creeping sense of guilt" (l. 48). He feels more and more uncomfortable, morally insecure and ashamed of his ignorant attitude towards the abortion issue. He becomes aggressive and reveals his immaturity by insulting the protesters as "zombies with the signs" (ll. 29/30) and "Jesus-thumping jerks" (l. 56). The perception of the demonstrators as an uncontrollable, superior mass activated by some higher force once more shows Rick's helplessness.
His feelings towards the demonstrators develop from confusion to anger and end up as sarcasm to ridicule the protesters: "[Didn't] any of these people have better things to do? Like a job, for instance?" (ll. 56/57). *(339 words)*

3. ***Step 1*** *To be able to meet the requirements of this task it is necessary to fully understand the quote above. Translate it into your own words, express your personal interpretation of it and try to find out if it reflects the intention of the author.*
   Step 2 *Examine the topics discussed in class to make sure they can be used as an input for your text.*
   Step 3 *Remember to structure the essay with useful linkers and connectors that help introduce a new argument.*

The quotation reveals the writer's deep moral conflict about the legitimacy of abortion and informs the reader about the different attitudes to it in the US in the early 1970s. It shows that the intervention of the legislative authority was necessary to enforce the right for abortion and protect the women involved. But it also reveals that many people are ready to use violence in order to follow their moral beliefs; thereby ignoring legislation and the consequences of their actions. It is therefore necessary to ask oneself whether any form of fighting for one's ethical beliefs is legitimate.

In the text "A Clash of Values" by T. C. Boyle the narrator pictures the demonstrators in front of the abortion clinic as a bunch of fanatics with totalitarian attitudes and fundamentalist beliefs. They accuse the employees of the clinic of murder but do not become physically violent. Religiously motivated they seem to ignore secular legislation which they consider to be inferior. Consequently, their heavy protest causes the narrator to develop a more elaborate opinion on abortion than he had before. Using non-violent methods, the protesters reached their aims of drawing attention to their cause and getting people to think. Nevertheless, it cannot be approved of that some demonstrators obviously interfere in the private life of Rick's brother Philip and call him nightly on the phone just to wear him down.

Another example is the fighting for basic rights in the War of Independence. Originally wanting to achieve greater liberty in economic and political matters, the former British colonies demanded the right to enact legislations and impose taxes on goods. But as the British motherland, their only trading partner, refused to comply with their wish, the only alternative left to them was to break away. Basically, the settlers fought for a greater good in order to achieve the right to life, liberty, freedom and the pursuit of happiness for everybody. These values are now granted in the Declaration of Independence of 1776. Without the settlers' bravery, the US of today would not exist. Still, it has to be pointed out that a lot of innocent blood was spilt and many people did not live to witness the birth of the new independent nation.

Furthermore, Malcolm X and Martin Luther King used different strategies in fighting for civil rights for black Americans. M. L. King succeeded in achieving equal rights for Afro-Americans by organising sit-ins, boycotts or demonstrations. Malcolm X on the other hand adopted a different strategy that called for militancy and riots. He claimed that due to unequal treatment, exploitation and persecution, the Afro-Americans had the right to defend themselves and also to use violence. Malcolm X's protest increased public awareness and finally led to positive changes in American society that went beyond legally guaranteed equality. He helped the black community in America to gain more self-esteem. But he also caused many casualties and a lot of hatred. Malcolm X's legacy will always be overshadowed by his promotion of violence. Therefore he is viewed in a bad light whereas M. L. King still serves as an example of peaceful protest all over the world.

I believe that non-violent protests are the only legitimate way as they let activists maintain their integrity and avoid producing casualties and feelings of revenge. Thus, protesters respect other opinions but also show their determination and might even convince formerly neutral people. A non-violent exchange of words is an efficient and democratic way of finding solutions for any kind of conflict. *(584 words)*

Multiculturalism is not the best way to welcome people to our country

[…]

I am the child of an immigrant myself, and I believe we should take more immigrants and refugees into Britain, not fewer. But it is increasingly clear that, forged with the best of intentions, multiculturalism has become a counter-productive way of welcoming people to our country. It promotes not a melting pot where we all mix together but a segregated society of sealed-off cultures, each sticking to its own.

[…]

But there is another dysfunctional aspect to multiculturalism. In practice, it acts as though immigrant cultures are unchanging and should be preserved in aspic. This forces multiculturalists into alliance with the most conservative and unpleasant parts of immigrant communities. For example, what would you do if, in your block of flats, there was a white family where the women of the house rarely left without the patriarch's permission, and – on the very rare occasions when they did – they covered their face so only their eyes were visible? What would you do if, in the same family, there was a gay son who knew he could never tell his relatives, because he would be beaten and then ostracised[1] from everybody he has ever known?

The answer is easy (I hope): you would be disgusted, and you would try to help them. But there is a family just like this in the building where I live, and there is only one difference – they are Asian. So I do nothing, and nor do any of the other nice liberals who live here, even though this family is as British as we are. Isn't there a word for treating people differently because of the colour of their skin?

Multiculturalism has caused British people to do this on a national scale. All this time, we could have been helping women and gay people from immigrant communities to enjoy the fruits of a free society. This would have created interesting and more progressive versions of Islam that would fight back against jihadism far more effectively than a thousand government initiatives or police raids. Instead, we have been inadvertently[2] helping the conservative men who want to keep these groups in a subordinate position.

We have been acting as though there is one thing called "Muslim culture", and elderly imams or enraged, misogynistic[3] young men are its only voice. A few weeks ago, it was driven home to me how wrong this is. I wrote about how the best way to defeat jihadists was to empower Muslim women, and I was inundated with e-mails from Muslim women, many explaining how the logic of multiculturalism weakened their hand.

One, in particular, is worth quoting at length: "My younger sisters go to Denbigh High School [in Luton] which was famous in the headlines last year because a girl pupil went to the High Court for her right to wear the jilbab[4]. Shabinah [the girl who took the case] saw it as a great victory for Muslim women … but what happened next shows this is not a victory for us.

My sisters, and me when I was younger, could always tell our dad and uncles that we weren't allowed to wear the jilbab. Once the rules were changed, that excuse was not possible any more so my sisters have now been terrified into wearing this cumbersome[5] and dehumanising garment all day against their wishes. Now most girls in the school do the same. They don't want to, but now they cannot resist community pressure … I am frightened somebody is going to fight for the right to wear a burqa[6] next and then my sisters will not even be able to show their faces."

So to multiculturalists, we have to ask: which Muslim culture do you want to preserve? The jilbab-wearing culture of Shabinah and the mullahs, or the culture of the hundreds of Muslim girls who curse them? All immigrant communities are divided and diverse; it is a form of soft racism to assume they have One Culture that should be respected at all costs.

But multiculturalism binds the hands of those who want cultural change in immigrant communities by demanding tolerance and respect for reactionary traditions. At a time when there is a battle within British Islam whose outcome will affect us all, is it wise to continue like this?

It is not too late to unpick the dysfunctional logic of multiculturalism. We can actively promote dialogue, meeting-places and inter-breeding. No more funding of divisive faith schools. No more separate community centres.

Britain has the highest rate of mixed-race partnerships anywhere in the world, largely due to sexual relationships between white and black people in London. This – not multiculturalism – is the British tradition to promote. No more bland "tolerance": let's have rows and laughs and sex. Our future lies in this glorious mixing of races, not in separating them out and hermetically sealing them off in their own outdated "cultures".

Multiculturalism is dead; long live miscegenation[7]. *(813 words)*

Johann Hari, "Multiculturalism is not the best way to welcome people to our country", The Independent, *05. 08. 2005; http://www.independent.co.uk/opinion/commentators/johann-hari/johann-hari-multiculturalism-is-not-the-best-way-to- welcome-people-to-our-country-501506.html*

1 to ostracise – ausgrenzen
2 inadvertently – versehentlich
3 misogynistic – hostile towards women
4 jilbab – long and loose-fitting coat
5 cumbersome – hinderlich
6 burqa – full body cloak covering parts of the face
7 miscegenation – the mixing of races

Assignments

1. Summarize the article. (Material) (30 BE)
2. Relate the problems caused by multiculturalism in GB – according to the text – to those in either Canada or the USA. (40 BE)
3. Write a letter to Johann Hari defending the concepts of multiculturalism and diversity. (30 BE)

Lösungsvorschläge

Teaching modules referred to:
The task relates to the teaching module The United Kingdom *(Q 1) with particular reference to the topics* Social Structure, Social Change. *The context then extends to the module* Them and Us *(Q 1) specifically on the topic* The One-track Mind *respectively the module* Promised Lands: Dreams and Realities *(Q 3) especially focussing on* Social Issues.

1. ***Step 1*** *Create an introductory sentence that includes the following points: the name of the author, the date, source and topic of the newspaper commentary.*
   Step 2 *Start writing. Your summary must not be longer than 1/4 to 1/3 of the original text, which is about 250 words. Use your own words, omit unnecessary details and avoid quotations.*

   The commentary by Johann Hari, "Multiculturalism is not the best way to welcome people to our country", published in the *Independent* on August 5, 2005, deals with multiculturalism and the impact it has on immigrants in Great Britain.
   A son of an immigrant himself, the author has a particular perspective on immigration and is especially critical of the outcomes of the concept of multiculturalism. Contrary to the best of intentions, immigrants cannot fully benefit from multiculturalism in his opinion. So the author favours a melting pot, a concept that suggests that people can live together and cultures are not sealed off from each other resulting in a separated society.
   Furthermore, the author believes that the multicultural perspective regards immigrant cultures as unchanging and homogenous rather than diverse, which emphasizes traditional structures and beliefs. Thus, some members of the immigrant community such as women or gay people do not benefit from the blessings of a democratic society. The tolerant attitude of the majority of the British people only makes things worse as they tend to tolerate the behaviour of conservative religious leaders or sexist young men. Progressive and open-minded immigrants cannot rely on the support of mainstream society because the acceptance of multiculturalism weakens their position. Racism and discrimination are named as possible consequences. In order to overcome these negative effects, the author demands more opportunities to get in touch with other cultures and stresses the positive influence of mixed-race partnerships, which might provide a better future and understanding of immigrants. *(250 words)*

2. *This task requires a closer look at the concept of multiculturalism as practised in Canada or the United States. Before you decide whether to focus on examples from either of these countries, take another look at the text at hand.*
Step 1 *The critical observations of the author will provide the terms of reference to discuss the impact of multiculturalism in Great Britain, before you turn to the country of your choice. So you need to examine some of the British attitudes and immigrant experiences first to assess if integration may be made easier or more difficult for (some groups of) immigrants in comparison to other countries.*
Step 2 *Independent of the country you decide to include in your analysis, it will be helpful to refer to novels, short stories or other material you have dealt with in class and which provide sufficient background for your argumentation.*
Please note: *The following essay will provide a solution for both Canada and the US.*

There are a number of issues immigrants have to deal with when settling in their new host country. The attitude of the mainstream culture is therefore as important as the willingness of the immigrants to adapt to the new social and cultural conditions. At first sight, a tolerant attitude towards the immigrant cultures such as in Great Britain seems to be helpful, provided the new arrivals are able to acquire the necessary language skills and are willing to adapt to the rules of everyday life. Of course, integration is also a matter of practical elements like welcoming neighbourhoods and good conditions on the labour market.
The British model of separating immigrants from the host society concerning state-funded (faith) schools and community centres (cf. ll. 56/57) and maybe also housing and work places has so far contributed to widening the gap between the different cultures. This development proved helpful especially for conservative immigrants who value their own traditions highly and are opposed to change. With a host society that confuses tolerance with indifference (cf. ll. 19/20) and adherents of traditional values discriminating against more progressive forces within their immigrant community, the British need to make an effort to overcome these problems. *(202 words)*

Canada
In contrast to Great Britain and right from its beginnings, Canada has always been a country of immigration and it has been the policy of various governments to meet the needs of different groups of immigrants in the past and present. Thus, Canada's immigration policy is admired internationally. There are a number of factors for the success of this multicultural society, which shall be explained in detail below.
First of all, immigration to Canada is based on a qualifying quota requiring a job prospect. After a few years in Canada, the future citizen has to pass the citizenship test. Then the applicant will be granted Canadian citizenship. Therefore, there are highly motivated immigrants who identify with their host country.
Furthermore, the state supports the immigrant's efforts to integrate into the host society. A variety of organisations help the new arrivals and schools make sure that children learn the English language. This is a major task considering that two thirds of Ontario's total immigrants are living in Toronto.
This is all part of the concept of a multicultural mosaic that is officially supported by the Canadian government. This is a big difference to US policy, where the idea of the

"melting pot" or "salad bowl" is still dominant. In Canada, each and every culture has the right to preserve its identity and traditions within a unified community. That way the contribution of each ethnic group is valued for its own sake and diversity and mutual respect is encouraged. Xenophobic parties have never won a Canadian election so discrimination and racism do not seem such big issues as they are in Great Britain.

Although Canadian society serves as an example to the globalized world, the mainstream society – an immigrant society itself – and the indigenous communities have not yet been reconciled entirely. Similar to experiences in Australia, the First Nations deplore a stolen generation as Aboriginal children were forcibly removed from their families and taken to Residential Schools, where they were abused and the native culture was suppressed severely. In 2008, Canadian Prime Minister Stephen Harper officially apologized for the harm done to these children and Aboriginals received so-called Common Experience payments. The apology was not met with unequivocal approval as the issues First Nation communities are struggling with on their reservations such as drug abuse and social problems were not really addressed. In this respect, the Aboriginals did not receive funding from government.

The complex relationship between Native Canadians and white Canadians plays an important role in Canadian literature. For example, Thomas King's novel *Green Grass, Running Water* is a satire on the ignorance of North American host societies as far as the genuine First Nation communities are concerned. *(447 words)*

United States

The promise of the American Dream has always attracted immigrants from all over the world. In contrast to Great Britain, the image of migration as a "melting pot" used to prevail in the US for a long time: The different immigrant cultures were supposed to disappear so that new identities could be established. Later the theory of a "salad bowl" or "cultural quilt" was introduced, as this seemed to be more politically correct. This cultural idea is based on the belief that there does not need to be a homogeneous society, but that the many different groups of immigrants keep their specific qualities. In short, this concept is more in accordance with the original values of the American Dream, for example, that everyone can achieve his or her aims regardless of social background.

Unfortunately, the black Americans could not benefit from the promises made in the American Constitution. In the 1960s the peaceful Civil Rights Movement under Dr. Martin Luther King drew public attention to the open discrimination against black people and organised boycotts and sit-ins. As a result, the Congress passed the Civil Rights Act in 1964 as well as the Voting Rights Act one year later. Finally, blacks were guaranteed the same rights as white people. King's speech "I have a dream" became a powerful manifestation of the integration of black people into white society. Still, Malcolm X's Black Power movement would not have gained so many followers in the late 1960s if the situation of black Americans had undergone a significant change after legislation had been passed. Nowadays, the (re-)election of Barack Obama as the first black US president shows that black people have many more possibilities than 30 years ago and that the attitude of mainstream society has changed con-

siderably. Nevertheless, the living standard of the average black American family is far below that of a white family.
As far as ethnic minorities in the United States are concerned, the second largest group, the Hispanics, are in a comparable social and economic situation as the black Americans. T. C. Boyle describes this issue in his novel *The Tortilla Curtain*, where a couple from Mexico, Cándido and América, struggle for survival as illegal immigrants. This is in stark contrast to a typical white American family, the Mossbachers, who seem to be able to live their American dream. Meanwhile, Cándido and América find neither food nor a job in the US. Typically for illegal immigrants, the outcome of the story is rather pessimistic: América's new-born baby dies and the couple returns to Mexico. The plot of the novel serves as a warning that the American Dream may turn into a nightmare for the new arrivals.
All in all, as in Great Britain the situation of foreigners in the US is far from being resolved although the most pressing problems are different. In Britain traditional beliefs within the host society prevent certain groups of immigrants such as women and gay people from being fully integrated into society. The attitude of the British host society makes it worse as people prefer to ignore social evils claiming to act tolerantly. In the US, it is the discrepancy between the theoretical or legal situation of foreigners and the real state of affairs that result in poverty and a limited upward mobility for the new arrivals. *(552 words)*

3. *In your letter to the author, you are asked to defend the concept of multiculturalism and diversity. Keep in mind that the author Johann Hari is an immigrant himself and that rather than reporting facts he wishes to draw attention to the negative aspects of multiculturalism.*
Step 1 *First you need to explain the terms "melting pot", "salad bowl" and "ethnic diversity" and how these concepts might work for or against the attempts of immigrants to successfully integrate into the host society. This way you make sure that both writer and reader have a common ground to start from.*
Step 2 *Then you need to elaborate on the advantages of multiculturalism and diversity by using examples and facts discussed in class. It is also important to refer to the doubts expressed in Hari's commentary and show that there is another way of interpreting his findings.*

Dear Sir,

It was very interesting to read your comment on the negative effects of multiculturalism. Although I can understand your reasons, I beg to disagree and would like to stress a few points in support of this concept which I still prefer to the cultural ideas of a "melting pot" and a "salad bowl".
Let me first explain my perception of melting pot and salad bowl, both of which you seem to be in favour of, and how they work against ethnic diversity. The idea behind the US concept of a melting pot was to blend all immigrant cultures into a mainstream culture and thus create a unified community. But in reality this meant that the immigrants had to abandon their own traditions and adapt to the mainstream Anglo-

Saxon values. Even the milder version of the salad bowl had the disadvantage that the mainstream society had no use for the new arrivals' traditions, which were lost eventually. As the immigrants' culture could not survive within the mainstream culture, especially older immigrants found it hard to integrate into their new host community. This shows that ethnic diversity can only exist in an open and liberal society that is able and willing to accept new ideas and values. To my mind, this can only be achieved in a multicultural society.

Rejecting a tolerant approach will make it much harder for immigrants to integrate. I agree with you that there should be a common ground such as meeting places or community centres where young people from different cultural backgrounds can meet and get to know each other. This will surely help to develop an intercultural competence. I do not believe that legislation and state regulation help to speed up this process. In France, for example, Muslim women are not allowed to wear a veil in school. Nevertheless, there have been riots in this country because the state failed to integrate the immigrants and merely concentrated on legislation while leaving everything else to fate. To my mind, what we need is to provide the opportunity for dialogue and an exchange of ideas.

In addition, it is wrong to assume that multiculturalism supports the conservative elements in society and helps to keep immigrant groups in a subordinate position. It is those groups that receive a lot of attention because they refuse to integrate into the host society, unlike many thousands of immigrants have done before and sometimes their behaviour causes damage and harm. I believe that you generalise the matter. As in every other society, there are conservative and more progressive people in immigrant communities. The same goes for members of the British Islam community. This is why I am not as alarmed as you are concerning the outcome of the battle.

Furthermore, I absolutely agree with you that people should not look the other way when a woman is beaten up by her husband in her own home. Unfortunately, I believe people would not have dared to interfere either had the couple been white and not Asian. This is human behaviour that you cannot attribute to a misunderstood concept of a multicultural society but to a general development of increasing indifference concerning one's fellow citizens.

To conclude, I am very much in favour of dialogue and meeting-places, but it will have to be a liberal space. I believe abandoning the concept of multiculturalism will make us lose more than we gain from returning to the idea of the melting pot. There is a lot we can learn from immigrant culture – why not give it a try? I would appreciate hearing from you and hope that you are now having second thoughts on the issue.

Yours sincerely,
Elias Becker

(613 words)

Abiturprüfung Hessen 2013 – Englisch Leistungskurs
Vorschlag C – Kombinierte Aufgabe: Social change/Racism

Teil A: Aufgabe zur Sprachmittlung

„Unsere Unternehmensspitzen müssen bunter werden“

Rita Pawelski, Sprecherin der Frauen in der Unions-Bundestagsfraktion, im Gespräch mit Tobias Armbrüster – vor einem Treffen von Vertretern der 30 DAX-Unternehmen mit mehreren Ministerinnen und Ministern der schwarz-gelben Koalition.

[...]
Armbrüster: Frau Pawelski, was erwarten Sie von diesem Treffen heute Mittag?
Pawelski: ..., dass ein Durchbruch sich entwickelt für Frauen in Führungspositionen, und wenn ich von Frauen in Führungspositionen rede, dann meine ich nicht nur die Frauen im oberen Management, sondern ich meine ausdrücklich die Frauen in den Vorständen und in den Aufsichtsräten.

Armbrüster: Wie soll denn so ein Durchbruch aussehen?
Pawelski: Ich erwarte von den Unternehmen, dass sie heute ganz klar definieren, wie viele Frauen sie demnächst auch in Vorständen und Aufsichtsräten berücksichtigen wollen.

Armbrüster: Warum brauchen wir eine solche Quote, eine solche Voraussage für eine Quote?
Pawelski: Wir brauchen Unternehmen, die erfolgreich und wirklich mit einem festen Willen mehr Frauen in ihren Unternehmen entwickeln wollen, weil es bewiesen ist – es gibt da ja viele Wirtschaftsstudien –, dass geschlechtergemischte Unternehmensführungen besser sind als rein männerdominierte, und darum ist es gut für die deutschen Unternehmen, wenn sie Frauen mehr berücksichtigen, auch vor dem Hinblick der demographischen Entwicklung, Fachkräftemangel. Wir müssen die Frauen fördern, wir müssen sie berücksichtigen und wir müssen zulassen, dass sie auch in den Vorständen und Aufsichtsräten sind.

Armbrüster: Reicht es denn dann aus, Frau Pawelski, wenn man da der Wirtschaft sozusagen freie Hand lässt, oder brauchen die vielleicht ein bisschen Druck?
Pawelski: Sie brauchen Druck, und was da Druck erzeugt, das haben wir in dem letzten Jahr gesehen. Die Gruppe der Frauen hat vor 14 Monaten einen Beschluss gefasst zu Frauen in Führungspositionen, sie haben einen Stufenplan bis hin zur Quote entwickelt, und als wir diesen Plan aufgestellt haben, gab es zwei Frauen in den Vorständen, mittlerweile sind es sieben.

Armbrüster: Das heißt, Sie wollen konkrete Vorgaben machen für die Unternehmen, wie viele Frauen sie in Führungspositionen beschäftigen sollen?
Pawelski: Unser Endziel ist eine Quote von 30 Prozent, die 2018 erreicht sein sollte. Aber wir sind mit einem ersten Schritt, mit einer Flexiquote für Vorstände, nicht für Aufsichtsräte, wären wir einverstanden, wenn es dann eine deutliche zweistellige Zahl ist.

Armbrüster: Das klingt jetzt alles nach Zwang, Frau Pawelski.
Pawelski: Druck!

Armbrüster: Druck.
Pawelski: Zwang ist es, wenn wir Gesetze erlassen, ist ja meist ein Zwang dahinter. Wer zahlt schon freiwillig Steuern? Auch das ist ja ein gewisser Zwang, oder?

Armbrüster: Aber meinen Sie, kann man mit Zwang wirklich wirtschaftlichen Erfolg erreichen?
Pawelski: Da in der Vergangenheit in dem Bereich wenig getan wurde, aber klar ist, dass wir die Frauen in den Führungspositionen brauchen, denke ich, müssen wir einen gewissen Zwang ausüben. Aber noch mal: ich sage nicht Zwang, sondern ich sage Druck, und durch Druck entwickelt sich etwas.
Und allein, dass sich heute 30 DAX-Unternehmen treffen, um über das Thema zu reden, und zwar nicht das erste, sondern das zweite Mal, beweist, dass unser Papier schon Erfolg hat, dass wir auf dem richtigen Wege sind, dass sie sehen, wenn sie von alleine nichts machen, kommt wirklich dann eine starre feste Quote. [...] *(467 Wörter)*

Tobias Armbrüster/Rita Pawelski, in: Deutschlandfunk, *17. 10. 2011, http://www.dradio.de/dlf/sendungen/interview_dlf/1580724/*

Hinweis: Es handelt sich um das Transkript eines Radiointerviews.

Assignment

You are a participant in an EU schools project on women's rights and on the introduction of quotas concerning the representation of women at the top executive level in major companies. For your international partners you summarize German views on the topic, e. g. this interview, which was originally broadcast on Deutschlandfunk. (Material A)

Teil B: Verkürzte Textaufgabe

Airworld

In Walter Kirn's novel Up in the Air *the protagonist Ryan Bingham, 35, is an American business consultant who travels by plane so frequently that he reaches for the special goal of one million frequent flyer miles.*

Planes and airports are where I feel at home. Everything fellows like you dislike about them – the dry, recycled air alive with viruses; the salty food that seems drizzled with warm mineral oil; the aura-sapping[1] artificial lighting – has grown dear to me over the years, familiar, sweet. I love the Compass Club lounges in the terminals, especially the flagship Denver club, with its digital juice dispenser and deep suede sofas and floor-to-ceiling views of taxiing aircraft. I love the restaurants and snack nooks near the gates, stacked to their heat lamps with whole wheat mini-pizzas and gourmet caramel rolls. I even enjoy the suite hotels built within sight of the runways on the ring roads, which are sometimes as close as I get to the cities that my job requires me to visit. I favor rooms with kitchenettes and conference tables, and once I cooked a Christmas feast in one, serving glazed ham and sweet potato pie to a dozen janitors and maids. They ate with me in rotation, on their breaks one or two at a time, so I really got to know them, even though most spoke no English. I have a gift that way. If you and I hadn't hit it off like this, if the only words we'd passed were "That's my seat" or "Done with that Business Week?" or just "Excuse me," I'd still regard us as close acquaintances and hope that if we met again up here we wouldn't be starting from zero, as just two suits. [...]

Fast friends aren't my only friends, but they're my best friends. Because they know the life – so much better than my own family does. We're a telephone family, strung out along the wires, sharing our news in loops and daisy chains. We don't meet face-to-face much, and when we do there's a dematerialized feeling, as though only half of our molecules are present. Sad? Not really. We're a busy bunch. And I'm not lonely. If I had to pick between knowing just a little about a lot of folks and knowing everything about a few, I'd opt for the long, wide-angle shot, I think.

I'm peaceful. I'm in my element up here. Flying isn't an inconvenience for me, as it is for my colleagues [...] I've never aspired to an office at world headquarters, close to hearth and home and skybox, with a desk overlooking the Front Range of the Rockies and access to the ninth-floor fitness center. I suppose I'm a sort of mutation, a new species, and though I keep an apartment for storage purposes – actually, I left the place two weeks ago and transferred the few things I own into a locker I've yet to pay the rent on, and may not – I live somewhere else, in the margins of my itineraries[2].

I call it Airworld; the scene, the place, the style. My hometown papers are *USA Today* and the *Wall Street Journal*. The big-screen Panasonics in the club rooms broadcast all the news I need, with an emphasis on the markets and the weather. My literature – yours, too, I see – is the bestseller or the near-bestseller, heavy on themes of espionage, high finance, and the goodness of common people in small towns. In Airworld, I've found, the passions and enthusiasms of the outlying society are concentrated and whisked to a stiff froth. When a new celebrity is minted in the movie theaters or ballparks, this is where the story breaks – on the vast magazine racks that form a sort of trading floor for public reputations and pretty faces. I find it possible here, as nowhere else, to think of myself as part of the collective that prices the long bond[3] and governs necktie widths. Airworld is a nation within a nation.

(623 words)

1 aura-sapping – *hier:* nivellierend
2 itinerary – Reiseplan
3 long bond – 30-jährige Staatsanleihe

Assignments

1. Describe the lifestyle the protagonist seems to be favouring. (Material B) (30 BE)
2. Examine the protagonist's vision of "Airworld" against the background of the American Dream. (40 BE)
3. Assess the lifestyle outlined by the protagonist and relate it to the lifestyle preferred by a protagonist referring to material discussed in class. (30 BE)

In die Gesamtbewertung gehen die Ergebnisse der Teilaufgaben A und B im Verhältnis 1:3 ein.

Lösungsvorschläge

Teaching modules referred to:
Both texts refer to the teaching module Ideals and Reality *(Q 3) focusing in particular on the topic* Structural Problems. *One can also relate them to the module* Them and Us *(Q 1), specifically to the topic* Values.

Teil A: Aufgabe zur Sprachmittlung

Do not try to translate the text literally. Identify the main topic of the interview. Mention this point in your "umbrella sentence" which provides the reader with the argumentative key to the article. Also include information on the author, the title, the type of text and the year in which the text was published. Do not hesitate to leave out insignificant details and illustrations. Remember not to use indirect speech or quotes from the text. Stick to the present tense. The text should be approximately 1/3 of the interview.

In her radio interview with Tobias Armbrüster from October 17, 2011, Rita Pawleski, the spokeswoman for female politicians in the Christian Democratic Party (CDU) in the German parliament, demands that a larger number of women should be members of the boards of major German companies. Pawleski hopes that with the help of a plan developed by her party about 30 % of the directors will be women in 2018. She is glad that her efforts seem to be paying off as at the day of the interview representatives of the leading German enterprises on the stock market will be meeting cabinet ministers in order to discuss the issue.
In her opinion a quota is absolutely necessary as scientific research has shown that mixed executive boards make companies more efficient and competitive. To her mind the demographic change and the predicted lack of qualified personnel call for immediate action. She believes that political pressure is necessary to encourage big enterprises to take action, but prefers companies to develop their own strategies so that there is no need for passing a law on fixed quotas. *(183 words)*

Teil B: Verkürzte Textaufgabe

1. ***Step 1*** *Read the text several times. It is necessary to grasp the protagonist's point of view and avoid personal comments when asked to focus on the text only.*
Step 2 *Mark representative text passages that help you to do the task so you find it easier to include the information found into a broader context afterwards.*
Step 3 *Try to find meaningful criteria to structure your text. In this particular case it might prove helpful to concentrate on what makes the protagonist special, on the situation he is in as well as the special meaning "Airworld" has to him.*

The 35-year-old business consultant Ryan Bingham is the main character of Walter Kirn's novel *Up in the Air*. His job requires constant traveling, which results in a restless lifestyle the character seems to appreciate very much.
He has completely adapted to the ways of a businessman who leads a life on the run. Bingham perceives himself as the representative of a new species that prefers the artificial scenery of airports, junk food and in superficial social interaction to having a home, healthy regular meals, close friendships and family ties.
The members of his substitute "family" are the cleaners and the people he accidentally meets on his journeys. Conversation is reduced to an absolute minimum and revolves around topics such as work, magazines or vacant seats. The protagonist nurses his intellect by reading either international newspapers focussing on the weather and the stock market or international bestsellers about espionage or high finance. He neither feels lonely nor sad at airports or on the way to a new destination – instead he is uncomfortable when he meets close family members "as though only half of [the] molecules are present" (ll. 20/21). The comparison reflects the process of alienation that the main character has undergone, but is unable to admit. *(207 words)*

2. ***Step 1*** *Before you start writing, list aspects that define the American Dream.*
Step 2 *Then analyse the extract to find out in how far the protagonist wants to realise his own American Dream and whether he succeeds in doing so. Find relevant text passages that support your ideas.*
Step 3 *Work out similarities and differences between the theoretical approach and the fictional text at hand. Think of criteria to structure your ideas and references to the text and then start writing.*

The American Dream consists of a couple of ideas that make up the national concept of how success can be achieved in America. In the religious respect, America is considered a new paradise, where God's chosen people founded a new nation based on the general belief that everybody had the right to liberty and happiness which is guaranteed in the Declaration of Independence. Economic success is therefore the result of hard work and willpower regardless of one's social background, political beliefs, religious convictions or skin colour. This has encouraged people to strive for independence, autonomy, personal wealth and economic growth. The concept of the American Dream rejects a pessimistic attitude to the future.

In *Up in the Air* the protagonist Ryan Bingham pictures himself as a happy and successful businessman but is in fact the perfect example of the perversion of the ideals and promises of the American Dream.
Bingham seems to be completely satisfied with his job as a business consultant that requires him to lead an isolated life and claims that he would not desire "an office at world headquarters, close to hearth and home" (ll. 25/26). His whole existence has adapted to his new lifestyle: He has learnt to appreciate artificial emptiness and consequently rejects emotional depth: He has abandoned every kind of close relationship to friends and family and replaced them with a superficial life without commitments as he feels only understood by people with attitudes similar to his own (cf. ll. 17/18). He does not even own a flat anymore as it is only a burden to him (cf. ll. 28–30). In this respect, he serves as an example of somebody who has managed to live the American Dream in terms of economic success, mobility, autonomy, the ability to adapt well to circumstances and thus achieve true happiness.
Nevertheless, it has to be pointed out that Bingham's happiness seems to be artificial. This might be due to a false concept of the American Dream: He does not realise that there is a huge difference between liberty and independence on the one hand and absolute isolation on the other hand. Although he appears not to be aware of it, Bingham attempts to replace lost social contacts with surrogates: He cooks a Christmas dinner for the hotel staff (cf. ll. 10/11) and would like to be recognised by people he has met on a plane before so that they "wouldn't be starting from zero, as just two suits." (l. 16). To boot, he prefers hotel rooms with a kitchen – most likely to pretend that he is at home (cf. ll. 9/10). Claiming to be part of a group of Airworld inhabitants, Bingham uses the first person plural excessively (cf. ll. 16–23) thus pretending that his behaviour is normal in this particular circle of people and that he is not alone but in good company. Still, this only proves that he fails to understand the extent of his alienation because he is deadened emotionally. Tragically, he truly believes that he has achieved his aspirations while at the same time leaving the impression of a lonely, restless and homeless individual. Bingham's version of the American Dream is a surrogate of the original concept. It seems absurd and cannot result in true happiness. *(549 words)*

3. ***Step 1*** *Preparing for this task it is necessary to assess the lifestyle described by Ryan Bingham first.*
   Step 2 *Afterwards, you need to find a character that can be compared to Bingham in terms of lifestyle, profession, moral beliefs and definition of success etc. It might be helpful to concentrate on one book or film only and then analyse parallels and differences between the main characters (e. g.* Death of a Salesman *by Arthur Miller,* The Great Gatsby *by F. Scott Fitzgerald,* Of Mice and Men *by John Steinbeck).*

Ryan Bingham, the narrator and main protagonist of the novel *Up in the Air*, is a modern businessman, who lives a life on the run. He has got no place of residence or any particular aim in life. The airport has become his home and a springboard for new destinations at the same time. Bingham, the adherent of a new version of the

American Dream shies away from deeper moral or social commitments. He is the creation of an artificial environment and transcends all worldly limits but has not reached a final destination yet. But Bingham is not the only fictitious character who desires to realise the American Dream that does not really seem worth striving for. There are many characters in literature whose situation can be compared to Bingham's. For example, there is Willy Loman, the main character of Arthur Miller's play *Death of a Salesman*. He is married, has two grown-up sons, Biff and Happy, and struggles hard to make ends meet. Finally, he has to admit that he is not able to achieve his aims.

At the beginning of the play Loman's belief in success and hope for the future has already vanished and been replaced by physical and emotional exhaustion. Nevertheless he tries to keep up the illusion of a successful businessman which he is not. Unlike Bingham, he feels like a failure and needs his family to restore his confidence. The reverse is true for Bingham: He accepts the growing distance and alienation between himself and his family as a natural (cf. l. 21).

Additionally, it soon becomes evident that Willy Loman is unable to live in the present because it constantly reminds him that he is not able to meet his own expectations. Therefore he escapes into an imaginary past. His increasing inability to distinguish between present and past respectively shows his physical and moral decay. Loman's dream world finally prevents him from dealing with the challenges of the present. He is in conflict with himself, is unhappy with the development of his sons and has also lost his job. Ryan Bingham also escapes the real world because he only feels understood by his Airworld companions (cf. ll. 17/18). But unlike Loman, Bingham lives in the present and is full of energy and optimism (cf. l. 24).

Furthermore, both characters despise office work and idealise the autonomous businessman who is responsible only for himself. But in the end, Loman has to admit that only office work can help him overcome financial difficulties. The American Dream turns into a nightmare for Willy Loman as he realises that he has not reached anything at the end of the day. Out of desperation he commits suicide. Although Ryan Bingham seems to be satisfied with his life there are many signs that indicate that he might give up his attitude sooner or later because he cannot stand the anonymity and solitude of his existence.

In conclusion, both characters fall victim to their own high expectations. Their way of living the American Dream seems undesirable and ironic. Both characters' lifestyles can be interpreted as a warning not to take the theoretical promise of the American Dream too literally. *(529 words)*

Abiturprüfung Hessen 2014 – Englisch Grundkurs
Vorschlag A – Ecological Issues

There's oil up there – Move ahead on pipeline from Canada

It's a boom time in the Canadian province of Alberta, where technological advances and sky-high commodity[1] prices have turned the region's oil sands into a sticky, tarry[2] gold mine.

Here's a safe prediction: The United States will share in this bounty[3], one way or another. Canada will ship oil to its largest trading partner via rail, barge or truck, if need be. And the U.S., thirsty for energy, will soak up every drop from its reliable neighbor to the north.

That common interest leads to an obvious conclusion. The Obama administration should grant its approval without further delay for a proposed pipeline stretching 1,711 miles across the Plains from Canada's deposits to the U.S. refineries and terminals along the Gulf of Mexico. A pipeline is the safest and most efficient method for moving crude[4] by the millions of barrels.

Yes, the scale of the project is enormous. It could make Canada the world's second-largest producer of oil after Saudi Arabia. Americans should be celebrating a development that will reduce the dependence on oil from less-congenial foreign sources. It will pump up job creation with private-sector investment and help keep prices in check when the economy starts growing in earnest again.

Yet the proposed Keystone XL pipeline has run into heated opposition. Some environmentalists are determined to stop it. Protests staged at the White House earlier this month only hint at the passion it evokes – from actor Robert Redford to the Dalai Lama.

Opponents object for two main reasons: First, they want to discourage the mining of oil sands. No question, tearing up boreal forests[5] and ancient peat bogs[6] to get at the petroleum within can't help but degrade the land. The resulting semi-solid form of oil is dirtier than the smooth-flowing crude just below the Arabian desert. As with any fossil fuel, burning it pumps carbon and other pollutants into the atmosphere, and emissions from processing this particular form of fuel pose a problem as well. On the plus side, the technology used to exploit oil sands is improving from the old strip-mining techniques, curbing the environmental costs.

The other big worry is more of a scare tactic than a valid concern. Pipelines can leak. But to hear the anti-Keystone crowd tell it, you would think this one is about to be connected to kitchen sinks and lawn sprinklers from coast to coast. The fear-mongering about aquifers[7] being polluted and wildlife habitat destroyed has no basis in reality. On the contrary, plans call for a state-of-the-art system, subject to rigorous inspections. America already has oil and gas pipelines crisscrossing the country and the Canadian border. This one, an expansion of a pipeline that already runs to downstate Illinois, will be built to a high safety standard.

Because it crosses the border, the Keystone plan has run into extra layers of red tape[8] and controversy.

Canada, justifiably frustrated by years of delay, has threatened to build a pipeline to the Pacific and divert the bulk of its oil to China instead. The State Department recently re-affirmed Keystone's minimal environmental impact, debunking claims about its supposed risks. After a public comment period closes in the weeks ahead, the Obama administration can seal the deal.

Since taking office, the president has slowed the issuance[9] of drilling leases and permits, raised the cost of hydraulic fracturing[10] for natural gas production and sunk a fortune into clean-energy gambits[11] such as solar panels and ethanol fuel. Belatedly, he has recognized that government interference puts a drag on growth. His decision earlier this month to suspend tougher clean-air rules until unemployment abates[12] was a welcome dose of realism from a White House in denial about U.S. reliance on gasoline – the economy's much-maligned[13] lifeblood.

Maybe someday we'll all be driving solar-powered cars. Meantime, get that pipeline built. We're going to need it. *(634 words)*

There's oil up there: Move ahead on pipeline from Canada. From Chicago Tribune, 09/15/2011.

Hinweis: Der Verfasser wird in der Textvorlage nicht genannt.

1 commodity – *hier:* Rohstoff (Güter)
2 tarry – full of tar
3 to share in this bounty – daran teilhaben
4 crude – *hier:* Rohöl
5 boreal forest – borealer Nadelwald/Taiga
6 peat bogs – Torfmoor
7 aquifer – Gesteinskörper mit Hohlräumen, der zur Leitung von Grundwasser geeignet ist
8 red tape – Bürokratie
9 issuance – the act of officially issuing something
10 hydraulic fracturing – fracking
11 gambit – erste Schritte
12 to abate – vermindern
13 much-maligned – viel geschmäht

Assignments

1. Delineate the author's argumentation. (Material) (30 BE)
2. Relate the text to other ecological problems in material dealt with in class. (35 BE)
3. Write a letter to the editor commenting on the problem of creating jobs at the cost of the environment. (35 BE)

Lösungsvorschläge

Teaching modules referred to:
The assignment focuses on the main teaching module Science and Technology *(Q 1) with special emphasis on* ecology *and on the module* promised lands: dreams and realities *(Q 3, country of reference: Canada). Task 2 also requires references to texts dealt with in the module* Work and Industrialization *(Q 2) concerning the issues* business, industry and the environment.

1. ***Step 1*** *Before you deal with the assignment, read the text carefully. Then determine the author's opinion and underline the key arguments provided for and against his/her opinion that the pipeline is urgently needed.*
   Step 2 *Keep in mind that your delineation should only contain the central elements of the author's line of argument (e. g. stable oil prices, more jobs, independence from oil-producing countries, no significant dangers to the environment).*
   Step 3 *Use your own words as far as possible.*

   In the article the author argues that the US is dependent on Canadian oil. He/she hopes that President Obama will approve of the Keystone XL pipeline connecting the province of Alberta to the Gulf of Mexico since this is the safest way of transporting oil. Both countries are sure to profit from the deal. Whereas Canada will become the second major oil-exporting country in the world, the US could achieve relative independence from foreign imports.
   The author stresses that the construction of the pipeline will create jobs and keep oil prices stable. New mining technology helps reduce the environmental risks. Thus the author hopes that environmentalists' warnings of increasing carbon emissions and a transformation of the Canadian landscape might prove unfounded. The danger of leaks is dismissed as a tactical move to scare people. According to the author the pipeline does not pose any risks since there are strict controls and high safety standards, according to which many pipelines are already operating safely.
   Finally the construction of the pipeline is strongly recommended as Canada might otherwise decide to export its oil elsewhere. It is appreciated that Obama seems to give the economy priority over clean-air rules to make unemployment rates fall. However although the author clearly favours the Keystone pipeline, he/she enables the reader to see the controversial issue more discriminately. *(225 words)*

2. ***Step 1*** *Remember that you are required to refer to one or more aspects of the text at hand and establish a connection to material dealt with in class. For example, you could focus on the main aspect of the text above (i. e. transporting oil from Canada in a pipeline is favoured for economic reasons while the hazards are played down) and compare this phenomenon to the ecological questions presented in texts you have dealt with in class (e. g. nuclear power stations vs. alternative sources of energy).*
   Step 2 *Establish links between the different issues and focus on both parallels and differences.*

In class we focused on the key problem of global warming and different approaches to tackling carbon emissions. Decisions on how to meet the twin challenges of climate change and energy security are highly controversial. Whereas the German government decided to reduce the number of nuclear power plants and encourages investments in sustainable projects such as wind farms, the former UK government declared that the best way to meet carbon-free energy needs was to construct new nuclear power stations in the UK. Government officials and industrialists argued that the replacement of older reactors with up to 12 new ones by 2030 would contribute to the reduction of greenhouse gases and at the same time help trigger economic growth. In 2013, the British government signed a contract with the French state-run electricity company EDF to build the first nuclear power station of this new generation in Somerset. Quite similar to the text, "There's oil up there" (cf. ll. 15–17), economic advantages play a pivotal role in the British line of argument: The new generation of power plants promises thousands of jobs and UK electricity could be marketed worldwide, thus providing unlimited opportunities for economic growth.
In the article at hand it is emphasised that new mining technologies and high safety standards will help to reduce the risks of possible negative impacts on the environment (cf. ll. 26–28, 32/33). British officials share this confidence in new technologies and point out that new reactors are safer and that nuclear energy is efficient and sustainable since it guarantees large quantities of electricity and emits relatively low amounts of carbon dioxide.
Local activists and environmental organisations such as Greenpeace or Friends of the Earth stress the disadvantages of nuclear technology with reference to the accidents in Chernobyl, Fukushima and the leaks in Sellafield. They also warn the public of unknown risks such as terrorist attacks or earthquakes that might damage the nuclear power stations with devastating effects. Furthermore the unsolved question of where and how to store the radioactive waste is frequently brought up. Similarly to the fears of the opponents of Keystone XL, proposals to invest in natural gas, wind or solar power are dismissed as curbs on economic growth (cf. ll. 44–47). *(373 words)*

3. ***Step 1*** *Consider the advantages and disadvantages of creating jobs at the cost of the environment and take a stand. Remember to boil the problem down to the question of priorities.*
Step 2 *Make a list of the arguments that come to mind (e. g. mostly only temporary jobs due to the construction of the pipeline, the toxic lakes in Alberta as a consequence of underestimating the harm done to the environment in the past, call for investment in renewable sources of energy as part of Obama's idea to create green jobs) and decide on the most convincing order in which to mention them.*
Step 3 *Keep in mind that you are required to write your comment in the form of a letter to the editor and thus need to address the person who receives the letter adequately (e. g. "Dear Sir or Madam"). Also find a suitable expression to end your letter (e. g. "Yours faithfully") and use formal language only.*

Dear Sir or Madam

I would like to comment on the rather uncritical attitude displayed in the article "There's oil up there" on the construction of the Keystone XL pipeline from Alberta to the Gulf of Mexico, published in your newspaper on September 15, 2011. Although the author admits that the burning of fossil fuels emits carbon and other pollutants, he or she seems to feel very confident that new technologies will minimise the risks this pipeline poses to the environment. Economic benefits and US independence from foreign energy markets are emphasised, which are of course vital factors in any national economy. Yet, I believe that the author underestimates the price we might all have to pay for our ignorance. It is precisely this materialistic logic which has given rise to the phenomenon of global warming and the depletion of the ozone layer.

First of all, the nature of the jobs promised by the supporters of the Keystone pipeline needs to be taken into consideration. I assume that most of them will be low-paid construction jobs that are most probably downsized after the pipeline is built. There is, of course, maintenance work and emergency supervision to be done, but I cannot imagine that there will be thousands of permanent jobs and infinite economic growth. Besides, fossil fuels are not endless resources.

Then, there are enormous environmental risks connected with the construction of the pipeline. Apart from the great amounts of carbon emissions into the earth's atmosphere, there is the danger that leaks in the pipeline might contaminate ground water, rivers and lakes. The mining of tar sands has already had devastating effects on both the landscape and the population of Alberta. Toxic lakes have been created and cancer rates have risen. Therefore, it is not appropriate to simply dismiss the serious concerns of environmentalists as fear-mongering. Against this backdrop, I simply cannot share your trust in strict controls and high security standards.

It is high time that we focussed on the question of how to save energy and at the same time invest more in research on sustainable sources. This might also provide jobs. Whereas the Keystone pipeline project is short-sighted, as it might only provide energy for the generations that are living today, renewable sources of energy guarantee our future. However developing a concept for sustainable living on earth requires individual effort and international cooperation. I regret that Canada has left the Kyoto Agreement and really hope that President Obama will not permanently give priority to the economy at the cost of the environment. In the interest of both future generations and the current world population, he should pursue his idea of the green jobs he promised to create. This might require further state investment, but I am convinced that it will pay off a thousand times over in health and future prospects. Our planet and its resources should have top priority over a short-sighted view of economic progress and temporary jobs.

Yours faithfully
Hannah Schwarz *(497 words)*

Hassan: A Case Study

Jenni Fortune, a London Tube driver of the Circle Line, and the student Hassan al-Rashid are two of seven characters portrayed in Sebastian Faulks' novel on modern urban life.

In the rear carriage of Jenni Fortune's Circle Line train Hassan al-Rashid sat staring straight ahead. Normally, without a book to read, he would move his head up and down so that the reflection of his face in the convex window opposite would develop panda eyes, elongate[1] like an image in a fairground mirror and then pop. But this was not the day for such frivolity: he was on his way to buy the constituents of a bomb.

Two white-skinned teenagers opposite him were kissing, sticking their tongues out and laughing when they touched. Although they were absorbed by one another, there was a challenge in their public intimacy. A black-skinned youth with feet in padded white trainers the size of small boats was leaning forward. From his earplugs came a hissing, thumping noise. Hassan could sense that this youth's eyes, though looking down, were ready to lock on to those of anyone who caught them, so he was careful to keep his own gaze somewhere to the left of the hunched shoulders.

To Hassan's left, in the standing area by the central doors, were Japanese and European tourists. It was Sunday, Hassan thought; most of these people should have been in church, but these days Christians viewed cathedrals as monuments or works of art to be admired for their architecture and paintings, not as the place where they could worship God. Their final loss of faith had happened in the last ten years or so, yet in the *kafir*[2] world it had passed with little comment. How very strange they were, he thought, these people, that they had let eternal life slip through their hands.

Where Hassan had grown up in Glasgow, the Christians (he hadn't by then adopted the word *'kafir'*) blasphemed and drank and fornicated, though most of them, he knew, still more or less believed. They were unfaithful in hotel rooms, but they got married in churches. They went on Christmas Day or when they buried a friend; they took their babies to be named there, and when they were dying they still sent out for a priest. Now you could read statistics in newspaper surveys which confirmed what anyone could see: that they'd given up God. And barely a *kafir* seemed to have noticed.

The conviction that the rest of the world lived in a dream was one that grew in Hassan each day. With the exception of those in his group and some of the more committed members of the Pudding Mill Lane Mosque, he viewed everyone he knew as deluded[3]. It was perplexing to him that people paid so little heed[4] to their own salvation; he was puzzled by it in the way he might have been by the sight of a mother feeding whisky to a baby. There might have been some short-term benefit in the respite[5] from crying, but it wasn't something that a reasonable person would do. Yet the truth of life, and of life after death, was not exactly hidden.

Hassan licked his lips and swallowed. Although the individual parts that made up the bombs were easy enough to find and buy, he was aware that the grimiest corner shops these days had CCTV[6] cameras. The purchase of even three or four bottles of soft drinks at once might be remembered by the man at the counter, then recalled from the digital memory of the camera. He was therefore spreading his custom[7] right across London, one bottle at a time. […]

At Gloucester Road, Hassan stepped off the train and went up into the street. Batteries and disposable cameras were easy and cheap enough to find; the only thing he was having trouble with was hydrogen peroxide. But he had a plan for that. *(624 words)*

Sebastian Faulks, A Week in December, *Hutchinson 2009, pp. 20/21.*

1 to elongate – verlängern
2 kafir – an offensive word used by Muslims to refer to a person that is not a Muslim
3 deluded – misled
4 to pay heed – to pay attention to
5 respite – *hier:* (temporary) relief
6 CCTV cameras – Video-Überwachungssystem
7 spreading his custom – *hier:* an unterschiedlichen Standorten einkaufen

Assignments

1. Summarize the text. (Material) (30 BE)
2. Explain Hassan's attitude towards modern British society and relate it to the attitude(s) of other British people with an ethnic background in material (fiction/non-fiction) discussed in class. (40 BE)
3. Electronic/digital surveillance? Discuss the tension between the protection of individual rights and the discovery of extremist tendencies or activities. (30 BE)

Lösungsvorschläge

Teaching modules referred to:
The task relates to the teaching module The United Kingdom *(Q 2), with particular reference to the topics* social structures, social change. *The assignments also extend to the thematic focus* Science and Technology *(Q 1) with the topic* electronic media.

1. *In your summary the essence of the given text should be presented briefly and precisely. Keep the general conventions of a summary in mind: present tense, no direct speech and quotations or comments.*
   Step 1 *Begin your summary with an umbrella statement giving the author and title of the novel, the type of text and the year of publication. Briefly refer to the contents of the excerpt, concentrating on the author's observations, his feelings and convictions.*
   Step 2 *Only refer to the most relevant aspects and structure your summary well.*
   Step 3 *Your text should be one third of the length of the source text at a maximum.*

   The excerpt from Sebastian Faulks' novel *A Week in December* is about a Muslim on his way to assemble parts of a bomb. Taking a ride on one of the London Underground trains, Hassan al-Rashid observes his fellow passengers from different ethnic backgrounds.
   As a devout Muslim, Hassan only feels contempt for the unbelievers, the *kafir*. He despises them for their blasphemous behaviour, their lack of values and morals and the fact that they have lost their belief but still tend to use churches for weddings, christenings and funerals out of tradition. He believes that Christians are no longer interested in their salvation and are misled in their egotistical lifestyle. Hassan cannot understand these people and feels alienated from them. He is determined to build a bomb and has already made a plan to overcome all obstacles in his path when acquiring the necessary constituents. *(145 words)*

2. ***Step 1*** *You are asked to explain Hassan's negative attitude towards the modern Western society in which he grew up: Give evidence from the excerpt at hand by examining Hassan's thoughts and behaviour.*
   Step 2 *Comparing Hassan's attitude and convictions to those of other British people from an ethnic background, either refer to fictitious characters from literary texts (e. g. Natalie Black in Zadie Smith's latest novel* NW*) or real issues you learned about in class (e. g. the problem of the Sharia Courts). You can draw upon a variety of beliefs and convictions as well as an analysis of the current situation in Britain.*

   Hassan al-Rashid is described as a committed member of the Pudding Mill Lane Mosque who takes his Muslim beliefs very seriously and judges people's behaviour from a strictly religious point of view. During his ride on the London Tube, he witnesses his fellow passengers showing behaviour that he considers typical of the godless Western society. Two white teenagers make a show of kissing each other in public, which offends him and challenges his cultural convictions (cf. ll. 6–8). Similarly,

the conduct of a black-skinned youth makes him feel uneasy due to the young man's body language. He is "leaning forward" (l. 9), listening to quite loud and aggressive music and seems ready to jump at anybody who does not take care to avoid eye contact (cf. ll. 9–12). Some European and Japanese tourists on the train make Hassan wonder why they do not fulfil their religious duties and go to church on a Sunday (cf. ll. 13–15). To Hassan, all these people are typical examples of a society that has long lost its faith and turned its back on religious principles both in public and private life. His attitude is based on generalisations and a subjective perception that makes him condemn all kinds of behaviour that deviate from his strong beliefs and sets of values. Hassan cannot tolerate these differences even though they are part of mainstream lifestyle in Britain. He is convinced that these blasphemous people are misled as they have sacrificed their chances of eternal life for the petty pleasures of life on earth (cf. ll. 18/19, 29/30).
The reasons for Hassan's deeply rooted dislike of Western lifestyle are to be found in Glasgow, where he grew up. He seems to have felt lost for a long time in the society of people and several times he refers to non-believers as "*kafir*" (ll. 17, 21, 26). Only the truly devoted members of the Pudding Mill Lane Mosque and his "group" (l. 28) of possibly fanatic Muslims are respectable to him (cf. ll. 28/29). Over the years, Hassan has developed a strong urge to punish *kafir* society. He is probably on a suicide mission, thus taking justice into his own hands.
Hassan's could be a typical story of a second-generation immigrant unable to understand his parents' attempts to assimilate into a society whose values he abhors. Looking for his roots, he might have got in touch with fanatics who managed to turn his feelings of alienation towards Western society into open hatred. Clashes between the host and immigrant societies as shown in Hassan's story are an issue in some areas in Britain. Typical examples of this are the Sharia Courts, whose decisions follow the laws of the Koran. Quite often, they contradict the British law system and might even violate human rights. There have been cases where a divorce was granted by a British judge due to domestic violence. Later, the decision was overturned by a Sharia Court. Problems are difficult to avoid, especially for conservative immigrants who insist that their children follow religious rules and would rather obey to the Sharia Court's decisions. From a legal point of view, two different kinds of law cannot exist in one country and national law needs to be obeyed by all citizens regardless of their ethnic background.
One of the most prominent contemporary British writers from an ethnic background is Zadie Smith, who frequently gives us an insight into the struggles of immigrants through her novels. In her most recent novel, *NW*, Smith depicts young second- and third-generation Jamaican immigrants, such as Natalie Black, a successful lawyer. Natalie has changed her name as Keisha sounded more middle-class to her. Natalie despises people from her own generation and ethnic background who blame the mainstream white culture for their own lack of success. Through imitating her host society perfectly, Natalie has made it from rags to riches and seems to have lost touch with her cultural roots entirely. Thus, she chose a completely different way from Hassan to deal with clashes between her family's Jamaican traditions and British mainstream society.

(683 words)

3. ***Step 1*** *First of all, you need to explain briefly in which cases people are being watched or even spied upon through the use of electronic or digital media.*
   Step 2 *Then focus on showing the tension between the need for public security and the protection of individual rights.*
   Step 3 *Do not forget to state your own opinion on that matter. Give reasons for your opinion.*

   Hassan's case has shown how the lives of innocent people might be endangered by the actions of political or religious fanatics, such as through a suicide bombing, for example. To protect their citizens, many European states feel the need to tighten security. However, many people have mixed feelings concerning these measures. There is a certain tension between the demand to respect individual rights and the state's duty to protect its citizens from extremists, which shall be discussed in detail in the following.
   Since 9/11 protective measures have changed travelling, domestic policies and border controls considerably. One of these security measures is the use of Closed Circuit Television (CCTV) that has been installed in Britain to monitor public places and areas prone to criminal activity. According to statistics of the Metropolitan Police, CCTV helped to identify over 2,500 wanted people in 2010 and thus contributed to protecting the public. Of course, the individual rights to privacy are infringed in this case, but greater harm might have been prevented.
   Recently, the activities of the US National Security Agency (NSA) have caused an international outcry and shown how meticulously individual data can be collected and abused at state level. In this case, individual rights are neither protected nor is there any intention to take action to make sure this never happens again. The US administration merely promised that citizens from friendly foreign countries will only be spied on if national security is at stake.
   Both examples illustrate the dilemma in which many states currently find themselves: the citizens' right to privacy versus their need for protection against terrorist attacks, for example. However, whereas the first case shows that this balance can be kept within reasonable limits, the second incident serves as an example for failing to do so. If not even friendly foreign countries can trust one another and innocent people can be spied upon without any valid suspicion, democracy fails its citizens in the extreme. In this case, the measures taken to protect the citizens infringe their basic human rights. I cannot but doubt that the end justifies the means here.
   As far as I am concerned, there are some surveillance measures which need to be taken and everybody should contribute his or her share to making the country safer. We are watched by CCTV in public places, but we can decide if and how long data is stored as we can vote for parties that share our opinion on the issue. We can use additional electronic gadgets to protect ourselves against the abuse of our personal data or simply be careful about how much personal information we reveal on social networks. However, we are helpless if our rights are infringed on an international basis. This is where we need protection from the state, such as through an international no-spy agreement, for example. Unfortunately, there still seems to be a long way to go.

   (482 words)

Abiturprüfung Hessen 2014 – Englisch Grundkurs
Vorschlag C – Kombinierte Aufgabe: The Web

Teil A: Aufgabe zur Sprachmittlung

Material 1: US-Schnüffelprogramm Prism – Setzt Google, Apple und Facebook endlich Grenzen!

Datensammlungen, Steuerprivilegien und Vermarktungsmonopole: Amerikanische Internetkonzerne haben unsere Wirtschaft revolutioniert. Doch ohne Schranken gefährden sie den Wettbewerb

Es ist ein heikles Thema – nicht erst seit Prism. Das Schnüffelprogramm des amerikanischen Geheimdienstes NSA hat leichten Zugriff auf Server und Datenleitungen weltweit tätiger US-Internetkonzerne wie Google, Facebook, Skype oder Apple. Die Konzerne müssen in den USA auch die Daten ihrer deutschen Kunden den Geheimdiensten zugänglich machen. US-Bürger dürfen diesen Zugriff vor Gericht überprüfen lassen. Wir Deutsche können das praktisch nicht. Damit sind wir so rechtlos wie in einer Militärdiktatur. [...]

Die marktbeherrschende Stellung der US-Konzerne in unserem Privat- und Wirtschaftsleben macht es fast unmöglich, der unheimlichen wie unkontrollierten Überwachung zu entgehen. [...]

[Google und Co.] diktieren die Bedingungen, unter denen auch andere Anbieter am Markt agieren können. Das ist gefährlich: Denn Marktwirtschaft basiert auf Freiheit und Wettbewerb, der [...] aber unter fairen Rahmenbedingungen für alle Teilnehmer garantiert sein muss. Deshalb darf eine Diskussion über gefährliche Monopole gerade für Anhänger einer freien marktwirtschaftlichen Ordnung kein Tabu sein. Sie ist längst überfällig. [...]

Es kann dabei nicht darum gehen, etwa den genialen Erfolg von Apple mit zunächst fast konkurrenzlos einfachen Produkten wie dem iPhone zu verteufeln. Die Politik darf keine Konzerne zerschlagen oder in die unternehmerische Freiheit eingreifen. [...]

Kontraproduktiv oder gar schwachsinnig wären Scheinrezepte mit den Zutaten Nationalismus, Anti-Amerikanismus oder Sozialismus. [...] Auch innere Einsicht wäre wichtig – bei Politikern wie Konzernlenkern. Denn ein kurzfristiger Vorteil kann sich langfristig in einen Nachteil verkehren: Arroganz und Ignoranz führen zu Erstarrung.

(240 Wörter)

Frank Thewes, "US-Schnüffelprogramm Prism: Setzt Google, Apple und Facebook endlich Grenzen!", FOCUS Online, *20. 06. 2013; http://www.focus.de/finanzen/steuern/thewes/us-schnueffelprogramm-prism-setzt-google-apple-und-facebook-endlich- grenzen_aid_1020003.html (abgerufen am 23. 06. 2013).*

Assignment

Your Spanish exchange partner is going to take part in an international discussion forum on the NSA Prism spying scandal. He has asked you for help in trying to find information on the subject.
Outline Thewes' view on the topic. (Material 1)

Teil B: Verkürzte Textaufgabe

Material 2: Is Google Making Us Stupid? – What the Internet is doing to our brains

Over the past few years I've had an uncomfortable sense that someone, or something, has been tinkering with my brain, remapping the neural circuitry[1], reprogramming the memory. My mind isn't going – so far as I can tell – but it's changing. I'm not thinking the way I used to think. I can feel it most strongly when I'm reading. Immersing myself in a book or a lengthy article used to be easy. My mind would get caught up in the narrative or the turns of the argument, and I'd spend hours strolling through long stretches of prose. That's rarely the case anymore. Now my concentration often starts to drift after two or three pages. I get fidgety, lose the thread, begin looking for something else to do. I feel as if I'm always dragging my wayward[2] brain back to the text. The deep reading that used to come naturally has become a struggle. […]

[M]edia are not just passive channels of information. They supply the stuff of thought, but they also shape the process of thought. And what the Net seems to be doing is chipping away my capacity for concentration and contemplation. My mind now expects to take in information the way the Net distributes it: in a swiftly moving stream of particles. Once I was a scuba diver in the sea of words. Now I zip along the surface like a guy on a Jet Ski. […]

[A] recently published study of online research habits, conducted by scholars from University College London, suggests that we may well be in the midst of a sea change[3] in the way we read and think. As part of the five-year research program, the scholars examined computer logs documenting the behavior of visitors to two popular research sites […] that provide access to journal articles, e-books, and other sources of written information. They found that people using the sites exhibited "a form of skimming activity", hopping from one source to another and rarely returning to any source they'd already visited. They typically read no more than one or two pages of an article or book before they would "bounce" out to another site. Sometimes they'd save a long article, but there's no evidence that they ever went back and actually read it. […]

Thanks to the ubiquity[4] of text on the Internet, not to mention the popularity of text-messaging on cell phones, we may well be reading more today than we did in the 1970s or 1980s, when television was our medium of choice. But it's a different kind of reading, and behind it lies a different kind of thinking – perhaps even a new sense of the self. "We are not only *what* we read," says Maryanne Wolf, a developmental psychologist at Tufts

University. […] "We are *how* we read." Wolf worries that the style of reading promoted by the Net […] may be weakening our capacity for the kind of deep reading that emerged when an earlier technology, the printing press, made long and complex works of prose commonplace. *(502 words)*

1 neural circuitry – Vernetzung des Gehirns
2 wayward – eigensinnig
3 sea change – radikaler Wandel
4 ubiquity – Allgegenwärtigkeit, ständige Verfügbarkeit

Assignments

1. Summarize the text. (Material 2) (30 BE)

2. Explain the role of reading and/or of the media in models of the future (utopian/dystopian societies) dealt with in class. (35 BE)

3. *"The faster we surf across the Web – the more links we click and pages we view – the more opportunities Google and other companies gain to collect information about us and to feed us advertisements. Most of the proprietors of the commercial Internet have a financial stake in collecting the crumbs of data we leave behind […]"*
   (N. Carr, in the same article)

   Comment on this statement and its implications. (35 BE)

In die Gesamtbewertung gehen die Ergebnisse der Teilaufgaben A und B im Verhältnis 1:3 ein.

Lösungsvorschläge

Teaching modules referred to:
The texts at hand refer to the teaching module Science and Technology *(Q 1), focusing in particular on the topic* electronic media. *Another important point of reference is the teaching module* Order, Vision, Change *(Q 3) with the topic* models of the future (utopias, dystopias).

Teil A: Aufgabe zur Sprachmittlung

Step 1 *Read the text carefully and highlight all aspects that hint at the author's view on the topic.*
Step 2 *Identify the main topic of the article. Make this point your "umbrella sentence" which provides the reader with the argumentative key to the article.*
Step 3 *Write a maximum of 100 words. The text should be about 1/3 of the original article. Do not forget to present your information in form of a letter to your Spanish friend. Refer to relevant information only.*

Dear Pedro,

I have found an article on the "US-Schnüffelprogramm Prism", published in *Focus Online* on June 20th, 2013 to help you prepare for the discussion on the NSA scandal. The author points out the consequences of increasing data processing from global players like Google and Facebook to the NSA.
Unlike US citizens, Germans cannot legally stop the monitoring of their data. The monopoly position of US companies provides no escape from constant observation and limits the free market economy. Thewes demands an open discussion on monopolies focusing on the moral insight instead of political interventions.
Hopefully, this was helpful.

Best wishes,
Yannik *(103 words)*

Teil B: Verkürzte Textaufgabe

1. ***Step 1*** *The first thing you should do when dealing with a non-fictional text is to go through it thoroughly. It is necessary to grasp the main thesis, i. e. the negative influence of the Internet on the human brain. Then make a list of the arguments provided by the author (i. e. the Internet as a source of information, its impact on data processing in the mind and the capability of deep reading). Try to put the single aspects in a logical order to structure your ideas.*
   Step 2 *Begin your text with an umbrella sentence. Avoid personal comments and quotations in the summary. Remember to write in the present tense and use your own words. The length of your summary should be about 1/3 of the original.*

The article "Is Google Making Us Stupid? – What the Internet is doing to our brains" published in *The Atlantic Magazine* in 2008, deals with the negative impacts both surfing the Internet and text messaging have on the human brain.
According to the author, both activities reduce our ability to concentrate and capacity for deep reading. He blames modern media for this phenomenon. On the one hand, the Internet provides the reader with innumerable sources of information; on the other hand it transforms the human mind by creating the expectation that information must be absorbed swiftly. Thus, people nowadays fail to concentrate on longer text passages anymore, as a research project at the University College London revealed lately. Instead of deep reading, people tend to hop from site to site reading no more than a few pages and rarely read the information they have saved.
Psychologists like Maryanne Wolf from Tufts University express their concern about the threatened intellectual capacities of the contemporary human being. *(164 words)*

2. *Now the role of reading and the media as portrayed in materials dealt with in class should be explained. The task already suggests works focusing on utopian or dystopian societies.*
   Step 1 *Choose suitable novels from your coursework. Make a list of the aspects that are related to the role of reading and the media in dystopian societies.*
   Step 2 *Structure your ideas, think of criteria to organize your paragraphs and then start writing.*
   Please note: *The following essay focuses on the dystopian novels* Brave New World *by Aldous Huxley and* Fahrenheit 451 *by Ray Bradbury. Another possible example would be* Nineteen Eighty-Four *by George Orwell.*

Reading and the media are important topics in many works of literature. Reading is mostly considered an intellectual activity and a cultural achievement. Consequently, texts are not only seen as a source of information, knowledge and wisdom, but also as an important instrument of education. Free and self-determined individuals and autonomous political citizens can only exist in a liberal-minded society with uncensored information tolerating various points of view. Thus, the media in general and texts in particular might be said to contribute to scientific progress, political equality and social stability.
On the contrary, in the fictitious totalitarian states shown in dystopian novels, reading is rather considered a threat. It is either banned completely or reduced to a mindless free-time activity, while non-print media, e. g. television, is used as a tool of political propaganda.
In the novel *Fahrenheit 451* by R. Bradbury, it is considered a major crime to own books as they are supposed to trigger anti-social behaviour and thinking. Since they are considered to be the root of all political evil, it is the task of the fire brigade to track down people in possession of books. While the books are burned, their owners are killed. Television as a compulsory form of mass entertainment has replaced reading and any other form of intellectual activity completely. The power of the authoritarian government ruling the country is based on its citizens' ignorance and the artifi-

cial feeling of happiness created by the dull TV programmes. The protagonist Guy Montag's wife, Mildred, is a good example of this phenomenon: She spends hours in front of the TV performing role plays either alone or with friends and has become an indifferent couch potato. It seems as if the incapacitation of Montag's fellow citizens is not the work of a totalitarian government entirely, but has been brought about by humanity itself: According to Captain Beatty, Montag's fire chief, it has been a slow process caused by the increasing neglect of literature, culture and independent thinking. Apparently, people preferred an artificial concept of equality as they believed it to guarantee stability.

In his novel *Brave New World*, Aldous Huxley explores the same idea as Bradbury did. The ideology of the government is based on a perverted idea of stability, identity and community. It relies on the immediate satisfaction of wishes as well as cheap forms of entertainment, consumerism and promiscuity. In order to guarantee a conflict-free life and a smooth, unobstructed functioning of society, the government uses genetic engineering and conditioning as basic means of education. In the view of the World Controllers, who run the state, all kinds of books and art disturb people's minds; they create emotional disorder and thus cause social instability. Consequently, works on history and literature have been banned from society. Children are conditioned to hate books at a very early age and to prefer erotic games instead. Art and literature have been replaced by the so-called "feelies" (a special kind of movie, in which the audience can literally feel the substances the hero touches) and propaganda slogans are created to encourage people's desire for the consumption of mass-produced goods, free-time activities and promiscuous behaviour. In contrast to books, the mass media is used to shape people's taste, thinking and feelings and to create the expected form of sameness. In general, the citizens have accepted this new life due to conditioning and show withdrawal symptoms when hindered from the consumption of the intellectual fast food.

Both dystopian societies are totalitarian and redefine education as a means to create a society that keeps its citizens uninformed and disinterested in all matters of the state. Mass media like the cinema, the radio and television are used for dull entertainment to create demands which can easily be satisfied and make people superficially happy. Books on the other hand are considered dangerous as they encourage independent thinking and are therefore banned. *(647 words)*

3. ***Step 1*** *First read the statement your task is based on and make sure you understand its meaning. Sum up the quote in your own words.*
   Step 2 *Keep in mind that you need to express your own opinion when commenting on the quote. Collect arguments that support or speak against the author's position. To make your own line of argument more plausible, you need to give reasons for your opinion and find convincing examples. If you can think of recent examples of public interest, do not hesitate to include them. Try to avoid stereotypes and prejudiced ideas.*
   Step 3 *Structure your ideas in paragraphs and then start writing.*

The author's statement is a warning of using the Internet too thoughtlessly. According to Carr, global digital players like Google deliberately take advantage of their technological know-how to create consumer profiles and to offer new shopping opportunities. The traces we leave on the Web are used by the digital companies to pro-vide individual advertisement campaigns out of huge financial interests.

I only partly agree with Carr's statement. I would like to point out that the Internet surely has its positive sides: It helps people overcome geographical and physical limits and provides an infinite source of information. It cannot be doubted that the Internet has made us more independent and keeps us up-to-date all around the world. Unfortunately, these positive examples of technological progress are overshadowed by the negative aspects such as economic exploitation, political paternalism or the incapacitation of the mind, if the Internet is used thoughtlessly.

First of all, the easy access to information can create a feeling of security and easily deceive people about their true intellectual abilities. As described in the text "Is Google Making Us Stupid?" many people hop from site to site without actually questioning the information provided. This way they might slowly but surely lose their capacity to concentrate and process difficult information in everyday life. This can also have deep political and economic implications. Especially people who do not interact a lot personally outside the digital world might easily be manipulated by one-sided information or even propaganda.

Furthermore, there is the fact that the Internet has a perfect memory. Messages and comments once sent are stored forever and can be reactivated. In many cases, there is not even need of special software as links to deleted information might still exist, e. g. on social networking sites or friends' profiles. Thus, future employers can easily find out about compromising details of one's personal life.

Finally, there is no way of knowing whether personal data is processed and towards which sources. For example, recent events have shown that the Internet has been successfully undermined not only by Internet giants with economic interests, but also by secret services from all over the world which randomly access our data without any evidence of wrongdoing as has been proved by Edward Snowden. Apart from the intelligence services, criminals use all kinds of tricks, such as creating misleading e-mails from friends allegedly in need to make us perform financial transactions. They might even hack our online banking accounts. Many people feel manipulated and demand that new measures to control the way personal data is processed need to be found and applied internationally to better protect users against the infringement of their privacy.

All in all, those negative implications should not be underestimated. Still, it depends on every single person whether those potential threats will also have a negative impact on the individual. Simply being aware of mass surveillance, the need for critical thinking or the dangers in sharing information on social media sites can do a lot of good. Knowing how to protect oneself and one's data might go a long way. Personal contact and a legislative framework may provide additional support. *(523 words)*

Whitegirl

I was not always a white girl. I used to be just Charlotte. A person named Charlotte Halsey. But when I met Milo, when I fell in love with him, I became White, like a lit lightbulb is white. In the mirror there is my skin the color of sand, hair the color of butter, eyes blue as seawater. Just so bleachy white I am practically clear. In a heavy snowfall you'd have trouble picking me out. Even in the photographs from my so-called glamourpuss[1] career it's hard to tell which blond is me. There I am, with what they called my "trademark smile", square teeth like Chiclets[2], my "fresh" look; there's my "peaches-and-cream" complexion, more cream than peach, all of them talking about me as if I were food.

Milo is black, what they call "Black," only not to me. Brown skin, a shade the newer catalogues would call cinnamon stick or cocoa. The palms of his hands are pink as the lining of seashells, and his eyes are green like beer-bottle glass. You in your sunny kitchen, or your office cubicle, or your local shopping mall may not mind that the word black means "soiled and dirty," means "characterized by the absence of light" or "evil or wicked or gloomy". God knows, I could have cared less myself, before.

Look it up, Milo says, it's what you hear of black: blackmail, black magic, black sheep, black mark, black-hearted, et cetera. You see what I'm saying? When I argue about this, somebody white always says: "Get over it. It's a word. It describes a group. Why be technical about it?" It's not a word, I think now. It's sticks and stones[3]. […]

Names will never hurt you. Ha. Names like Black, like White, will break your heart, crack it open like a melon dropped on the pavement.

Milo is always preceded by Black, and trailed by it. He wakes up in the morning to "the first black Olympic skier", "the black athlete who …" and goes to bed at night with it, "the blond wife of black Olympian Milo Robicheaux". His skin, my hair. Our little piano key relationship.

To me he has mostly been just Milo. I stopped seeing skin a long time ago with him. They say lovers can find each other just by using the sense of smell; that we are all really animals in that way, no different from dogs or deer. I know it's true. I could find Milo blind in a room of men, would know him by the keloid[4] lump of a vaccination scar on his left upper arm, would know by touch the large knees knotted from surgery, the smell of him like pine trees in a snowy wind. I could pick him out just by the slow rising of his breath while he slept. So no, until this happened, up to the time of the assault, he was not black, not to me. He was Milo. He was my husband; a man – famous, okay – who liked parties and dancing, fast music, high speed of any kind. We had fights that made me cry. And him, too, he cried, too. We had long weeks without talking. We had days of just fucking, all day in bed, eating and drinking and never getting dressed. He made me smile.

He cut a smile, they said, in my neck.

Tried to kill me with broken glass, a smashed wine bottle, one of a couple I emptied that night. But he botched it, mostly hitting the silver necklace, missing the important arteries and veins, which saved my life, but not my voice. Left me mute and bleeding on the marble tiles of our kitchen floor.

Or maybe he didn't. I don't know. Jesus, I just really don't know if he did, so get away from me please. Leave me alone with your questions.

Milo loves me, I believe this. He loved me, he always said, more than he loved himself, more than he loved screwing, or skiing deep powder, or drinking dark cognac. Loved me. Despite her. I believe that. In his jail cell where he is now he writes to me: "Charlotte, please, please." He wants me to come see him, says if I'll only come, he knows I'll see the truth. Will see, goddammit. But if I go – if I could go, if I would – would I find out anything new? Who would my eyes discover? Milo of my dreams, of my whole early life and up till now? My Milo? Or the man who cut me up? […]

They say. It's certainly possible. It's certainly something he might have resorted to, what with all those green algae blooms of jealousy between us, the he-said, she-said of it, not to mention living through all our fucked-up, zebra-stripe, history-book history played out right here in the spotlight of our breakneck lives.

The police say: no question. They run down the evidence: My blood on his hands. Cuts on his hands. Glass on his shoes. The fact that he resisted arrest. Punched a cop. They found him leaning over me where I lay bleeding.

He says: He was trying to save me, breathe some air back into my lungs, kiss of life, mouth to mouth. So did he try to kill me? I don't know. Maybe. If he didn't, though, who did? It was dark when it happened, and I was out of it, messed up, messed up.

(915 words)

1 glamour-puss – a person (especially a woman) who is very attractive but not talented, smart, serious, etc.
2 Chiclets – chewing gum brand
3 sticks and stones – from the nursery rhyme: "Sticks and stones will break my bones, but names will never hurt me."
4 keloid – scar tissue

Assignments

1. Delineate the facts of the case narrated by Charlotte Halsey. (Material) (25 BE)

2. Compare the narrator's relationship to Milo to that of Othello and Desdemona. (45 BE)

3. *"The familiar space between 'white' and 'girl' has gone missing in this novel's title, leaving not the smallest space in which to maneuver, as if a girl and her color are one circumstance, one fact, not two – a condition as much as a life. The word's construction, tight and claustrophobic, speaks to the color boxes that function, still, as a fact of American life."*

   (Lynna Williams: Exploring the possibility of racial colorblindness. From Chicago Tribune 02/24/2002. © 2002 Chicago Tribune. All rights reserved. Used by permission and protected by the Copyright Laws of the United States. The printing, copying, redistribution, or retransmission of this Content without express written permission is prohibited.)

   Comment on the "color boxes" that apparently still function in American society. (30 BE)

Lösungsvorschläge

Teaching modules referred to:
The task relates to the teaching module Them and Us *(Q 1), with particular reference to the topic* the one-track mind *(e. g. prejudice, intolerance). The context also refers to the module* Extreme Situations *(Q 2) with the topic* love and happiness *and asks for comparisons to William Shakespeare's play* Othello.

1. *The first assignment asks you to present the central elements of the line of action in the given text to create a vivid image of the situation described.*
   Step 1 *Begin your text with an umbrella sentence: Give the author, the title of the novel and the year of publication. You should also refer to the central event described in the excerpt.*
   Step 2 *You can structure your essay chronologically or by following the way the first-person narrator gives evidence of the attack she suffered. If you choose the second possibility, bear in mind that the incident is narrated in retrospect and as part of the narrator's emotional flashback.*

   In this excerpt from *Whitegirl* by Kate Manning, published in 2001, the first-person narrator Charlotte Halsey describes her relationship to her husband Milo and his alleged attack on her. Charlotte points out that she only became aware of her white skin colour when she fell in love with black athlete Milo. Up to then it had not mattered to her but rather furthered her career as a model. She describes in detail how Milo seemed haunted by his skin colour and took offence at the media coverage of his athletic successes that frequently referred to the different colour of the couple's skins.

The narrator herself seems to remember nothing of the night of the attack. While the police suspect Milo of cutting Charlotte's neck with a broken bottle, she was too drunk to recall details of what really happened. Evidence suggests that Milo was found next to his wife with his hands full of blood and cuts and that he had glass splinters on his shoes. He injured the policeman who came to arrest him and claimed to have been trying to reanimate her. Luckily, a silver necklace saved Charlotte from a lethal wound in the end, but her voice seems to be gone forever.
Charlotte herself is in doubt now as to whether she should follow Milo's pleas to visit him in his prison cell, believe in his love for her again and let him show her the truth. She recalls the instances of jealousy and betrayal in their restless relationship and can neither believe Milo nor trust her own blurred recollections. *(263 words)*

2. ***Step 1*** *Before drawing any comparisons to Othello and Desdemona, a detailed analysis of Milo and Charlotte's relationship is needed. You should especially focus on the nature of their partnership and the impact of the different colour of their skins.*
Step 2 *Then find similarities and differences by comparing Milo and Charlotte to Othello and Desdemona concerning the development of the relationship, the role of public opinion and the way both stories end.*

In retrospect, the protagonist, Charlotte, recalls instances of violence and jealousy that seem to have dominated her relationship with Milo in the end (cf. ll. 52–55), but also remembers that they once had a deep love for each other (cf. ll. 35–37). Milo's skin colour did not matter to Charlotte, and it was only after the assault that she became aware that the press labelling Milo as a black sports person might have caused a feeling of inferiority in him. Charlotte remembers Milo referring frequently to the negative meanings of the word "black" (cf. ll. 13–15). After the assault, she feels haunted by the public interest in the case and is unsure what to make of Milo's motives and the role he played in the attack.
There are several parallels to the protagonists in Shakespeare's play *Othello*, who also lead a "piano key relationship" (cf. l. 25) under the wary eyes of the Venetian public: Just like Milo, Othello is a victim of prejudice and clichés, though at first he does not seem to be aware of the stereotypes used frequently and in public in connection with black people in general and himself in particular. Desdemona's father, for example, accuses Othello openly of having used black magic to seduce his daughter and Othello even has to defend his rightful marriage in front of the Duke. On the other hand, both Milo and Othello are in a distinguished position in their respective societies and their achievements are held in high public esteem: Milo is a famous skier (cf. l. 23), Othello a foreign general whose services are indispensable to Venetian society.
Neither Desdemona nor Charlotte minds her partner's skin colour, though. Desdemona even strongly defends her decision to marry 'the Moor' before her father at the Duke's court, although she is well aware of the scandal she is causing: Othello is highly respected and his service essential to Venetian society in the struggle against the Turks, but as a foreigner with dark skin he is an outsider and the subject of gossip and

prejudice. However, like Charlotte, Desdemona is determined to put her own happiness before the conventions of her close-knit community, thereby displaying a rather modern attitude.

As far as the differences between the relationships of the two couples are concerned, the reasons for the misunderstandings in both relationships and their outcome vary a great deal. In *Othello*, it is clearly Iago's evil influence on Othello – and Othello's willingness to be manipulated – that causes a chain reaction: Othello, blinded by jealousy and an increasing feeling of inferiority violently attacks Desdemona and kills her, in spite of her pleading her innocence. Milo also takes offence at references to his and his wife's skin colour in the media (cf. ll. 22–25). Though his motive for attacking Charlotte – if he was the assailant at all – does not become clear in the given text, Charlotte hints at jealousy being an issue between them (cf. l. 53). Whereas Othello kills Desdemona and himself, Milo and Charlotte survive and are able to reflect on the assault. Although Milo claims to love her still, from that moment onwards, Charlotte is no longer able to ignore the differences between black and white people (cf. l. 15).

The role the two women play in the course of the action is different as well. Whereas Charlotte apparently contributed to the miserable state of her marriage due to her drinking habits (cf. ll. 39 /40) and frequent arguments with her husband (cf. ll. 53/54), Desdemona's role is less active and is disputed even amongst scholars. Some critics have claimed that Desdemona – as emancipated and modern as she would have appeared in her time – failed to see how much she must have infuriated Othello by insisting that he should re-install his former lieutenant Cassio to his old position. When Othello demanded an explanation for the lost handkerchief (a token of his love for Desdemona), his wife underestimates the importance of the issue and puts Othello further under pressure to help her friend Cassio.

All in all, it has to be said that all comparisons are only based on a short excerpt in Milo and Charlotte's case, whereas a great deal more is known about Othello and Desdemona. *(708 words)*

3. ***Step 1*** *Paraphrase the meaning of the quote using your own words.*
Step 2 *Then decide to what extent the "colour boxes", i. e. prejudices and discrimination based on racial differences, are still apparent in American society.*
Step 3 *Before you start writing, think of materials and literature you have encountered in class and use them to support your argument (e. g. the abolition of slavery, the achievements of the Civil Rights Movement and Barack Obama as the first black US president). It would also be possible to refer to novels read in class, such as* Beloved *or* A Mercy *by Toni Morrison, to illustrate the situation of the blacks before and after the abolition of slavery, although this is not part of the solution here.*

In the novel's title *Whitegirl* the usual space between the adjective and the noun is left out, which seems to indicate that the protagonist and her experiences are closely connected to her being a white person. To Charlotte, her skin colour has only become important after being allegedly assaulted by her black husband Milo. She assumes that Milo's aggressive behaviour might have been triggered by his feeling of inferiority due to the colour differences between them. Thus, Milo might have become a victim of "colour boxes" that still exist in their society, as he could not separate the personality of his wife from the colour of her skin, just as the media could not see beyond his skin colour no matter how successful he was as an athlete.

In fact, the discrimination against people with a different skin colour has had a long history in the US and Lynna Williams' quote indicates that this is still an issue nowadays. The long struggle of black Americans to be given the same rights as their white fellow citizens seems to prove Williams right. Although slavery was abolished throughout the US in the wake of the American Civil War in the 1860s and blacks were granted civil rights by the Constitution in 1868, the social conditions of the former slaves did not improve greatly. As sharecroppers they quite often had to work for their previous white masters and did not gain real freedom. Additionally, "black codes" were introduced, which infringed the rights of black people at state level. It took another one hundred years for the Civil Rights Movement to finally put an end to the political and social discrimination of blacks both in the workplace and in private life. The first "legal" layer of the colour boxes blacks were caught in was finally broken.

Still, besides the boxes imposed upon blacks from the outside, colour boxes also existed within the black community depending on the political views of the single community member. This is best explained by taking a look at the development of the Civil Rights Movement: Initially sparked off by Rosa Parks, who refused to give her seat to a white passenger on the bus, the fight for civil rights for blacks was soon led by Baptist preacher Martin Luther King and activist Malcolm X. Only in hindsight, however, did this process seem to work smoothly: There were heated discussions in the leadership and open hostility when Malcolm X's Black Panther Movement resorted to acts of open violence. The discussion about the right "black" strategy in the fight for civil rights divided the black community from within; Williams' colour boxes continued to exist in people's minds.

As Lynna Williams has pointed out, the racial divide in the US is still quite obvious even today. Chicago, the third-largest city in the US, for example, is divided into a black South Side and a North Side, which is more affluent and predominantly white. On the other hand, it is from this city that the first black US president Barack Obama emerged, who used to work as a lawyer for a partnership specialising in civil rights issues. Whether Obama's success indicates the beginning of a new era without colour boxes remains to be seen, but it can be taken as a sign of hope for the future of the US and its citizens. *(560 words)*

Abiturprüfung Hessen 2014 – Englisch Leistungskurs
Vorschlag B – Multiculturalism

Material 1: The failed promise of multiculturalism – Policy has not served Canada or immigrants well

Forty years ago, then prime minister Pierre Trudeau created a policy – multiculturalism – that allowed immigrants to become Canadians by integrating into our culture without abandoning their own. He was trying to differentiate between Canadian integration and American assimilation (the melting pot). Without question, integration is more appealing to newcomers than assimilation. But is it working for everyone?

In reality, the origin of multiculturalism predates the 1970s. It all started when the first Canadian prime minister, John A. Macdonald, said: "A British subject I was born and a British subject I will die." While Thomas Jefferson[1] decided to create America and Americans, Macdonald decided to create Canada but not Canadians.

A geographic compromise between the French and English people was found (by creating Quebec), while later they tried to assimilate the aboriginal population with cruel policies. When they failed, they showered the native peoples with money and accords that were never respected, creating the results we see today.

Within this shaky balance, Canada was built with the help of immigrants who created important infrastructure like railroads, and there is no doubt that Canada is a success story.

However, in the second part of the last century, these immigrants were becoming restless because they couldn't be anglophone, francophone or native and they became a social problem because they had no national identity in a country they now considered theirs.

The multiculturalism of Pierre Trudeau filled that gap by creating a social container for the "ethnics," but what about integration?

It was impossible to integrate with the natives and very difficult with the francophones […], so the only real chance multiculturalism had to work was within English Canada.

Did it work? In my opinion, no. In fact, I would argue that the current system penalizes new and old immigrants. But multiculturalism became a mantra for the Liberals to secure votes from the "ethnics" and is now wielded by multicultural prophets who muzzle debate in order to protect their own interests.

They have erected a media and political firewall around the concept of multiculturalism (and immigration) that blocks any criticism of international criminals, dishonest consultants and sneaky individuals who take advantage of our generosity at the expense of those in real need of help or who are willing to come into our country to work and prosper with us.

This intransigence[2] is forcing Canadians, who in general have supported the policies of multiculturalism and immigration, to take a second look at them because they want to make sure that our country remains a destination for people in need of help, not a cow to milk.

I read in the *Globe and Mail*[3] a few weeks ago that "the positive link between multiculturalism and citizenship is further supported by comparing Canadian policy with that of the United States."

The article reported that while in the '70s, both in Canada and the U.S., almost 60 per cent of foreign-born residents acquired citizenship, by 2006 in the States that number was down to 42 per cent while in Canada it was up to 73 per cent, "one of the highest rates in the world."

Numbers don't lie but they can mislead. In fact, having a Canadian passport, doesn't mean one lives in Canada. For example, more than a million Canadians live in California and Florida and almost 2 million live in other continents. In 2003 (the numbers are higher now), there were 250,000 people with a Canadian passport living in Hong Kong. For most of these people, Canada is not their country, it's a life insurance policy, a place to rush to when in need of medical services or secure shelter.

Two summers ago, Ottawa had to spend $ 114 million ($ 94 million just for transportation) to repatriate 14,000 "Canadians" living in Lebanon. We sent planes and boats to bring them "home" – and most of them are now back there.

The numbers seem to imply Canadian multiculturalism is a better system than the American melting pot. However, the reality is that in the States, people like Cuomo, Dukakis, Ferraro and Pelosi[4] can go right to the top, up to the White House of Barack Obama, while I'm wondering when multicultural Canada can have at least a black mayor in Toronto.

At times I wonder whether multiculturalism is a policy to invite "ethnics" in or to keep them out. In the meantime, we keep writing cheques for people who are not even living in Canada. *(735 words)*

Angelo Persichilli, "The failed promise of multiculturalism: Policy has not served Canada or immigrants well", The Star, *07. 11. 2010.*

1 Thomas Jefferson – U.S. American President, 1801–1809
2 intransigence – Kompromisslosigkeit
3 *Globe and Mail* – Canadian newspaper
4 Andrew Cuomo, Michael Dukakis, Geraldine Ferraro and Nancy Pelosi – successful U.S. politicians with an ethnic background

Material 2

© 2005 Cox & Forkum

Assignments

1. Summarize the article. (Material 1) (20 BE)
2. Explain how Persichilli's intention is reflected in the cartoon. (Material 2) (45 BE)
3. *"The numbers seem to imply that Canadian multiculturalism is a better system than the American melting pot."* (Material 1)
   Compare the two concepts and comment on the author's statement. (35 BE)

Lösungsvorschläge

Teaching modules referred to:
The task is based on the teaching module Promised Lands: Dreams and Realities *(Q 3) with Canada as the country of reference, focusing on the topics* political *and* social issues. *The assignments also extend to the module* USA *(Q 1) with the topics* living together *and* political life, political issues.

1. ***Step 1*** *In the summary, the contents of the newspaper article at hand should be presented briefly. Remember to create an introductory sentence that informs the reader of the author, the title of the article, the year it was published as well as the topic.*
   Step 2 *Keep in mind that a summary requires the present tense. Avoid direct speech, quotations or comments. Your text should be one third of the length of the original.*
   Step 3 *Sum up the main reasons for the author's negative opinion on the way multiculturalism is practised in Canada (i. e. the lack of national identity, the abuse of Canadian social services, no chance of upward mobility for immigrants as well as the Liberals' failure to accept the truth) and present them in a structured form.*

   The article "The failed promise of multiculturalism" by Angelo Persichilli, published in *The Star* in 2010, harshly criticises Canadian immigration policy. The author mainly focuses on Canadian attitudes towards immigrants and the political concept of multiculturalism, which is in contrast to the American idea of assimilation, also referred to as "the melting pot". Although integration seems more attractive to newcomers than assimilation, the author questions whether the Canadian approach does in fact work for everyone.
   It is pointed out that Canada owes its present stance to immigrants but struggles to develop a national identity as the concept of multiculturalism requires everyone to remain as they are. As the Liberals especially reject any criticism of immigration policy, the situation is not likely to change in the near future, although Canadian generosity towards immigrants has been abused in the past. As far as the francophone and indigenous population is concerned, the author mentions that there are no such positive results as multiculturalism has achieved in the English-speaking part. He continues to argue that statistics allegedly proving the success of multiculturalism are in reality misleading as many Canadian passport holders do not even live in Canada anymore but exploit the advantages of Canadian citizenship. Furthermore, the author shows the two-faced nature of Canadian immigration policy: US politicians with an ethnic background hold influential positions to a much larger degree than in Canada. *(229 words)*

2. ***Step 1*** *Before you concentrate on the cartoon, the author's critical position regarding multiculturalism needs to be explained. It is necessary for you to quote from the text to give evidence of the author's line of argument.*
   Step 2 *Then describe the cartoon in detail and interpret it. Do not forget to relate the message of the cartoon to the concept of multiculturalism in general and the central ideas of Persichilli's article in particular.*

In the article at hand, the author questions the success of Canadian immigration policy throughout the text (cf. ll. 5, 20/21, 24, 58/59). He calls multiculturalism a "failed promise" (headline) and points out that the concept might actually prevent integration instead of encouraging it. Several reasons are given for the author's critical attitude. According to the author, attempts to reconcile francophone and anglophone interests remain futile, with special rights being given to the province of Quebec (cf. ll. 10/11), whereas the indigenous peoples of Canada were forced to assimilate at first and were then bribed into integration (cf. ll. 11–13). This concept is regarded as two-faced and is seen as a failure in retrospect: Persichilli diagnoses a "shaky balance" (l. 14) in the integration policies. Although immigrants have always played an important part in Canada's success story, they tend to become a social problem as they cannot find an identity of their own, do not participate in the political process and thus make integration impossible. Canadian liberals make things worse because of their unwillingness to differentiate. They continue to defend multiculturalism and turn a blind eye to the flaws of the concept as this serves their own political interests (cf. ll. 25–29). Statistics are also shown to be misleading as Canadian citizenship seems to be in high demand only due to the advantages it provides for citizens living abroad – such as protection and state-funded medical treatment (cf. ll. 46–49). On top of all that, the author claims that people with an ethnic background are more successful at aiming at top jobs in the US than in Canada. This leads to the conclusion that Canada has failed to make a success of the multicultural idea because the concept was put into practice with too much naïveté.

This scepticism is reflected in the cartoon, which depicts multiculturalism as an open threat to society. The concept is embodied by a scary-looking Arab who has a beard and is stereotypically wearing traditional headgear and a long coat, underneath which a suicide bomb is hidden. The man already has his thumb placed on the trigger to activate the bomb. To the left of the terrorist, there are three men of different ethnic backgrounds – supposedly of African-American, Caucasian and Southern European origin, whose reactions to the Arab's appearance vary greatly. Whereas the dark-skinned man to the left expresses his fear that the stranger might be an Islamist, the other two indifferently plead for tolerance and demand political correctness. On the right-hand side there is a couple with their son, who is asked not to stare at the Arab because he might cause offence. His mother reminds him that "it's bigoted to criticize [...] religion" but at the same time she seems terribly afraid. All in all, most people in the cartoon are so concerned with being politically correct that they fail to realise the danger they are in. The cartoon displays just another version of the "firewall" (l. 28) mentioned in Persichilli's article, which, perhaps not as strongly as the cartoon, criticizes the naïveté of the public concerning immigration. The multicultural attitude permits for abuse and exploitation instead of speeding integration up. *(533 words)*

3. ***Step 1*** *First interpret the quote against the backdrop of the whole article.*
Step 2 *Then introduce the American concept of a melting pot to trigger an expected assimilation process. Give examples from texts dealt with in class to support your argument. It is advisable to collect appropriate materials before you start writing as a logical order makes it easier to follow your argument.*
Step 3 *Finally you need to compare both concepts of integration, the Canadian multicultural approach as well as the idea of the US melting pot. Support your views with evidence and remember to state your opinion. In the sample solution, the novel* Tortilla Curtain *by T. C. Boyle is referred to as well.*

According to statistics, Canadian multiculturalism seems a more adequate integration concept than the American melting pot (cf. ll. 53/54). Throughout the article, the author provides arguments to shake this belief. In his opinion, the fact that the US system has created far more successful people with an ethnic background than Canada proves the superiority of the American melting pot (cf. ll. 54–57). Multiculturalism on the other hand is blamed for keeping "ethnics" out of the country (cf. ll. 58/59).
The motto 'e pluribus unum' appeared in the Great Seal of the United States as early as 1782. The Founding Fathers had defined three core values for a better life in the New World: liberty, equality and the pursuit of happiness. Over the years, the promise of being able to realise those aims in the US has become known as the 'American Dream'. The phrase was coined by the historian James T. Adams and refers to a society that recognises people for what they are – and not where they came from.
The concept of a melting pot, where all immigrant cultures blend into one core culture, is an important element of this dream. Still, there are as many flaws in the concept as there have been found in the Canadian multicultural approach.
Especially for those immigrants who are not wanted for a variety of reasons, the American Dream quite often turns into a nightmare, as described in T. C. Boyle's novel *Tortilla Curtain*, which depicts the lives of two entirely different couples: the Mossbachers, affluent Americans, already live the American Dream, whereas the Rincóns are illegal immigrants from Mexico who hope to improve their poor living conditions in the US. At the beginning of the novel, Delaney Mossbacher, grandson of immigrants from Ireland and Germany, is a liberal humanist who wishes his fellow immigrants and the environment well. He strongly contradicts his neighbour Jack Jardine, who wants to fence their whole estate, Arroyo Blanco, to keep allegedly criminal immigrants out. The frequent and unfortunate encounters with the Mexican couple América and Cándido, who have no choice but to steal in order to survive, turn Delaney and his wife Kyra into ardent xenophobes who eventually succeed in forcing the illegal Mexicans out of their community. The Rincóns, who have been betrayed, assaulted and robbed, are left with less than they had come to the US with.
Despite the fact that Hispanics are the second-largest group of ethnic minorities in the US, they are not the only targets of xenophobia in US society. African-Americans have been discriminated against for centuries and only in the aftermath of the Civil Rights Movement in the 1960s did their situation improve in economic and social

terms. In their case, disadvantages in the education sector are the most urgent problem that needs to be dealt with nowadays.

However, the idea of establishing a core culture through the concept of the melting pot is doomed anyway due to demographic developments. In California, for example, Hispanics are quickly losing their minority status: according to the 2010 census, 30 % of California's population is of Mexican origin, which makes the state the one with the highest percentage of Mexican Americans.

In general, many ethnic minorities have experienced that the melting pot neither worked for them as far as the creation of identity is concerned nor did it help to fulfil the promises of the American Dream. Moreover, the host society responded rather negatively to the immigrants' attempts to assimilate. Comparing the problems concerning immigration in the US with those in Canada shows that every concept has its flaws. Still, unlike in the US, the diverse ethnic groups in Canada find it less difficult to stick to their cultural roots and are even encouraged to do so by the state. It may be true that multiculturalism is prone to being abused by some and threatened by others, but it seems that the ideas of the American Founding Fathers are more genuinely reflected in a liberal and open community such as Canada that lives its diversity rather than insisting on people being part of a so-called core culture. *(689 words)*

Abiturprüfung Hessen 2014 – Englisch Leistungskurs
Vorschlag C – Kombinierte Aufgabe: Immigration

Teil A: Aufgabe zur Sprachmittlung

Material 1: Fast jeder fünfte Deutsche hat ausländische Wurzeln

Immer mehr Menschen in Deutschland haben ausländische Wurzeln – schon fast jeder Fünfte hat einen Migrationshintergrund. Annähernd 16,0 Millionen Menschen aus Zuwandererfamilien lebten 2011 in der Bundesrepublik.

Das waren rund 216 000 mehr als im Vorjahr. Die Mehrheit von ihnen hat einen deutschen Pass (8,8 Millionen). Wie das Statistische Bundesamt in Wiesbaden am Mittwoch mitteilte, steigt die Zahl seit Beginn der Statistik im Jahr 2005 Jahr für Jahr leicht.

Die meisten Menschen mit Migrationshintergrund stammen 2011 aus der Türkei (3,0 Millionen) gefolgt von Polen (1,5) und der Russischen Föderation (1,2). An vierter Stelle steht Kasachstan (900 000), knapp gefolgt von Italien (800 000).

Vor allem die zweite und dritte Generation der Zuwanderer sowie Ausländer – insbesondere aus Ost- und Südeuropa – haben zu dem Plus beigetragen. Die Zahl der in der Bundesrepublik geborenen Deutschen mit Migrationshintergrund ist innerhalb eines Jahres um 4,8 Prozent auf rund 3,8 Millionen gestiegen. Dazu kommt ein leichtes Plus bei den ausländischen Zuwanderern von 1,7 Prozent auf etwa 5,7 Millionen. Die Zahl der Ausländer, die in Deutschland geboren wurden, hat dagegen weiter abgenommen, um 3,4 Prozent auf rund 1,5 Millionen.

Der Anteil der Menschen mit Migrationshintergrund an der gesamten Bevölkerung ist binnen eines Jahres um 0,2 Punkte auf 19,5 Prozent gestiegen. Gegenüber dem ersten Jahr der Statistik (2005) beträgt der Zuwachs 1,2 Prozentpunkte. Damals hatten 15,1 Millionen Einwohner einen Migrationshintergrund. Dazu zählen die Statistiker alle Einwanderer seit 1950, alle Ausländer sowie in der Bundesrepublik geborene Deutsche mit mindestens einem Elternteil, der zugewandert oder als Ausländer in Deutschland geboren ist.

(260 Wörter)

DPA, "Fast jeder fünfte Deutsche hat ausländische Wurzeln", FOCUS Online, *19. 09. 2012. http://www.focus.de/panorama/welt/bevoelkerung-mit-migrationshintergrund-fast-jeder-fuenfte-deutsche-hat-auslaendische- wurzeln_aid_822502.html.*

Hinweis: Der Verfasser wird in der Textvorlage nicht genannt.

Assignment

As an intern for an English news magazine you are asked to contribute the statistical background for an editorial about migration in Europe. Summarize the information about Germany given in the article. (Material 1)

Teil B: Verkürzte Textaufgabe

Material 2: Immigrants

In Marina Lewycka's novel A Short History of Tractors in Ukrainian, *the long estranged sisters Nadia and Vera bond again over their father's announcement that he will marry a much younger Ukrainian immigrant. One recurring topic of discussion between them is their past as immigrants in England. Nadia remembers her telephone conversation with her older sister Vera.*

Once, not so long ago, Big Sis's attitudes would send me into a rage of righteousness, but now I see them in their historical context, and I smile to myself in a superior way.

"When we first came here, Vera, people could have said the same things about us – that we were ripping off the country, gorging ourselves on free orange juice, growing fat on NHS[1] cod-liver oil. But they didn't. Everyone was kind to us."

"But that was different. *We* were different". (We were white, of course, for one thing, I could say, but I hold my tongue.) "We worked hard and kept our heads down. We learned the language and integrated. We never claimed benefits. We never broke the law."

"*I* broke the law. I smoked dope. I was arrested at Greenham Common[2]. Pappa got so upset that he tried to catch the train back to Russia."

"But that's exactly my point, Nadia. You and your leftish friends – you never really appreciated what England had to offer – stability, order, the rule of law. If you and your kind prevailed, this country would be just like Russia – bread queues everywhere, and people getting their hands chopped off."

"That's Afghanistan. Chopping hands off *is* the rule of law."

Both of us have raised our voices. This is turning into an old-style argument.

"Whatever. You see my point," she says dismissively.

"What I appreciated about growing up in England was the tolerance, liberalism, everyday kindness." (I drive home my point by wagging my finger in the air, even though she can't see me.) "The way the English always stick up for the underdog."

"You are confusing the underdog with the scrounger[3], Nadia. We were poor, but we were never scroungers. The English people believe in fairness. Fair play. Like cricket." (What does *she* know about cricket?) "They play by the rules. They have a natural sense of discipline and order."

"No no. They're quite anarchic. They like to see the little man stick two fingers up to the world. They like to see the big shot get his come-uppance."

"On the contrary, they have a perfectly preserved class system, in which everyone knows where they belong."

See how we grew up in the same house but lived in different countries?

"They make fun of their rulers."

"But they like strong rulers."

If Vera mentions Mrs Thatcher, I shall put the phone down. There is a short pause, in which we both consider our options. I try an appeal to our shared past.

"Remember the woman on the bus, Vera? The woman in the fur coat?"

"What woman? What bus? What are you talking about?"

Of course she remembers. She hasn't forgotten the smell of diesel, the swish of the windscreen wipers, the unsteady sway of the bus as it churned newly fallen snow into slush; coloured lights outside the windows; Christmas Eve 1952. Vera and I, muffled against the cold, snuggling up against Mother on the backseat. And a kind woman in a fur coat who leaned across the aisle and pressed sixpence into Mother's hand: "For the kiddies at Christmas."

"The woman who gave mother sixpence."

Mother, our mother, did not dash the coin in her face; she mumbled, "Thank you, lady," and slipped it into her pocket. The shame of it!

"Oh, that. I think she was a bit drunk. You mentioned it once before. I don't know why you go on about it."

"It was that moment – more than anything that happened to me afterwards – that turned me into a lifelong socialist."

There is silence on the other end of the telephone and for a moment I think she has hung up on me. Then: "Maybe it was what turned me into the woman in the fur coat."

(630 words)

Marina Lewycka, A Short History of Tractors in Ukrainian, *Penguin Books USA, pp. 240–242.*

1 NHS – National Health Service
2 Greenham Common – former Royal Airforce station, used in the 1980s for women's peace camps protesting against the use of cruise missiles
3 scrounger – ugs.: Schnorrer

Assignments

1. Describe the different attitudes of the sisters regarding Britain and the British. (Material 2) (20 BE)

2. Analyse Vera's and Nadia's attitudes towards immigrants in Britain and compare them to attitudes towards immigrants in the USA as encountered in material dealt with in class. (45 BE)

3. *"One [n]ation doesn't mean one identity. People can be proudly, patriotically British without abandoning their cultural roots."*
(Ed Miliband, Leader of the Labour Party, The Labour Party 2012)
Comment on the quote by referring to British society. (35 BE)

In die Gesamtbewertung gehen die Ergebnisse der Teilaufgaben A und B im Verhältnis 1:3 ein.

Lösungsvorschläge

Teaching modules referred to:
The task is based on the teaching module The United Kingdom *(Q 2) with particular reference to the topics* political life, political issues. *Further aspects of the assignments refer to the teaching module* USA *(Q 1) with the topics* living together *and* political life, political issues.

Teil A: Aufgabe zur Sprachmittlung

In your mediation you are asked to only state the main aspects of the article in your own words. Start with an umbrella sentence that provides information on the title of the text, the type of text and the source and the year of publication. You should also briefly refer to the contents in this first sentence. When you sum up the German text, keep in mind that you should use the present tense. Do not use direct speech, quotations or comments. Your mediation should be about one third of the length of the source text.

The Focus Online article "Fast jeder fünfte Deutsche hat ausländische Wurzeln" from 2012 contains statistical data about the number of Germans with an ethnic background. In 2011, there were 16 million of these altogether, more than half of them owning a German passport. Since 2005 these numbers have been increasing due to more second- and third-generation immigrants being born in Germany and a steady influx of immigrants from eastern and southern Europe. The number of foreign babies born in Germany has decreased. Migrants mainly come from Turkey, Poland, Russia, Kazakhstan or Italy.

(92 words)

Teil B: Verkürzte Textaufgabe

1. *This assignment asks you to portray the different attitudes of the two sisters regarding Britain and the British. Go through the text and highlight the important points. Then structure your findings, leave aside unnecessary details and use connectives and other strategies to shorten the text.*

   In a telephone conversation with her older sister Vera, Nadia disagrees with most of Vera's attitudes towards Britain and the British, although both sisters are immigrants. Vera seems to believe that immigrants nowadays are lazy and abuse the British welfare state, whereas she and her family made it their priority to fully integrate into British society by working hard, obeying the law and learning the English language (cf. ll. 7/8). She claims that Nadia never appreciated the stability and order of the British system, while she is impressed with the prevailing fairness, discipline and order she found in England (cf. ll. 12, 22–24). Vera even admires the class system, where everyone knows their place (cf. ll. 27/28). She despises the people she calls "scroungers" (l. 22) who abuse the system.

Unlike Vera, Nadia believes that her family's successful integration into the British system was due to their simply being white (cf. l. 6) rather than through their adapting to British customs. In contrast to her sister, Nadia can see an anarchic trait in the English character, for example that they love making fun of their rulers (cf. l. 30) and that celebrities get what is coming to them (cf. l. 26), but also that they care about underdogs (cf. l. 20). All in all, it is their "tolerance, liberalism, everyday kindness" (cf. ll. 18/19) that Nadia appreciates most about the British. *(237 words)*

2. ***Step 1*** *First, you need to go through the text again and collect the distinct opinions the two sisters express about immigrants living in Great Britain. Analyse which attitudes they share and where they differ.*
Step 2 *Then focus on US American attitudes towards immigrants. You can use the sisters' opinions as a benchmark for comparisons. Draw from examples from literature discussed in class, such as the novel* Tortilla Curtain *by T. C. Boyle, and from current developments under Obama's presidency.*

While both sisters show different attitudes towards the British people and their social system, they agree that immigrants have to deal with prejudice and stereotypes and are not particularly welcomed by their host society. Vera implicitly blames the immigrants' behaviour: she believes that many of them abuse the British welfare state, do not try hard enough to integrate, refuse to learn the language or even break the law (cf. ll. 7–9). Nadia, on the other hand, cannot find fault with immigrants in general but believes that it is the English arrogance towards the newcomers that prevents their successful integration. To prove her point, she names the condescending behaviour of a woman in a fur coat towards her own mother at Christmas time when Nadia was still a little girl (cf. ll. 36–44). She also suspects that the immigrants' skin colour plays a crucial role as the British seem prejudiced in this respect, too (cf. ll. 6/7).
An attitude similar to the one Nadia detects in British society is described in T. C. Boyle's novel *The Tortilla Curtain*, where the protagonist Delaney Mossbacher, a liberal humanist, gradually turns into a xenophobe, although he states that America has always been a country of immigrants. Put under pressure by his affluent neighbours and his own wife, Delaney agrees to fence the immigrants out of Arroyo Blanco, the luxurious estate where he and his family live. Delaney also has some unfortunate encounters with a poor illegal immigrant, Cándido Rincón from Mexico, and the shady "white" Mexican José Navidad. Furthermore, several houses in Arroyo Blanco are broken into and an elderly lady is even raped by the intruders. After he hits Cándido with his car by accident, gets another car badly damaged and discovers the Mexican close to a spot where parts of the canyon have been set on fire, nature-loving Delaney sets out on a crusade to track down Cándido, who he meanwhile regards as his archenemy. He does not even change his mind when it becomes clear that Cándido cannot be blamed for the theft of Delaney's car, the break-ins, rapes or the graffiti on the walls around the Arroyo Blanco estate. Through Delaney's change in character, T. C. Boyle shows his readers how quickly people turn against their liberal convictions and in Delaney's case develop xenophobic ideas and attitudes against immigrants.

However, the problem of illegal immigration does not only concern the Mexican-American border (hence named "Tortilla Curtain"), but also reaches a demographic dimension. In a number of federal states such as California, the rapidly growing ethnic communities exist outside the legal, health and educational system. The Obama administration has already come up with a number of strategies to alleviate the situation: by enabling the illegals to apply for citizenship, including them in social programmes, and providing health care and educational services so that the immigrants can at least learn the language of their host country. In particular, children of illegal immigrants can now apply for jobs and work in the US for a limited amount of time.
Whether the attempts of the Obama administration to ease the situation of both legal and illegal immigrants will be successful in the long run and help create more tolerance towards different ethnic communities remains to be seen. In the past, Democratic efforts were often curtailed by the Republican opposition. However, in January 2014, Republican leaders signalled their willingness to support laws that provide legal status – though not citizenship – to about 11 million illegal immigrants. With the upcoming elections for the US Senate in November 2014, where 33 of the 100 Senators will stand for election, the Republicans are afraid of losing the support of the Latino communities if they refuse to tackle the issue of illegal immigrants. This political climate makes an agreement between Democrats and Republicans quite likely, though modifications to the Democratic concept will surely be an issue. *(648 words)*

3. ***Step 1*** *First of all, you are expected to paraphrase the quotation.*
Step 2 *Then put the message of Labour politician Ed Miliband into the context of the current situation in Great Britain.*
Step 3 *Finally, evaluate the opportunities and problems Miliband's proposal brings with it and state your personal opinion.*

Labour politician Ed Miliband combines the concept of national identity, British patriotism and different cultural roots in a new way. He claims that they are not mutually exclusive but can result in a diverse British culture to which each ethnic group contributes its share and keeps its traditions and values at the same time.
Britain has always been an attractive country to immigrate to, not only within the EU but especially for people from Commonwealth countries. To cut the huge influx of immigrants, new passport regulations for Commonwealth citizens were introduced in 1972 that no longer permitted automatic entry. As a result of social problems and a declining labour market, the right-wing National Front (NF) gained massive support in the mid-1970s. The lack of job opportunities and deteriorating housing conditions led to the Brixton Riots in South London in 1981. Whereas Conservative Prime Minister Margaret Thatcher refused to tackle the problem immediately, Labour favoured a multiculturalist approach and believed that different sets of values could enrich the communities, as long as new arrivals showed an appreciation of existing and diverse values and had a good command of the host language.

As a consequence of the EU expansion in 2004, the ruling Labour Party guaranteed free movement to Polish citizens. One of the biggest waves of mass migration followed, with about 500,000 Poles migrating to the UK. Due to the financial crisis in 2008, many British people were afraid of unemployment. Many are frightened of the implications as Romanians and Bulgarians are granted freedom of movement from January 1, 2014 onwards as their home countries become full members of the EU.

Moreover, the rise of Sharia courts following Islamic legislation has received a great deal of attention lately. Currently, about 85 Sharia Courts exist in Britain and their rulings sometimes contradict British law. An undercover documentary revealed that women were discriminated against in different ways. There have been a number of examples where a British court allowed a divorce, while a Sharia court ruled against it and forbade the wife to leave her husband. This development only adds to the negative reputation of Islamic communities, which has already suffered massively since 9/11.

All these examples show that multiculturalism depends on the good will of both new and host cultures. It seems to be a successful model in the context of British history in general, but a further development of national identity is surely necessary. Fears within the white British society should not be underestimated. In May 2013, the right-wing populist United Kingdom Independent Party (UKIP) won 23 % of all votes in the county council elections by calling for a five-year freeze on immigration, the removal of illegal immigrants and a points system for issuing work permits. To prevent the UKIP from gaining more ground, positive experiences could be gained by representatives of both host and new culture working together on programmes at the local level. Old and new citizens might find it easier to develop an interest in shared goals and feel proud of mutual achievements. This way, prejudices and stereotypes could be done away with and fears might quickly disappear. In the end, such cooperation might eventually lead to the feeling of patriotism Ed Miliband hopes for, a feeling that comes from within the community. *(547 words)*

Abiturprüfung Hessen 2015 – Englisch Grundkurs
Vorschlag A – The turning point

Desmond Tutu: The turning point (excerpt from the memoir *No Future Without Forgiveness,* 2000)

27 April 1994 was the day for which we had waited many long years, the day for which the struggle against apartheid had been waged, for which so many of our people had been tear-gassed, bitten by police dogs, struck with quirts and batons, tortured, banned, imprisoned, sentenced to death and driven into exile. The day had finally dawned when we would vote, when we could vote for the first time in a democratic election in the land of our birth. I had had to wait until I was sixty-two years old before I could vote, Nelson Mandela until he was seventy-six.

The air was electric with excitement, anticipation and anxiety, and with fear that those on the right wing who had promised to disrupt this day of days might succeed in their nefarious[1] schemes. Bombs had been going off right, left and centre. There had been explosions at the International Airport in Johannesburg. Anything could happen. […]

After voting, I went outside and the people cheered and sang and danced. It was like a festival. The atmosphere was wonderful and such a vindication[2] for all those who had borne[3] the burden of repression, the little people whom apartheid had turned into the anonymous ones – faceless, voiceless, counting for nothing in their motherland – whose noses had been rubbed daily in the dust. They had been created in the image of God but their dignity had been callously[4] trodden underfoot every day by apartheid's minions[5], and by those others who perhaps said they were opposed to apartheid but had nonetheless gone on enjoying the privileges and huge benefits that apartheid brought them – just because of an accident of birth, a biological irrelevance: the colour of their skin.

I decided to drive around a bit to see what was happening. I was appalled by what I saw. The people who had come out in droves[6], standing in those long lines which have now become world-famous, were so vulnerable. The police and the security forces were probably stretched, but they were hardly a conspicuous presence. It would have taken just a few crazy extremists with AK-47 rifles to create havoc. It did not happen. And virtually everywhere there was a hitch[7] of one sort or the other. Here there were insufficient ballot papers, there not enough ink pads, elsewhere the officials had not yet turned up hours after the polls were due to have opened. And the people were quite amazing in their patience. It was a comprehensive disaster waiting to happen. And it did not happen.

It was also an amazing spectacle. People of all races were standing in the same queues, perhaps for the very first time in their lives. Professionals, domestic workers, cleaners and their madams – all were standing in those lines that were snaking their way slowly to the polling booth. And what should have been a disaster turned out to be a blessing in disguise. Those lines produced a new and peculiarly South African status symbol. Afterwards people boasted, 'I stood for two hours to vote' – 'No, I waited for four hours!'

Those long hours helped us South Africans to find one another. People shared newspapers, sandwiches, umbrellas, and the scales began to fall from their eyes[8]. South Africans found fellow South Africans – they realised what we had been at such pains to tell them, that they shared a common humanity; that race, ethnicity, skin colour were really irrelevancies. They discovered not a Coloured, a black, an Indian, a white. No, they found a fellow human being. What a profound scientific discovery for the whites, that blacks, Coloureds (usually people of mixed race), and Indians were in fact human beings, who had the same concerns and anxieties and aspirations as they did. They wanted a decent home, a good job, a safe environment for their families, good schools for their children. Hardly any of them wanted to drive the whites into the sea. They just wanted their place in the sun. *(664 words)*

1 nefarious – schändlich, verachtenswert
2 vindication – die Rechtfertigung, die Verteidigung
3 borne – past participle of "to bear"; *hier:* ertragen
4 callously – herzlos, gefühlskalt
5 minion – der Lakai, der Günstling, der Speichellecker
6 drove – die Herden
7 hitch – a problem or difficulty that causes a short delay
8 scales fall from sb's eyes – etwas fällt jdm. wie Schuppen von den Augen

Assignments

1. Describe the atmosphere in South Africa on the day of the election in 1994. (Material) (30 BE)
2. Relate the last sentence from Archbishop Desmond Tutu's text ("They just wanted their place in the sun.") to the experiences of Hispanics or other minorities in the USA. (40 BE)
3. Write a letter to Archbishop Desmond Tutu commenting on the changes in South Africa from April 27, 1994 to today. (30 BE)

Lösungsvorschläge

Teaching modules referred to:
The assignment relates to the teaching module Promised Lands: Dreams and Realities *(Q 3) with special emphasis on* social issues, *country of reference: South Africa). Task 2 also requires references to texts dealt with in the module* USA *(Q 1) concerning the issue* living together *and* the American Dream.

1. ***Step 1*** *Read the text carefully. Highlight or underline the parts of the text that describe the atmosphere on election day.*
   Step 2 *Then try to find out whether the information given has a positive or negative impression on the observer and structure each aspect. It might be helpful to follow the text chronology in this case.*
   Step 3 *Before you finally start writing, remember to use the present tense.*

   In the text "The turning point", an excerpt from the memoir *No Future Without Forgiveness*, Desmond Tutu describes the situation on April 27, 1994, the day of the first democratic election in South Africa, and provides an insight into the atmosphere on this historic day. The text not only describes Tutu's experiences, it also contains views which underline the sincerity of this well considered observer.
   The positive atmosphere illustrated in the first paragraph is based on the contrast between the past, which is described as a time of physical torture, emotional oppression and perfidious humiliation, and the present that is perceived as liberation and rebirth from a seemingly endless traumatic experience (cf. ll. 1–7). But the uncertain feelings of hope for the future and the fear of a return to the old political reality mingle with the general joyfulness at this day (cf. ll. 8–10). Tutu mentions that bombs exploded in Johannesburg (cf. ll. 10/11), observes a lack of security forces (cf. ll. 23/24), missing equipment or officials (cf. ll. 26–28), thus underlining a vulnerability and feelings of distrust which could have led to disaster at any time. However, the fear and anxiety give way to the overwhelming realization that this day is the transformation of the formerly divided and segregated nation: irrespective of social background or skin colour, people share the same feelings and finally realize their neighbour as an equal (cf. ll. 37–40).
   In conclusion, the atmosphere described in the text is mainly optimistic and hopeful due to the process of transformation that the South African population experienced on that special day when people finally voted for a common goal. *(279 words)*

2. ***Step 1*** *Firstly, make sure that you understand the quote from the text correctly, i. e. interpret it from the context of the text.*
   Step 2 *Use your background knowledge to draw comparisons between the situation of black South Africans described in the text and that of people portrayed in fictional and non-fictional texts you have read in class. The sample solution will focus on* The Tortilla Curtain *by T. C. Boyle and the short story "The Circuit" by Francisco Jimenez as an example of a literary approach to the topic.*

Step 3 *Before you start writing, structure your text. Refer to the quote and interpret it in the introduction, elaborate on your ideas in the main part by referring to the examples you have chosen and draw a conclusion at the end.*

In the excerpt, Archbishop Desmond Tutu illustrates how racial and legal separation can be overcome successfully. The last sentence of the text, "They just wanted their place in the sun" (ll. 45/46), shows Tutu's conviction that all people have the right to a decent life, but also makes clear that for the black, or coloured South Africans, this has not been a matter of course. At the same time, the sentence expresses hope and confidence for the future. The sun in Tutu's metaphor stands for a new beginning, and also involves hopes for material wealth, success and social progress. This promise for a bright future can also be seen in the concept of the American Dream: In the eyes of many people the US is a land of opportunities for every member of the human race. The American constitution guarantees equality, liberty and the pursuit of happiness as universal values that provide the legal ground for a self-determined life far from any kind of political, religious or social oppression. The US, consequently, attract a huge number of immigrants from all over the world including people from South America.

But quite often, those hopes remain unfulfilled. According to a survey conducted by the *Washington Post* in January 2014, the Hispanics are a minority group with a low economic status but an optimistic attitude towards life that exceeds that of many white and African Americans. They are determined to succeed and strongly believe that hard work and a good education will help them rise financially, although few have college degrees and most of them earn less than the average US citizen. However, the survey shows that a higher income remains a dream in most cases. Many Hispanics underestimate obstacles such as language problems, a secure job situation as well as the importance of social insurance or rent.

The novel *Tortilla Curtain* by T. C. Boyle also explores the idea that for many immigrants, the promise of the American Dream of finding one's "place in the sun" remains unattainable. The novel is set in California, one of the sunniest places in the US, where a Mexican couple, Candido and his wife América, have illegally crossed the border in search of job opportunities. The two immigrants spend all their energy on looking for work in the torturous Californian sun. Although they try very hard, they have difficulties making ends meet. They have to face discrimination, exploitation, and violence: América is raped and Candido is both physically molested and afterwards injured in a car accident. Their only child is born blind and in the end a huge flood sweeps them away.

The Mexican American writer, Francisco Jimenez, on the contrary, provides a more optimistic view on the Hispanic pursuit of happiness. In his short story "The Circuit" he describes the life of migrant farm workers of Hispanic origin in the US. The story is told from the point of view of a child, who does not really understand the consequences of such an unsteady life. The nameless family doesn't have a permanent home; they usually live in shacks near the fields they have to harvest and leave for another job prospect the moment they have harvested the crops. To the young narrator, hiding when the school bus comes and helping his parents with the farm work, instead

thinks it an adventure. But after the grape season is over, he finally has to go to school. He feels humiliated when he realizes that he can't read and write, but soon overcomes his anger and shyness when he makes progress under the watchful eyes of his teacher. When he is made the offer to play the trumpet, he is tremendously happy until he comes home and realizes that his parents have already packed up to leave for another job. Still, the message of the short story is a positive one: immigrants can find their way in the host society if they work hard and believe in themselves.
An example of an entirely successful attempt to make it against the odds is the life of Daniel Ortiz, a Hispanic executive. He produces and hosts the TV show *American Dream – Latin Souls*, in which successful Latino entrepreneurs talk about their achievements. Ortiz admits that unlike Americans who place a high value on individualism, Hispanics put family and their cultural heritage first. He hopes to be an inspiration for other people.
In conclusion, the struggle to find a "place in the sun" is not always successful but it is worth trying. Honest work is not a guarantee of success but definitely less dangerous than any kind of illegal activity. Unfortunately, not everybody is rewarded for their struggle. *(778 words)*

3. ***Step 1*** *Plan your text carefully. Make a list of the topics that you would like to deal with in your letter to Desmond Tutu. It might be a good idea to elaborate on several examples of changes that have taken place between 1994 and today. Possible aspects are the impact of education, the role of the government, occurrences such as violence, racism and discrimination versus freedom and free elections in post-apartheid South Africa.*
Step 2 *Remember that you are asked to write a letter to a highly respected member of the South African society who is very well known as an opponent of apartheid. Try to find a suitable tone and use formal expressions such as "your Excellency" and "yours sincerely" to begin and end your letter.*

Your Excellency, Mr Tutu,

In our English class, we have recently discussed the political situation in South Africa since the end of apartheid. As a student who has lived in an affluent and stable democracy all my life, the social, political and economic changes that have taken place in your country are hard to grasp. Thus, I am writing to you as a humble observer of the ongoing changes.
I was shocked to find out how unfair life was for the coloured and black majority in South Africa before the end of apartheid. Never before had I heard of the Population Registration Act, the Group Area Act or the Separate Amenities Act and their repercussions on the living conditions of the majority of South Africans. For me, it is still difficult to imagine that laws classified South African citizens according to skin colour, prohibited marriages between blacks and whites, or allowed owners of restaurants to exclude people because of their race and skin colour.
However, with your memoir and the sensitive description of the first democratic election in your country, you have helped me understand the pride and the deep satisfac-

tion the South African people, who had waited a lifetime for that day to come, must have felt. Their wish to finally be able to live a self-determined life in a democratic state, to prosper financially, to travel without restriction and receive a proper education is understandable. I have a lot of respect for the work of Nelson Mandela and F. D. de Klerk, both of whom had an outstanding influence on the political life in your country in the 1990s. The transition from an authoritarian regime with so many different races to a peaceful democracy is almost entirely the result of the hard work of these two politicians. Mandela's demand for reconciliation and understanding within the South African society is an admirable gesture for somebody who had spent twenty-seven years of his life in prison because of his efforts against apartheid but is still ready to forgive his former opponents.

You once said that "to forgive is not only an altruistic attitude but the best form of self-interest". As the chairman of the Truth and Reconciliation Commission (TRC), you have certainly helped many people to come to terms with the injustices that they experienced during apartheid. The South African way to achieve reconciliation by initiating talks between the victims and the oppressors was impressive and has been copied many times since. The soccer World Cup in 2010 was the logical consequence of the political, economic and social progress made. The whole world was impressed by the friendliness of your fellow countrymen. Many tourists visited South Africa for the first time during the World Cup and were fascinated by the beauty of your country and hospitality of its inhabitants.

After these promising developments, I was quite alarmed at the recent difficulties that are challenging South Africa's peaceful working and living together. I understand that the South African state has to deal with huge problems, such as unemployment, the spread of Aids, too little investment in education, violence, poverty and corruption. Many people suffer "in quiet desperation" – as South African author J. M. Coetzee put it – or vent their feelings of frustration with the growing inequality in your country in violent riots. I understand that the ruling political class has taken advantage of their position.

However, I sincerely hope that this is only a period of transition, and that you will continue your struggle for reconciliation and equality because I think that this is the only chance to tackle the current problems. I firmly believe that education is the key to success and I therefore implore all the parties involved to spare no efforts in guaranteeing South African children a modern education because they are the future of your country.

Yours sincerely,
Finn Obermeier *(643 words)*

Abiturprüfung Hessen 2015 – Englisch Grundkurs
Vorschlag B – Britishness

Lucy Rodgers: What does it mean to be British? (2007)

Communities Secretary Ruth Kelly will set out plans for a national "Britain" day to celebrate Britishness and promote stronger national ties.
So what does it mean to be British? A conference on Islam and Muslims has been considering this question.

Religious leaders taking part this week in the two-day debate on Islam And Muslims In The World Today in London had an idea of what they believed being British was – encompassing core values such as freedom of expression and respect for others.

But they also acknowledged Britain had a long way to go before all its communities were united in common purpose.

US Muslim convert Shaykh Hamza Yusuf Hanson, founder of the California-based Zaytuna educational foundation and who has advised the White House on Islam, said he saw little national cohesion in Britain.

"People have more allegiance to football teams than they have to Great Britain. What is the glue that is going to hold society together?"

Britishness cannot be imposed on communities, he said, but Britain did have the ability to lead by example.

"It has to be organic – how do we facilitate this sense of Britishness. But I am optimistic because of that moral compass a lot of British people have. That gives me a lot of hope.

Britain can do a lot of things to teach mainland Europe about how to respect and engage minority communities – and it could help the US as well."

Shaykh Ibrahim Mogra, of the Muslim Council of Britain's inter-faith relations committee, said the first step in building a common identity was to identify what it was to be British.

"There is no single definition," he said. "And every person has a different idea of what it means. But, having said that, I believe there are common issues we all subscribe to."

According to Mr Mogra, these include – respect for other people and the rule of law, freedom of expression and religious practice, participation in the democratic system and valuing education. Most of all, to be British, for Mr Mogra, is being tolerant and respectful towards others while at the same time being able to embrace and celebrate difference.

"To give a simple example, which is a bit stereotyped I know, but what British people love is fish and chips. I think that is a great way to cook potatoes and it is a favourite with my family.

Many white Anglo Saxons like chicken tikka masala. Therefore, we have enriched our lives by taking the best from each other."

But more needs to be done before people feel they belong to one united society, he said.

"We are getting there. But there is too much focus on the Muslim community as Muslims and not as citizens.

I have issues about the NHS and transport – but why is it whenever I am engaged, I am engaged as a Muslim? I don't demand anything more than others, neither do I expect anything less."

But he remains proud of being British and what that means.

"Every day I live as a British person I am proud to be British. This is a country I am extremely proud of. I am privileged to belong to it. I think there is no better country for Muslims to live in."

The Rt Rev Richard Chartres, the Bishop of London, warned that although it was important to establish an idea of Britishness, it should not just become a series of concepts.

"Those great concepts have to be embodied in the community – so we are looking for ways we can engage with one another," he said.

He believed this would prevent people forming "cartoon images" of each other.

And any British identity would have to acknowledge people's "multiple identities", he said.

He added: "Many people are very proud of being Scottish, Welsh, as well as being Catholics and Muslims.

But some kind of national story of the peoples of this western European island has to be developed that doesn't deny people's rights or how we came to be where we are."

(676 words)

Lucy Rodgers, "What does it mean to be British?", BBC News UK, *05. 06. 2007.*

Assignments

1. Outline the problem of defining "Britishness" as described in the text. (Material) (30 BE)

2. Relate Mogra's attitude to Britishness (Material) to other views of Great Britain dealt with in class. (40 BE)

3. *"[I am] Sick of being told the indigenous people [here: the white Anglo-Saxons] have to integrate. NONSENSE. If you wish to join an existing community it is your responsibility to integrate."*

   (from a comment on the BBC News *online article "Viewpoints: What should be done about integration?")*

   Comment on the reader's view, taking into account developments in the USA. (30 BE)

Lösungsvorschläge

Teaching modules referred to:
The article and assignments 1 and 2 focus on the module The United Kingdom *(Q 2) with special emphasis on the topic* social structure, social change. *Assignment 3 requires you to consider integration as a general concept which is dealt with in* USA *(Q 1), particularly concerning the aspects* The American Dream *and* living together *as well as* Promised Lands: Dreams and realities *(Q 3) with the aspects* political issues *and* social issues.

1. ***Step 1*** *Read the article carefully and remember that an outline contains only the main features of a topic. Therefore, leave out minor details.*
   Step 2 *Focus on the issue of defining Britishness and mark the main statements on this concept in the text. Identify the common denominators of Britishness and the problems the participants of the conference on Islam and Muslims were faced with.*
   Step 3 *Start off with a short introduction containing the aims and the participants of the conference.*

   The article "What does it mean to be British?", written by Lucy Rodgers and published on *BBC News*, is about a conference on Islam and Muslims attended by religious leaders in London in 2007. It dealt with the concept of Britishness, which appears to be vague concerning central values and their degree of realisation.
   On the one hand, democratic values such as freedom of expression, religion and thought as well as tolerance, law-abidance and a positive attitude to education seem to be the common ground of Britishness. Due to the wide acceptance of these moral values among the British, the country could become a role model for continental Europe and the US concerning the integration of minorities.
   On the other hand it has become evident that this common perception has not yet been fully established and that it will take time for all of Britain's communities to agree on these principles. In the article it is emphasized that there is little national coherence in British society and that the feeling of Britishness cannot be forced upon people, but has to grow naturally. Furthermore, there is no valid definition of Britishness which might necessarily be the first step in the construction of a national identity: Britishness means different things to different people. Speakers at the conference also focused on cross-cultural benefits and the acceptance of multiple identities and diversity as cornerstones of Britishness. Simultaneously, they considered the construction of a national identity as most essential. *(245 words)*

2. ***Step 1*** *Remember to elaborate on Mogra's ideas of being British before drawing a comparison to material discussed in class.*
   Step 2 *Make a list of both fictional and non-fictional texts you have read in class and find points of comparison with Shaykh Ibrahim Mogra's idea of Britishness.*
   Step 3 *Develop a structure by systematically organizing similar and opposing positions. Some materials suitable for a comparison are listed on the next page:*

- *Similar positions: Robin Cook's "Chicken Tikka Masala"-Speech, the poem "The British" by Benjamin Zephaniah*
- *Opposing positions: Texts on British colonialism (e. g. the essay "A Hanging" by George Orwell), Enoch Powell's speech "Rivers of Blood", David Cameron's speech on multiculturalism, the short story "My Son the Fanatic" by Hanif Kureishi*

As the article reveals, Shaykh Ibrahim Mogra believes in individual conceptions of Britishness that have democratic core values in common. He underlines that tolerance and respect for others and the acceptance of diversity are the essence of Britishness. Additionally he is convinced that the cultures of both the host society and minority communities enrich each other. Although he complains that members of the Muslim community are mainly treated as Muslims and not primarily regarded as fellow citizens, he feels proud and privileged to be British.

Mogra's position resembles that of Robin Cook, the former British foreign secretary, who emphasized that British society had been multicultural from the Saxon times onward and that multiculturalism has increased through immigration movements in the era of globalisation. Like Mogra, Cook considered pluralism as an asset that contributed to British culture and economy. He also accentuated that the variety of languages spoken in London attracted companies which established their headquarters there. The British benefit from the enormous diversity of lifestyles which helps them broaden their horizon. Like Shaykh Mogra, the Labour politician Robin Cook also used the metaphor of "chicken tikka masala" in 2001 as this favourite British meal unites the typical Indian chicken tikka with the British need for sauce to go with meaty dishes. In his mind, the dish is an example of how Britain absorbs and adapts external influences and shows that diversity is the core of being British. The same is true for Benjamin Zephaniah, whose poem "The British" indicates this society has always been a mix of many cultures and makes clear that all nationalities are equally important and need to experience the same fair kind of treatment.

Yet, in history there were phases when the core of Britishness was based on the concept of white Anglo-Saxon superiority. George Orwell, who worked for the Indian Imperial Police in Myanmar in the early 1920s, sharply criticized how the native population was treated by the colonists. His essay "A Hanging" portrays the execution of a helpless prisoner by cold-hearted officials of the Empire and thus questions Britain's claim of cultural and moral superiority. In the 1950s and 1960s the conservative politician Enoch Powell argued that the arrival of large numbers of immigrants from the former colonies posed a threat to British society and the economy. In his famous speech "Rivers of Blood", he called for strict immigration laws. These examples stand in contrast to Mogra's concept of the mutual enrichment of different cultures.

Moreover, ever since the 9/11 and 7/7 terrorist attacks, the western world has been experiencing growing concern about Islamic militants, who have allegedly made Britain a base for terrorist plots. British multiculturalism has come under attack for contributing to the development of segregated communities where extremism can develop easily. In 2011, the British Prime Minister David Cameron said that multiculturalism had failed to promote a sense of common identity based on values like human rights, democracy, social integration and equality before the law. He reproached Muslim groups for doing little to fight extremists. Basically, Mogra and Cameron seem to harbour similar democratic core values. Yet Mogra speaks out for a celebration of difference, whereas Cameron favours a stricter policy and threatened to cut government support to Muslim groups.

Currently, many young Muslims are torn between two cultures, the mainstream one which often rejects them and the one of their neighbourhood and family. In Hanif Kureishi's short story "My son the fanatic" the views on Britishness clash within the family. At the beginning of the story, Ali, the protagonist, leads a conformist life. He has begun a promising career as an accountant and has an English girlfriend. Nevertheless, he feels treated unfairly in England, gradually retreats from mainstream culture and turns into a radical Muslim. To him, liberal British culture results in sexual perversion and drugs. For Ali's father Parvez, a taxi-driver from the Punjab, Britishness means fitting into western society by drinking alcohol and eating pork sausages. He loves England, is friends with a prostitute and appreciates the liberties offered by the host society. In the end, the two men cannot come to terms with each other and their relationship ends in a fight.

It becomes clear from all these examples that defining a British identity is a difficult undertaking. All groups within the British society need to contribute their share as mistrust and intolerance will certainly not achieve the desired result. Mogra, Zephaniah and Cook have already pointed in the right direction. *(745 words)*

3. ***Step 1*** *Read the quotation on integration carefully and pay close attention to the message and the choice of words.*
Step 2 *Start off your comment by explaining the statement on* BBC News.
Step 3 *Then make up your mind concerning your own opinion on the issue. It might help you to collect central aspects of your argumentation before you start writing. This way, you might find it easier to structure your comment afterwards.*

The author of the *BBC News* comment seems rather angry about being told that the white Anglo-Saxon host culture has to adapt to the immigrants as well. It is strongly emphasized that newcomers to a country have the obligation to integrate into mainstream society since they are the ones who are about to join an existing community. I consider this statement as one-sided and narrow-minded.

Personally, I feel that the author bears a grudge against foreign influences from immigration and multiculturalism. He or she obviously considers the mainstream culture as superior and rejects any responsibility members of the host society might have to including minority communities better. Since the host culture is basically a white culture, racist undertones can be detected in this statement. In my opinion, host countries should treat immigrants with respect, provide equal opportunities and be tolerant towards otherness. If the host society is not willing to cooperate, integration is quite impossible for immigrants as they need to understand the foreign culture, learn to speak the new language and come to terms with a different lifestyle. I believe that host cultures have the responsibility to create policies that facilitate integration. Thus, they

should provide access to language courses, or perhaps offer subsidies to fight poverty and social disadvantage. A society which refuses to take responsibility for its immigrants promotes antagonism and social barriers.
Of course, immigrants to Britain or the US were not always required to learn English in the past, but they believed in democracy. The belief in the American Dream with its basic tenets of liberty, equal opportunities and the chance of climbing the social ladder "from rags to riches", formed common ground for millions of immigrants in the US. This resulted in various degrees of integration or even assimilation. In Britain the current situation seems to be somewhat more complicated because British society no longer has a clear sense of what immigrants should be integrating into. This is why is it is important to search for common ground, such as a British national identity that all communities can identify with. In the end, this concept might be the modern British equal to the American Dream. An identity both host society and immigrant communities can agree on might make it easier to reach a mutual understanding and respect for one another.
I am firmly convinced that the core values that are emphasized by Shaykh Ibrahim Mogra need to be an essential part of the British identity. This requires members of minority communities to adapt to a certain degree, of course. The acceptance of basic laws and democratic principles must definitely be considered as the basis of a multicultural environment. Parallel societies in which human rights are violated, for example, by honor killings or forcibly arranged marriages, or in which girls are denied access to education, cannot be accepted.
In conclusion, the author of the *BBC News* comment obviously is not aware that complex multicultural societies such as the British one cannot function if an essential part of the population refuses to contribute their share. Both immigrants and members of the host society need to agree on certain principles and central ideas they feel they must adhere to. If some groups are left out of this process, smouldering conflicts might eventually result in discrimination, violence and civil unrest. Nobody would like to live in such a society – neither the immigrants, nor the white Anglo-Saxons.

(568 words)

Abiturprüfung Hessen 2015 – Englisch Grundkurs
Vorschlag C – Kombinierte Aufgabe: Designer babies

Teil A: Aufgabe zur Sprachmittlung

Material 1: Christiane Fux: Designer-Babys bevorzugt (2006)

1 Gebildete Eltern wünschen sich intelligente Kinder. Für einen höheren IQ würden einige britischen Umfragen zufolge sogar auf ein Designer-Baby setzen.

Technisch machbar ist schon heute vieles: Wissenschaftler können den genetischen Bauplan in vielen Punkten überprüfen, bevor sie der Mutter einen Embryo einpflanzen. Doch wird alles, was möglich ist, auch als ethisch vertretbar und wünschenswert empfunden? Simon Hampton und sein Team von der University of East Anglia haben in einer Serie von Umfragen jeweils 100 bis 200 Briten über ihre Haltung zu den so genannten Designer-Babys befragt.

Gesellschaftlich am breitesten akzeptiert ist die Möglichkeit, auf die Gesundheit des Kindes Einfluss zu nehmen – das galt für Männer und Frauen gleichermaßen. Ethisch problematisch bleibt dabei, dass unerwünschte Embryonen verworfen werden. […]

Die befragten Briten waren unsicher, wann ein Einschreiten aus medizinischen Gründen sinnvoll ist: „Es herrscht Konfusion darüber, was ‚gesund' tatsächlich bedeutet", erklärt Studienleiter Simon Hampton. Konkret: Reicht ein erhöhtes Risiko für Herzinfarkt oder Diabetes aus, um sich gegen einen Embryo zu entscheiden, oder ist gar drohendes Übergewicht schon ein Grund? Grundsätzlich sahen jüngere Umfrageteilnehmer die genetische Auslese weniger kritisch als Befragte über 50 Jahren.

Besonders die Möglichkeit, dass es irgendwann nicht nur darum geht, gesunde Menschen, sondern Menschen nach Maß zu schaffen, bereitet vielen Sorgen. Denn theoretisch kann man per Gencheck schon heute nicht nur mögliche schwere Erbkrankheiten des entstehenden Kindes ausschließen, sondern auch Merkmale wie das Geschlecht des Wunschkindes bestimmen. „In einigen Ländern wird das so genannte social sexing bereits praktiziert", weiß Jörn Bullerdiek. […] Wohin die Reise dann gehen könnte, wurde klar, als die Forscher nach wünschenswerten Charaktereigenschaften für Mädchen und Jungen fragten – hier propagierten die Befragten abhängig vom Geschlecht des Kindes unterschiedliche Charaktereigenschaften. […] *(272 Wörter)*

Christiane Fux, „Designer-Babys bevorzugt", FOCUS Online, *06. 09. 2006.*

Assignment

You are participating in a project on ethics and genetics. To keep your team informed, summarize the article at hand. (Material 1)

Teil B: Verkürzte Textaufgabe

Material 2: Margaret Atwood: Oryx and Crake (2003)

The novel is set in a post-apocalyptic world in which mankind has largely been destroyed by a laboratory-produced virus. Flashbacks reveal that the main character, Jimmy, grew up in a world dominated by multinational corporations, living in restricted compounds as the son of two scientists. Here, Jimmy meets and befriends a brilliant science student, Crake, who becomes a respected genetic engineer and begins work on a secret experiment to create a race of genetically modified people. In the following excerpt Jimmy and Crake talk about the "floor models"[1] of this newly created race.

But with the Paradice method, there would be ninety-nine per cent accuracy. Whole populations could be created that would have pre-selected characteristics. Beauty, of course; that would be in high demand. And docility[2]: several world leaders had expressed interest in that. Paradice had already developed a UV-resistant skin, a built-in insect repellent, an unprecedented ability to digest unrefined[3] plant material. As for immunity from microbes, what had until now been done with drugs would soon be innate.

Compared to the Paradice Project, even the BlyssPluss Pill[4] was a crude tool, although it would be a lucrative interim solution. In the long run, however, the benefits for the future human race of the two in combination would be stupendous. They were inextricably[5] linked – the Pill and the Project. The Pill would put a stop to haphazard[6] reproduction, the Project would replace it with a superior method. They were two stages of a single plan, you might say.

It was amazing – said Crake – what once-unimaginable things had been accomplished by the team here. What had been altered was nothing less than the ancient primate brain. Gone were its destructive features, the features responsible for the world's current illnesses. For instance, racism – or, as they referred to it in Paradice, pseudospeciation – had been eliminated in the model group, merely by switching the bonding mechanism: the Paradice people simply did not register skin colour. Hierarchy could not exist among them, because they lacked the neural complexes that would have created it. Since they were neither hunters nor agriculturalists hungry for land, there was no territoriality: the king-of-the-castle hard-wiring[7] that had plagued humanity had, in them, been unwired. They ate nothing but leaves and grass and roots and a berry or two; thus their foods were plentiful and always available. […] Best of all, they recycled their own excrement. By means of a brilliant splice[8], incorporating genetic material from …

"Excuse me," said Jimmy. "But a lot of this stuff isn't what the average parent is looking for in a baby. Didn't you get a bit carried away?"

"I told you," said Crake patiently. "These are the floor models. They represent the art of the possible. We can list the individual features for prospective buyers, then we can customize. Not everyone will want all the bells and whistles, we know that. Though you'd be surprised how many people would like a very beautiful, smart baby that eats nothing but grass. The vegans are highly interested in that little item. We've done our market research."

(418 words)

1 floor models – die Vorführmodelle
2 docility – die Fügsamkeit, die Gelehrigkeit
3 unrefined – in its natural form
4 BlyssPluss Pill – in the novel, BlyssPluss is a birth control pill that also protects against all sexually transmitted diseases, boosts sexual energy, and prolongs youth
5 inextricably – untrennbar
6 haphazard – happening or done in a way that is not planned or organized
7 king-of-the-castle hard-wiring – die Herrscherveranlagung
8 splice – Verbindungsstelle

Assignments

1. Outline the characteristics of the human beings planned by the Paradice Project. (Material 2) (30 BE)
2. Relate the attitude towards human perfection favored in the text (Material 2) to that found in other material dealt with in class. (40 BE)
3. Comment on the advantages and disadvantages of genetic engineering. (30 BE)

In die Gesamtbewertung gehen die Ergebnisse der Teilaufgaben A und B im Verhältnis 1:3 ein.

Lösungsvorschläge

Teaching modules referred to:
The texts at hand refer to the teaching module Science and Technology *(Q 1), focussing in particular on the topic* biotechnology. *Another important point of reference is the teaching module* Order, Vision, Change *(Q 3) with the topic* models of the future (utopias, dystopias, "progress" in the natural sciences).

Teil A: Aufgabe zur Sprachmittlung

Step 1 *Read the article carefully and highlight the most important points on ethics and genetics.*
Step 2 *Start the summary with an umbrella sentence containing the source and topic of the article.*
Step 3 *Write a summary of about 140 words. Include relevant information only.*

The following information taken from the article "Designer-Babys bevorzugt" by Christiane Fux, published in *FOCUS Online* in 2006, might be useful for our project. The article summarizes the results of surveys conducted by researchers about British attitudes towards designer babies.
To take advantage of the opportunity to influence your future child's health was regarded as acceptable by most of the participants of the surveys. However, there was confusion about how a health risk should be defined, for instance, is a predisposition for obesity or diabetes enough? In general, younger people are more open to genetic selection than people over 50 years of age.
Genetic selection is a concern of many because it could also be used to determine the sex of a child, or its intelligence. In the future, scientists might be able to create children with certain desirable character traits. *(141 words)*

Teil B: Verkürzte Textaufgabe

1. ***Step 1*** *To save time in your exam, it might be useful to read the assignments before you start reading the fictional text. This way, you already know what kind of information you are looking for.*
   Step 2 *Read the excerpt from the novel and mark all characteristics of the humans designed by the Paradice Project (e. g. concerning outer appearance, habits and character traits).*
   Step 3 *Give the main features of these human beings in your own words (e. g. beautiful, gentle, with UV-resistant skin that repels insects, vegetarians or even vegans, immune to microbes, reuse their faeces, no urge to possess or dominate). There is no need to quote from the text or give lines.*
   Step 4 *Proofread your text and make sure that you have mentioned all relevant aspects.*

In the excerpt from the novel *Oryx and Crake* by Margaret Atwood, published in 2003, a new genetically modified race, the "Paradice people" is designed by the so-called Paradice Project.
The project creates beautiful people who can adapt much better to the environment than humans do. They have, for example, UV-resistant skin that also repels insects, are immune to microbes and can eat the raw parts of plants such as leaves. They can even reuse their faeces. The character of this new kind of human species is designed to avoid conflict. The Paradice people are servile, do not strive to possess or defend a property and have no interest in hierarchy or dominance of their race because this way of thinking is unfamiliar to them. Future buyers, most likely parents, will be able to choose from those individual pre-selected characteristics. *(140 words)*

2. ***Step 1*** *To prepare your answer, you first need to find out in what kind of light the perfection of human beings is portrayed.*
Step 2 *Then choose suitable novels or other texts from your coursework that also deal with human perfection. They do not need to be about cloning or genetic engineering as long as the topic "human perfection" is central. However, it might be easiest to compare* Oryx and Crake *with other dystopias. Make notes on how these texts deal with the issue in question.*
Please note: *The following solution focuses on the novels* Brave New World *by Aldous Huxley and* Never Let Me Go *by Kazuo Ishiguro.*

In the excerpt from the novel *Oryx and Crake*, the scientist Crake brags about his genetically modified race. He does not mention any dangers or possible risks of this process and seems to consider his Paradice method superior to traditional human reproduction: To him, producing humans with certain desirable characteristics could be compared to producing any other product according to the customers' wishes (cf. ll. 27–29). The customers in this case are the parents (cf. l. 25) although world leaders have already been granted a say in the pre-selection of certain features such as "docility" (l. 3). Crake's team has allegedly done some "market research" (l. 32) beforehand in order to find out what kind of designer baby would be in high demand. In his opinion, perfect children are sheepishly obedient, peaceful, pretty, immune to diseases and have no sense of possession or racial superiority (cf. ll. 2–6, 16–21). However, Crake's perfect race is "good" for all the wrong reasons. In our civilisation we expect enlightened adults to ignore skin colour because they know it does not make any difference as far as people's intelligence and feelings are concerned. We want humans to control destructive emotions such as frustration or anger out of respect for others and in order not to make fools of themselves. In short, people are expected to be smart and educated enough to make the right choices. The Paradice people, by contrast, have no choice. Their free will is taken away from them and they all behave in the same way: instinctively, just like a flock of sheep. What might at a first glance look like a perfectly peaceful world is in fact the end of individuality.
A similar attitude is displayed in Aldous Huxley's dystopian novel *Brave New World,* which also has natural human reproduction abolished. Human embryos are created in

a so-called "hatchery" that resembles a factory with scientists working on a production line. In contrast to Margaret Atwood's novel, the embryos in *Brave New World* are not similar but instead divided up and programmed to belong to one out of five castes: Alpha, Beta, Gamma, Delta and Epsilon. Whereas Alphas are destined to be the most intelligent people, Epsilons are deliberately made stupid due to lack of oxygen because they are supposed to perform dull menial tasks anyway. The society of Huxley's *Brave New World* is strictly hierarchical which is why different kinds of people are needed for the system to function smoothly. To prepare the babies for their destined position in society, certain convictions are repeated over and over again while they are asleep. This way, the babies take over values and principles without ever questioning them. Deeper interests in human relationships are wiped out. In their sleep, the children are also taught the consumerist morals of the state. Individual happiness is defined by the ability to satisfy all needs. These perfect customers do not age and never get sick. On a very superficial level, they remain constantly happy thanks to a drug called "soma" that is socially accepted and can do away with the slightest fit of misery in a second. However, the price for the perfect world portrayed in *Oryx and Crake* as well as in *Brave New World* is a totalitarian society that deprives its citizens of free choice.
In *Never Let Me Go*, a dystopian novel written by Kazuo Ishiguro, the narrator Kathy H. is kept in the dark about her destiny, which is to be an organ donor. In retrospect, Kathy informs the reader about her teenage years at the boarding school "Hailsham" where all students were clones destined for organ donation later on. Their only other option is to work as carers for the clones who have already donated organs and are therefore weak and in need of special care. At Hailsham, the children are told that they are special and enjoy a peaceful and innocent childhood. They are taught arts and crafts because the boarding school is an experiment to prove that clones, if raised properly, have affections like ordinary people. In the course of the novel, Kathy finds out about her true purpose and finally accepts it as her fate. Kazuo Ishiguro's novel shows the dark side of humans who are trying to live a very long life – there is a price to pay for this scientific chance at eternal health. In this case, it is the clones that have to pay for society's greed. As not all diseases can be cured, they are needed to produce replacement parts, which is why the clones are not regarded and respected as humans. The same might happen to the clones in *Oryx and Crake*. They might not be able to feel racist emotions, but society might consider them as second class citizens anyway. *(800 words)*

3. ***Step 1*** *Make a list of advantages and disadvantages of genetic engineering on a separate sheet of paper. It is better to give reasons and to illustrate three to four advantages and disadvantages in detail than just to list a large number of arguments.*
Step 2 *Structure your comment in paragraphs to make it easier for the reader to follow your argumentation.*
Step 3 *Before you start writing, think of a suitable beginning and ending to guide the reader through your comment.*

People generally tend to be careful and even anxious with new technologies because there are no previous experiences that they can draw upon. This applies to genetic engineering, for instance. Once widely used and applied there is no way of going back, or stopping the effect this technology has on mankind. That is why it is so essential to evaluate the risks and dangers in detail. But first of all, one has to distinguish carefully between the different areas in which genetic engineering is used. It may be solely positive in one field of research, but dangerous in other contexts. Of particular concern are genetic engineering for reproductive medicine, medical research and agriculture.

Firstly, I wish to focus on medical research because it is the least controversial field. Genetic engineering may help to stop diseases like cancer thanks to gene therapy and it could thus help patients who have a fatal condition to be cured or at least live longer. I am absolutely convinced that hardly anybody would argue against genetic engineering used in this way.

Closely related to this aspect is the question whether genetic engineering for medical research purposes should be supported or stopped. Isolating and identifying genes can also be a first step toward replacing defective genes to cure or delete severe hereditary diseases. Cancer research is also based on and connected to genetic codes. Such research should be generally supported but needs to be controlled by an ethics commission to make sure it is only used for legitimate medical purposes. Otherwise, the same scientific expertise could be used to design babies according to parents' wishes, from choosing the desired eye colour to determining the baby's intelligence.

In agriculture, genetic engineering is used to create grains that are pest-resistant and more tolerant to drought. At first glance, this may sound rather positive because fewer insecticides are needed. Yet, since genetically modified crops gradually mix with other crops in the open countryside, these changes can never be undone. In the end, species with completely new abilities might evolve, not all of them might be to our liking, e. g. new allergens might be produced against which there might not be any medical treatment available.

The logical conclusion from the arguments given above is that genetic engineering is neither completely positive nor absolutely negative. There are many different fields of genetic engineering which should all be evaluated separately. In agriculture, genetic engineering might be dangerous and we can well do without it. For medical purposes, however, genetic engineering is indispensable. *(421 words)*

Abiturprüfung Hessen 2015 – Englisch Leistungskurs
Vorschlag A – Fear

Mango Tshabangu: Thoughts in a Train (excerpt from the short story, 1980)

When we ride these things which cannot take us all, there is no doubt as to our inventiveness. We stand inside in grotesque positions – one foot in the air, our bodies twisted away from arms squeezing through other twisted bodies to find support somewhere. Sometimes it is on another person's shoulder, but it is stupid to complain so nobody does. It's as if some invisible sardine packer has been at work. We remain in that position for forty minutes or forty days. How far is Soweto[1] from Johannesburg? It is forty minutes or forty days. No one knows exactly. [...]

We move parallel to or hurtle past their trains[2]. Most often my impression is that it is they who cruise past our hurtling train. Theirs is always almost empty. They'll sit comfortably on seats made for that purpose and keep their windows shut, even on hot days. And they sit there in their train watching us as one watches a play from a private box. We also stare back at them, but the sullen faces don't interest us much. Only the shut windows move our thinking.

On this day it was Msongi and Gezani who were most interested in the shut windows. You see, ever since they'd discovered Houghton[3] golf course to be offering better tips in the caddy business, Msongi and Gezani found themselves walking through the rich suburbs of Johannesburg. Their experience was a strange one. There was something eerie in the surroundings. They always had fear, the like of which they'd never known. Surely it was not because of the numerous policemen who patrolled the streets and snarled in unison with their dogs at black boys moving through those gracious thoroughfares.

Msongi and Gezani were young no doubt, but bravery born of suffering knows no age nor danger nor pattern. Fear of snarling policemen was out for these two young black boys. Nevertheless, this overwhelming fear the like of which they'd never known was always all around them whenever they walked through the rich suburbs of Johannesburg. They could not even talk about it. Somehow, they were sure they both had this strange fear.

There was a time when they impulsively stood right in the middle of a street. They had hoped to break this fear the like of which they'd never known. But the attempt only lasted a few seconds and that was too short to be of any help. They both scurried off, hating themselves for lack of courage. They never spoke of it.

In search of the truth, Msongi became very observant. He'd been noticing the shut windows of *their* train every time he and Gezani happened to be in ours. On this day, it was a week since Msongi had decided to break the silence. Msongi's argument was that the fear was in the surroundings and not in them. The place was full of fear. Vicious fear which, although imprisoned in stone walls and electrified fences, swelled over and poured into the streets to oppress even the occasional passer-by. Msongi and Gezani were merely walking through this fear. It was like walking in darkness and feeling the darkness all around you. That does not mean you are darkness yourself. As soon as you come to a lit spot, the feeling of darkness dies. Why, as soon as they hit town proper, and mixed with the people, the fear the like of which they'd never known disappeared. No, Msongi was convinced it was not they who had fear. Fear flowed from somewhere, besmirching every part of them, leaving their souls trembling; but it was not they who were afraid.

They did not have stone walls or electrified fences in Soweto. They were not scared of their gold rings being snatched for they had none. They were not worried about their sisters being peeped at for their sisters could look after themselves. Oh, those diamond toothpicks could disappear you know … Those too, they did not have. They were not afraid of bleeding, for their streets ran red already. On this day Msongi stared at the shut windows. He looked at the pale sullen white faces and he knew why.

He felt tempted to throw something at them. Anything … an empty cigarette box, an orange peel, even a piece of paper; just to prove a point. At that moment, and as if instructed by Msongi himself, someone threw an empty beer bottle at the other train.

The confusion: they ran around climbing on to seats. They jumped into the air. They knocked against one another as they scrambled for the doors and windows. The already pale faces had no colour to change into. They could only be distorted as fear is capable of doing that as well. The shut windows were shattered wide open, as if to say danger cannot be imprisoned. The train passed swiftly by, disappearing with the drama of the fear the like of which Msongi and Gezani had never known. *(830 words)*

Mango Tshabangu: "Thoughts in a Train". In: Mothobi Mutloatse (Ed.): Forced Landing. *Johannesburg: Ravan Press 1980.*

1 Soweto – short for **So**uth **We**stern **To**wnships; a union of former separate townships located 12 km from the city center of Johannesburg
2 their trains – refers to the trains of the white population
3 Houghton – wealthy suburb of Johannesburg

Assignments

1. Outline the descriptions of fear in the excerpt from the short story "Thoughts in a Train". (Material) (25 BE)

2. In the short story, wealth has to be protected. Compare the situation described in the text to that of Hispanic immigrants in the USA today, especially as described in T. C. Boyle's *The Tortilla Curtain.* (40 BE)

3. In another part of the short story, Tshabangu describes the situation of the blacks as follows: *"[…] our bodies [are] sweating out the unfreedom of our souls, anticipating happiness in that unhappy architectural shame – the ghetto".* Some blacks react to this situation with *"[…] the insanity of crime to protest their insane conditions. For, indeed, if we were not scared of moral ridicule we would regard crime as a form of protest."*

   Discuss different forms of protest against political suppression. Take the quotations as a starting point and refer to the text at hand and to material discussed in class. (35 BE)

Lösungsvorschläge

Teaching modules referred to:
The literary excerpt and the assignments deal with the teaching module Promised Lands: Dreams and Realities *(Q 3), with particular focus on* political and social issues *(country of reference: South Africa). Further aspects of the assignments refer to the teaching module* USA *(Q 1), with the major theme of* living together *(ethnic groups: Hispanics), and ask for a comparison with T. C. Boyle's* The Tortilla Curtain.

1. ***Step 1*** *The main aspects of the short story excerpt at hand need to be summarized. This implies using strategies to abridge the text and connectives as well as omitting unnecessary details: Remember it is the fear described in the text that you need to focus on. Find out how the feeling is presented and where it is most prominent.*
   Step 2 *Start with an umbrella sentence containing information on the author, the title, the type of text, date of publication and topic. Your own text should be written in the present tense. Use your own words and do not quote. In the end, your text should be significantly shorter than the original text (about 300 words at a maximum).*

   The text at hand is an excerpt from Mango Tshabangu's short story, "Thoughts in a Train", published in 1980, and is set in South Africa during the time of apartheid. The story is about a journey on a train for black people from the townships to Johannesburg. Whereas blacks have to stand in an overcrowded train, they watch trains passing by which are reserved for whites, who sit on comfortable seats with windows kept shut (cf. ll. 9/10). These closed windows are compared with experiences which two of the black boys on the train have had when walking through the rich suburbs of Johannesburg (cf. ll. 17/18). In these surroundings they experienced a strange feeling of fear, hitherto unknown to them and not caused by the police and their dogs. Their attempt to break this fear was unsuccessful and they felt very bad about it afterwards (cf. ll. 26–29). Suddenly, one of the boys discovers that the fear is linked both to the white suburbs and the white people's train (cf. ll. 32/33). These places are full of the creepy, dark sensation which is hemmed in by walls and fences built to protect the property of white people. In their own community of Soweto the two young boys did not experience this fear, as there are no valuables to be stolen, black girls know how to defend themselves and violence is omnipresent anyway (cf. ll. 42–46).
   One of the boys feels tempted to test this fear by throwing an object at the white people's train. When actually an empty bottle is hurled at one of the shut windows, the blacks witness the panicky reaction of the white passengers and recognise the same fear that has been perceptible in the suburbs (cf. ll. 51–56). *(298 words)*

2. ***Step 1*** *You are asked to compare the situation in South Africa during apartheid as shown in the text to the one in the US. Focus on the attitude of the white population in both countries towards black people respectively Hispanics as well as the policies implemented to secure the white people's privileges and supremacy (e. g. the protection of borders and gated communities).*

Step 2 *A main source of reference for the situation of Hispanics in the US will be the novel* The Tortilla Curtain *by T. C. Boyle, but you might also refer to other materials dealt with in class. It might be helpful to look at the housing situation and living conditions in segregated communities and the ensuing consequences for both host society and immigrant population.*
Step 3 *Before writing, do not forget to structure your ideas.*

In the excerpt at hand, the privileged lives of the white community in South Africa are depicted in numerous ways. At the beginning, the situation in a train reserved for white people appears in stark contrast to the circumstances under which black people have to travel: in crammed compartments, they are forced into "grotesque positions" (l. 2) as if they were in a sardine tin (cf. l. 5). The white trains, by contrast, allow for comfortable travelling (cf. ll. 9/10) and are closed off by shut windows. Equally privileged are the white people's housing situation and leisure time activities, which some seem to spend on a golf course in a wealthy suburb of Johannesburg (cf. l. 15). Like the train, the living areas have to be protected by walls and fences (cf. l. 34).
The strategy of protecting wealth and property in South Africa had a name: apartheid, a policy officially established in 1948 and kept until the white minority regime ended with the election of Nelson Mandela as the first black president of South Africa. Whereas apartheid was allegedly to ensure peace among the races, its true implementation was to preserve the minority rule of the whites, inevitably leading to the suppression of the black majority in the country. This system of racial segregation resulted in separating all non-white groups from each other, thus depriving them of their political and social rights. The situation described in the short story in 1980 was about to change quite soon, however. Formerly, apartheid had seemed to guarantee a very high standard of living for the white minority, whereas extremely low wages were paid to the non-white workers, who were excluded from public life and often lived in poverty. In the 1980s, blacks made up 76 % of the population and were moving into urban areas. The totalitarian South African state waged a dirty war against the growing anti-apartheid movement, and in 1986 a state of emergency was proclaimed. Ubiquitous fear developed in the white community, the same fear and confusion that are described in the excerpt at hand. As a destructive force to society as a whole, apartheid now seemed to work like a self-fulfilling prophecy: The fear of losing property and privileges to the black majority resulted in reforms to the system and eventually led to the collapse of the white apartheid regime.
At first sight, a comparison to the situation in the US, as described in T. C. Boyle's novel *The Tortilla Curtain*, seems to point at differences rather than similarities. Although racial discrimination has had a long history in the US, there was no official policy comparable to apartheid. Furthermore, contrary to the black South Africans, Hispanics have always been an ethnic minority in the US.
Similarities become apparent, however, when comparing the privileged living conditions of white South Africans with those of the white community that Boyle describes in his novel. The inhabitants of Arroyo Blanco in California are determined to keep out immigrants, especially the illegal ones from Mexico, and deny them any participation in their comfortable lifestyle: while the community is relatively open-

minded at first, Arroyo Blanco gradually becomes a "gated community" in the course of the novel as the inhabitants are more and more worried about illegal immigration and possible crime. The white majority are not fussy about the selection of their means with strict border controls along the "tortilla curtain" that separates Mexico from the US. Those who nevertheless manage to arrive illegally in the US are threatened by "La Migra", as Boyle's Mexican protagonists América and Cándido call the immigration officers, of whom they live in constant fear.
Yet another similarity between South Africa and the United States can be seen in the stark contrast between the living conditions of the Mexican couple who are struggling to survive, and those of the white protagonists in the novel, Kyra and Delaney Mossbacher. The real estate agent and the freelance writer seem to have a lot of money, own a beautiful house and have one son and three pets. For them, the American Dream has most certainly come true. Still, they also become more and more antagonised by their encounters with Hispanic immigrants. As in the short story "Thoughts in a Train", fear seems to be the driving force behind their growing xenophobia. This becomes particularly obvious as Delaney, originally a liberal humanist, turns into a fierce supporter of gated communities and culminates in open hatred towards Cándido, whom he frequently comes across in unfortunate circumstances. Delaney's wife Kyra is motivated by her fear of losing aspired property and even has the local labour exchange closed to finally get rid of the dreaded Hispanic immigrants.
Metaphorically, the novel's plot leads to an apocalyptic ending and a collapse of human relations. The end of apartheid, on the other hand, opens up hopeful perspectives for the newly established rainbow nation of South Africa. *(817 words)*

3. ***Step 1*** *First, make sure you understand the quotations given correctly. Paraphrasing them could be the beginning of the text you are asked to write. You should also include your background knowledge on the text to show the quotes in the right context.*
Step 2 *On a more general note, forms of protest to overcome discrimination and other kinds of political oppression have to be included in your text as well. For this purpose, you should refer to materials and situations discussed in class.*
Step 3 *Before you start writing, sort out and classify examples and issues, e. g. according to moral considerations and the likely success of those kinds of protest. Remember that your essay will have to end with a substantial conclusion.*

The first quotation shows the desolate situation of black people who are yearning for freedom, as much as their futile attempts to achieve some form of happiness. The second statement indicates that some consider resorting to criminal activities to protest against the insane living conditions they have to face, but have moral scruples.
It becomes clear from the excerpt that the black community of Soweto suffers from inhumane circumstances such as poverty, violence and incredibly crowded trains. Faced with these obstacles, they appear quite helpless, find it "stupid to complain" (l. 4) and blame their "lack of courage" (l. 29) for being unable to break the fear emanating from the white exclusion. Blacks in South Africa, according to the short story, are subject to the "vicious fear" (l. 33) of white people, constantly controlled by "numerous"

(l. 19) "snarling policemen" (l. 22) and their dogs. Although this does not create fear, as they have grown used to it, the black South Africans feel oppressed and excluded from full social participation – even as occasional passers-by – by the stone walls, electrified fences and closed windows on the white people's trains (cf. ll. 10, 34). This complete exclusion creates anger and frustration. It is no surprise that, when passing the white train, one of the black South Africans feels tempted to throw something in protest. Considering the date of publication, the year 1980, this might be interpreted as an indication of growing resistance against apartheid. It also raises the question what kind of protest against oppression is legitimate and whether the means can be justified by the outcome.

In the film *Red Dust* various forms of protest against political oppression are portrayed. Violent protests by activists of the African National Congress are juxtaposed with the atrocities committed by the white South African police. The dilemma of serving justice and achieving reconciliation at the same time in post-apartheid South Africa is outlined by a fictitious hearing of the Truth and Reconciliation Commission, established to deal with severe racially motivated crimes committed by the white population against the black South Africans. In the event, the moral problems connected with violent actions on both sides can hardly be solved, although reconciliation seems to prevail as the only perspective for the rainbow nation, as shown in the film in the end: as it turns out, the black victim was not only killed by racist white policemen but also betrayed by another fellow activist who had been tortured by the police. In this case, violent actions caused a spiral of cruelty nobody could escape.

Under similar conditions, albeit not as aggravated, the Afro-American minority in the US went through a comparable process to fight discrimination against them and even persecution by racist communities and organisations. The Civil Rights Movement, which fought against racial segregation in the 1960s, encompassed both elements of violent and peaceful protest. Unfortunately, two of its most prominent leaders, Malcolm X and Martin Luther King, ended up as opponents. Malcolm X's Black Panther Movement is still the reason for heated controversy as to whether it enabled or discredited the fight for equal rights and opportunities for the black minority. In the film *Selma*, Martin Luther King is fighting for the black right to register to vote. The various attempts to organise a peaceful protest march from Selma to Montgomery against state troops armed with tear gas and clubs shows how difficult non-violent opposition can be. It also makes clear that even peaceful protests might result in a severe loss of human life. In the case of the Selma march, Martin Luther King reached his aim in the end: President Lyndon B. Johnson finally supported a bill to eliminate the voting restrictions for black people in the US.

In the film *The Butler*, Louis, the son of butler Cecil Gaines, who works for various US presidents in the White House, first participates in peaceful protests against racial inequality. Faced with violence and ridicule, he becomes an ardent follower of Malcolm X and his violent protest. Louis cannot understand the acquiescent attitude of his father, who has apparently come to terms with an unjust system. However, Louis leaves the Panthers when he is asked to participate in acts of violence himself.

All in all, violent protest cannot always be reduced to moral issues. It certainly is a last resort, but will always trigger retaliation and more bloodshed. *(730 words)*

Abiturprüfung Hessen 2015 – Englisch Leistungskurs
Vorschlag B – Coming home

Material 1: Phil Klay: Coming home (excerpt from the novel *Redeployment*[1], 2014)

The thinking comes later, when they give you the time. See, it's not a straight shot back, from war to the Jacksonville mall. When our deployment was up, they put us on TQ[2], this logistics base out in the desert, let us decompress[3] a bit. I'm not sure what they meant by that. Decompress. We took it to mean jerk off a lot in the showers. Smoke a lot of cigarettes and play a lot of cards. And then they took us to Kuwait and put us on a commercial airliner to go home.

So there you are. You've been in a no-shit war zone and then you're sitting in a plush chair, looking up at a little nozzle shooting[4] air-conditioning, thinking, What the fuck? You've got a rifle between your knees, and so does everyone else. Some Marines got M9 pistols, but they take away your bayonets because you aren't allowed to have knives on an airplane. Even though you've showered, you all look grimy and lean. Everybody's hollow-eyed, and their cammies[5] are beat to shit. And you sit there, and close your eyes, and think.

The problem is, your thoughts don't come out in any kind of straight order. You don't think, Oh, I did A, then B, then C, then D. You try to think about home, then you're in the torture house. You see the body parts in the locker and the retarded guy in the cage. He squawked like a chicken. His head was shrunk down to a coconut. It takes you a while to remember Doc saying they'd shot mercury[6] into his skull, and then it still doesn't make any sense.

You see the things you saw the times you nearly died. The broken television and the hajji[7] corpse. Eicholtz covered in blood. The lieutenant on the radio.

You see the little girl, the photographs Curtis found in a desk. First had a beautiful Iraqi kid, maybe seven or eight years old, in bare feet and a pretty white dress like it's First Communion. Next she's in a red dress, high heels, heavy makeup. Next photo, same dress, but her face is smudged and she's holding a gun to her head.

I tried to think of other things, like my wife, Cheryl. She's got pale skin and fine dark hairs on her arms. She's ashamed of them, but they're soft. Delicate.

But thinking of Cheryl made me feel guilty, and I'd think about Lance Corporal[8] Hernandez, Corporal Smith, and Eicholtz. We were like brothers, Eicholtz and me. The two of us saved this Marine's life one time. A few weeks later, Eicholtz is climbing over a wall. Insurgent[9] pops out a window, shoots him in the back when he's halfway over.

So I'm thinking about that. And I'm seeing the retard, and the girl, and the wall Eicholtz died on. […]

On the flight, I thought about that, too. […]

And we got off the plane and there's a big empty landing strip, maybe a half dozen red patchers and a bunch of seven tons[10] lined up. No families.

The Company Guns[11] said that they were waiting for us at Lejeune[12]. The sooner we get the gear loaded on the trucks, the sooner we see 'em. […]

Looking out, I sort of knew where I was, but I didn't feel home. I figured I'd be home when I kissed my wife and pet my dog. […]

After all the rifles were turned in, First Sergeant had us get into a no-shit parade formation. We had a fucking guidon[13] waving out front, and we marched down A Street. When we got to the edge of the first barracks, people started cheering. I couldn't see them until we turned the corner, and then there they were, a big wall of people holding signs under a bunch of outdoor lights, and the lights were bright and pointed straight at us, so it was hard to look into the crowd and tell who was who. Off to the side there were picnic tables and a Marine in woodlands[14] grilling hot dogs. And there was a bouncy castle. A fucking bouncy castle.

[…] Then I saw Eicholtz's dad. He had a sign, too. It said: WELCOME BACK HEROES OF BRAVO COMPANY. I looked right at him and remembered him from when we left, and I thought, That's Eicholtz's dad. […]

I don't think a lot of guys recognized him, and I knew I should say something, but I didn't. I backed off. I looked around for my wife. And I saw my name on a sign: SGT PRICE, it said. But the rest was blocked by the crowd, and I couldn't see who was holding it. And then I was moving toward it, away from Eicholtz's dad, who was hugging Curtis, and I saw the rest of the sign. It said: SGT PRICE, NOW THAT YOU'RE HOME YOU CAN DO SOME CHORES. HERE'S YOUR TO-DO LIST. 1) ME. 2) REPEAT NUMBER 1. *(834 words)*

1 redeployment – die Truppenumverlegung
2 TQ – military acronym for Al-Taqaddum, a U. S. military base in Iraq
3 decompress – *here:* time for recuperation before leaving the war zone
4 shooting – *here:* a description of air being forced through a nozzle in an airplane
5 cammies – military slang for camouflage uniform
6 mercury – das Quecksilber
7 hajji – term used in the U. S. military for a person of Arab / Middle Eastern descent
8 Lance Corporal – ein militärischer Dienstgrad
9 insurgent – der Aufständische
10 red patchers and seven tons – *here:* referring to soldiers who wear red patches on their uniform and military vehicles
11 Company Guns – die Vorgesetzten der Kompanie
12 Lejeune – U.S. Marine Corps Base, north of Jacksonville, N. C.
13 guidon – military flag (Wimpel)
14 a Marine in woodlands – a Marine wearing a camouflage uniform

Material 2: U.S. Army advertisement depicting Specialist[1] Carlos Villarreal (2007)

U.S. Army *(57 words)*

1 Specialist – ein Dienstgrad unterhalb des US-Unteroffiziers

Assignments

1. Outline the effects of violence on Sgt Price. (Material 1) (30 BE)
2. Compare the image of an American soldier (Material 2) to Billy Pilgrim and Sgt Price. (35 BE)
3. *"America is the only idealistic nation in the world."*
   Woodrow Wilson (28th President of the U.S. from 1913 to 1921), September 8, 1919.
   Comment. (35 BE)

Lösungsvorschläge

Teaching modules referred to:
The assignment refers to the teaching module USA *(Q 1) with a particular focus on* the American Dream. *Another important point of reference is the teaching module* Ideals and Reality *(Q 3), with a special focus on the topic* structural problems (violence) *and the novel* Slaughterhouse-Five *by Kurt Vonnegut.*

1. ***Step 1*** *Scan the text for the effects that violence has had on the soldier. Use strategies to abridge the text and connectives to leave out unnecessary details.*
   Step 2 *Refer to the thoughts of the first-person narrator on his way home from a war zone, including his traumatic experiences and feelings of unsettledness and shame when confronted with violence. You should also concentrate on his thoughts concerning coming home.*
   Step 3 *Start with an umbrella sentence containing the title of the novel, the author's name, date of publication and topic. Your text should be written in the present tense, using your own words. It should be about a third of the length of the original text.*

   The novel *Redeployment* by Phil Klay was published in 2014. In the excerpt at hand the first-person narrator reflects on his thoughts when coming home after an overseas assignment as well as on his wartime experiences of violence and torture.
   The soldier is not sure what he was supposed to do when he and his comrades were told to "decompress" (l. 3) after their deployment and only finds time to do some thinking during the flight. On his way back from the war zone in Iraq to his hometown of Jacksonville, he is amazed at the contrast between sitting in the comfortable chair of an aeroplane and his experiences during the war (cf. ll. 7/8). This contrast is heightened by the fact that he is allowed to keep his weapon in the plane but has to turn in his bayonet (cf. ll. 9–11).
   His memories of the war do not come in chronological order but focus on the atrocities he witnessed, the physical and psychological effects they had on the soldiers and the senselessness of it all (cf. ll. 16–19). Whenever he tries to think of home and his wife, he is disturbed by images of blood, death and children as victims. He feels guilt and shame when remembering his wife and her looks (cf. ll. 26–28) and is over-

whelmed by memories of a "torture house" (l. 16) and the death of his close friend Eicholtz, who will not be able to return home again (cf. ll. 29–33). On his arrival back home the soldier does not feel like a hero despite the welcoming parade and is unable to talk to his dead friend's father or enjoy the happy atmosphere. *(284 words)*

2. ***Step 1*** *In the comparison required by this assignment, the image of the soldier rendered by the US Army advertisement needs to be described first. The caption and information on the poster should be related to the impression emanating from the girl and the man and their assumed relationship.*
Step 2 *In contrast to the image, a comparison with the experiences of Billy Pilgrim, the protagonist of* Slaughterhouse-Five, *and Sgt Price should be outlined in some detail, considering the realities of war and their fictional representation.*
Step 3 *Before you start writing, list these experiences and their consequences as shown in both novels. Focus on similarities, differences and the messages rendered by the army poster and the literary creations. Also bear in mind the Hispanic origin of the soldier, Carlos Villarreal, on the poster.*

The US Army advertisement shows Specialist Carlos Villarreal wearing his uniform and a beret. He is being embraced by a little girl, possibly his daughter. Their closed eyes indicate contentment and pride. The caption beneath the picture says "Being proud is strong. Making others proud is Army strong" and is a word play with "strong" being used twice and avoiding the noun "strength". The adjective is employed in a double sense – being proud is a trait of a strong character and the army is able to make other people proud and strong. This is explained further in the smaller print beneath the caption, which is intended to carry additional information on the advantages of joining the army. It almost sounds like a promise the army is making to young people: they will be provided with a strong character, job training and money for college, thus earning the respect of the American society. The publication of the poster in 2007 came at a time when the illegal immigration of economic refugees, particularly from Latin American countries, was peaking and measures to cap the immigration rates were being discussed. Promises were made to undocumented youths to legalise their status if they were willing to join the US armed forces. Considering his name, Sgt Villarreal is quite likely of Hispanic origin, and those promises and prospects might also have appealed to him and his situation, particularly as a child seems to have been involved.
The attractions of the US army, whether on a social or on a personal level, appear in stark contrast to the real experiences soldiers have had with the military and in wars, and the poster's message contradicts both Sgt Price's memories and the fictional war "adventures" of Billy Pilgrim, the protagonist of Kurt Vonnegut's *Slaughterhouse-Five*. Whereas the soldier in the poster presents a happy and contented picture, Sgt Price is anything but happy, even when he is able to finally return home from the war in Iraq. Despite a period of "decompression", which he cannot make much of (cf. ll. 3–5), he is haunted by memories of atrocities, blood, tortures, killings, abuse of children and feelings of guilt and shame (cf. ll. 14–33). He cannot compensate for

the death of his good friend and is unable to escape from his thoughts and memories of a "torture house" (l. 16). This develops into a real trauma, so that Price cannot even talk to his friend's father when he finally arrives back home (cf. ll. 52/53). Although received as a hero in his hometown of Jacksonville, Price does not feel like a proud or "army-strong" soldier, but rather weak and helpless, unable to explain any of the cruelties of war he has witnessed.

This inability to account for the realities of war and military life is the biggest contrast to the way army life is presented in the propaganda poster. The perspective and attitude of Sgt Price is strongly shared by Billy Pilgrim in *Slaughterhouse-Five*. From the outset, he is presented as a typical anti-hero. It comes as no surprise that *Slaughterhouse-Five* is an explicit anti-war novel. Subject to predetermination and not able to use his free will, Billy is a tragic figure, bordering on the ridiculous. The psychological consequences of war for his character are severe: after the Dresden bombings, which he witnesses as a prisoner of war (POW), he becomes a restless time-traveller.

In Vonnegut's story, Billy joins the US army during World War II as an inexperienced college student to serve as a chaplain's assistant. This is why he is not even given a weapon to fight with. He ends up behind enemy lines and, when captured, suffers his first nervous breakdown. Emotionally unstable, he is shown as a ridiculous weakling when contrasted with the British POWs in Dresden. After being honourably discharged from the US army he is still not able to handle the aftermath of the Dresden bombings, which do not make any sense to him. As a result, he suffers a second nervous breakdown which takes him directly into a mental asylum.

In his private life after the war, Billy seems to enjoy the blessings of the American Dream. He inherits his father-in-law's business and makes a lot of money. As it turns out, however, he was only paid off because he agreed to marry the ugly daughter of his employer and, already in the mental ward, finally discovers that he did not enjoy life at all. When his son Robert joins the Green Berets during the Vietnam War and presents himself proudly to his father in a well-groomed uniform, Billy is not very impressed and closes his eyes (maybe in despair). As opposed to Sgt Price, who can make neither head nor tail of his war experiences, Billy eventually finds a way out by discovering the fourth dimension of life on a planet called Tralfamadore, which he travels to more and more frequently. This utopian, if not absurd philosophy, allows Billy to escape from the unexplainable real world whenever he feels under pressure. He is so convinced of this mental time travel that he starts propagating the ideas of the Tralfamadorian society, which believes in predetermination instead of free will, in letters to newspapers and radio talk shows.

As befits the absurdity of war and destruction, there remains a common ground between Billy and Sgt Price at the end. Both are subject to a parade. In Jacksonville, a First Sergeant gets the soldiers to march down the main street with a flag waving in front (cf. ll. 41/42). In Dresden, Billy is even asked to lead the parade. In both cases, the friendly, excited atmosphere ("people started cheering", l. 43) cannot be shared by the observing soldier, thus showing the incomprehension of the general public.

(964 words)

3. ***Step 1*** *First, focus on the quotation by former US President Woodrow Wilson: use your own words to convey its meaning and place it in the correct historical context.*
Step 2 *A possible way to comment on the quotation is to analyse it against the backdrop of US domestic and foreign policy in the 20th century as well as the concept of the American Dream.*
Step 3 *Before you start writing, put your arguments in the most convincing order. Finish your essay by drawing a substantiated conclusion.*

Just one year after the end of World War I, US President Woodrow Wilson used the quote at hand to emphasise that ideals still have a very strong impact on the US as a nation. America's unique position in the world thus results from its ideals rather than from pursuing petty interests. It is of consequence that President Wilson uses the word "ideal" rather than "idealistic", which might indicate that aims are not necessarily guaranteed to actually come true. In fact, Wilson's idea of founding the League of Nations in order to avoid another devastating war did not turn out to be a success. The US never joined the organisation because the Senate refused to ratify the documents required – the Republican Party was afraid that the US might have to engage in another war if a member of the League of Nations was attacked. Although only officially founded in 1920, countries such as Germany and Italy left the League of Nations in the 1930s. The outbreak of World War II finally revealed that the organisation had failed to achieve its goal of maintaining world peace.
Wilson's statement of 1919 is based on his conviction of the unswerving power of his nation which had so far remained true to its founding principles and the ideals of the American Dream. In those days, this ideal had attracted millions of European immigrants who strongly believed that the promises of freedom, democracy and the general pursuit of happiness as laid down in the US constitution could also come true for them. Furthermore, the US had emerged as the leading industrial power after World War I, having finally overcome its policy of "splendid isolation", which no longer seemed appropriate with Europe in need of reconstruction and dependent on financial help from the US.
At the beginning of the 20th century, a particular aspect of the American Dream, "exceptionalism", also played a very important role in the self-image of the US. The expression refers to the conviction that the US is an unusual if not extraordinary country which does not need to obey general rules. In this context, Wilson's "idealistic nation" sounds a different note. It is easy to see the connection to the idea of Manifest Destiny, describing the early settlers' attitude that they were chosen by God to settle in America and gradually expand their territory throughout the country. They relied on the original American values and felt called upon to spread these ideas to do God's work. It is this ideological basis that puts the US in a unique position in President Wilson's eyes, and, in the course of the 20th century helped to justify US intervention in international affairs and regional conflicts, including military attacks and the overthrow of unfriendly governments.
In hindsight, Wilson's perception of the US seems rather idealistic for a number of reasons. The promise of the American Dream that everyone could be successful, if he or she only tried hard enough, did not even apply to all US citizens, let alone to the

immigrants. In the US, racial segregation was still practised on a wide scale; the Jim Crow laws were in effect from the 1870s onwards until the Civil Rights Act was passed in 1964. Native Americans had to live on reservations rather than being integrated into mainstream society. Only ten years after Wilson's speech, in 1929, the Great Depression put an end to any kind of optimism or the belief in social progress and changed the strategies of American foreign policies. Instead of further investing in European reconstruction, short-term loans from Europe were recalled, which aggravated the situation in Germany that was still struggling to repay the debts of war.
In recent years, US President Barack Obama reduced the foreign engagement of US forces, especially as the wars in Iraq and Afghanistan caused the deaths of thousands of US soldiers and were no longer supported by the population. It seems that the US is transforming from having been the only idealistic nation in the world in the 20th century to a more realistic nation in the 21st century. *(682 words)*

Abiturprüfung Hessen 2015 – Englisch Leistungskurs
Vorschlag C – Kombinierte Aufgabe: Immigration fears

Teil A: Aufgabe zur Sprachmittlung

Material 1: Ute Hempelmann: Ohne Perspektive – Flüchtlinge in Deutschland (2009)

Wer in Deutschland Asyl sucht, hat keine guten Chancen: Jährlich erhält etwa ein Prozent der Flüchtlinge ein dauerhaftes Bleiberecht[1]. Die anderen leben entweder mit einer Duldungserlaubnis[2] oder illegal im Land.

Gassan kommt aus Rafah in Palästina. Seine Flucht führte ihn über Ägypten, den Libanon, Libyen, Frankreich und Italien und nach Deutschland – ohne Papiere. Seit drei Monaten ist er in Hamburg bei Freunden untergetaucht. Geflohen sei er, weil es in seinem Land immer Krieg gebe. Er habe zu Hause nicht genügend zu essen gehabt und keine Arbeit gefunden.

Für Flüchtlinge wie Gassan ist der einzige Hoffnungsschimmer ein Deutschkurs in einer Einrichtung der örtlichen Diakonie. Dort lernt auch Akwasi Asiamah die neue Sprache. Der Ghanaer ist seit 20 Jahren in Deutschland. Während seiner zwei Ehen mit deutschen Frauen war sein Aufenthalt vorübergehend gesichert. Jetzt lebt er getrennt, das Sorgerecht[3] für seine Kinder hat seine Ex-Frau. Damit hat Asiamah nicht nur seine befristete Aufenthaltsgenehmigung verloren. Auch seine Kinder, die in einer anderen Stadt leben, kann er nicht besuchen. Denn mit einer Duldung darf er weder arbeiten noch Hamburg verlassen.

Asiamah ist Mormone und flüchtete aus Ghana, weil er sich als Mitglied dieser Glaubensgemeinschaft bedroht fühlte. Zwar wurde er in Deutschland mit dieser Begründung nicht als politischer Flüchtling anerkannt, aber auch nicht sofort abgeschoben. Er erhielt eine Duldungserlaubnis und einen Platz in einem Asylbewerberheim. „Ein Freund von mir ist hier einfach festgenommen worden – und dann abgeschoben. Das heißt, auch meine Situation kann sich jederzeit verändern“, erzählt er.

Diese Schicksale sind typisch für die Situation von Flüchtlingen in Europa. In den Herkunftsländern hält das jedoch kaum jemanden von einer Flucht ab. Auf gut organisierten Wegen wanderten täglich Menschenmassen ab – trotz aller Hindernisse, sagt Elizabeth Adjei, Direktorin des „Immigration Service“ in Ghana. „Zuletzt hatten wir eine Rückführung von Flüchtlingen aus Libyen: Allein 6 000 meiner Landsleute waren in diesem Transitland.“ Sie plädiert für Abkommen zwischen Europa und Afrika – und eine so genannte zirkuläre Migration: drei bis fünf Jahre geregelter Aufenthalt in Europa, dann zurück in die alte Heimat. Das sei im Interesse beider Seiten, sagt sie. „Es wäre weit besser, wenn diese Menschen wüssten: Es gibt einen offiziellen Weg und dann kann ich nach Deutschland oder Spanien. Und es wäre auch für Deutschland kalkulierbarer: Dieses Jahr erwarten wir so und so viele Leute und die kann das System verkraften“, zählt sie die Vorteile auf. Die Auswanderer könnten im Ausland Fähigkeiten erwerben, die sie bei ihrer Rückkehr im eigenen Land einbringen könnten.

Für Akwasi Asiamah aus Ghana ist das aber keine Lösung. Nach 20 Jahren in Deutschland will er nicht zurück nach Ghana. Sein Lebensinhalt sind seine Kinder. Und sein Traum: Irgendwann mit ihnen zusammenzuleben – in Deutschland. *(441 Wörter)*

Ute Hempelmann, „Ohne Perspektive – Flüchtlinge in Deutschland", Deutsche Welle, *20. 06. 2009.*

1 das dauerhafte Bleiberecht – right of residence
2 die Duldungserlaubnis – short-term residence permit
3 das Sorgerecht – custody

Assignment

While working as a volunteer for a local British newspaper, you are asked to research the situation of immigrants without documents in Germany. Summarize the article at hand. (Material 1)

Teil B: Verkürzte Textaufgabe

Material 2: Sunder Katwala: Immigration fears have to be faced and defused, not dismissed (2013)

Politicians need to find a strong response to national concerns about cultural diversity

Most people worry about immigration being too high, do not believe it is being managed competently, and fear that this could fracture our society. Politicians need to acknowledge these anxieties, but how can they find workable responses to them too?

All of the parties also now know that tough rhetoric making unrealistic promises simply erodes trust further, as the slogan of "British jobs for British workers" showed.

British Future's State of the Nation report also shows that people are considerably more likely to identify immigration as a source of national than local tension. Local migration tensions are lower but, strikingly, are as likely to be expressed in the north-east or in Wales, where there are fewest migrants, as in high migration London or places of rapid change such as Slough in the south-east. Practical responses to local concerns about managing the pace of change on housing, health and schools matter. They could prevent anxiety accelerating further. But they will not resolve the national concerns. Nor should the national concerns be dismissed as somehow imaginary, as liberal voices sometimes can. Whether we are a confident nation, or live in a shared society[1], might be matters of perception: that doesn't prevent these being important, meaningful ideas to most people.

Though debates about immigration are polarised and noisy, the public also hold more nuanced views than they are usually given credit for. Most want to manage the pace of change, not to close the borders, though around a quarter wish they could. A moderate majority want to make selective choices to reflect this country's interests and values – managing the pace of change, while welcoming those who will contribute positively, or who need our protection as refugees. Anxieties about migrants claiming benefits have not been affected by government evidence showing immigrants are more likely to be in work and less likely to claim.

The political debate is mainly about overall migration numbers – and how close the government can get to pushing net migration down so it is 100,000 more than those who emigrate each year, without harming economic growth. Even achieving that target, which looks difficult, would mean up to half a million a year coming in. That shows, as the 2011 census underlined, that a multi-ethnic and multi-faith Britain is an ineradicable fact. This is who we are. Some are enthused about the opportunities this brings; others find it deeply unsettling.

We should pay as much attention to integration as to immigration. There is a strong public consensus on the essential foundations – the need to speak English and respect freedom of speech – and respect for cultural diversity within the boundaries of shared citizenship. There are no benefits of immigration without integration. With it, we can celebrate shared moments and institutions – from our Olympic summer to decades of pride in the NHS – where we realise the benefits of diversity for Britain too. *(478 words)*

Sunder Katwala, "Immigration fears have to be faced and defused, not dismissed",
The Guardian, *13. 01 .2013.*

1 shared society – die geteilte Gesellschaft

Assignments

1. Summarize the *Guardian* article. (Material 2) (25 BE)

2. Compare British concerns about immigration and cultural diversity (Material 2) to those in the US as shown in material dealt with in class. (40 BE)

3. *"As U. S. astronaut José Hernández gazed back at his home planet during a six-million-mile mission to the International Space Station in 2009, this space traveler, who is also a son of Mexican immigrants, observed something peculiar. 'What surprised me is when I saw the world as one. There were no borders. You couldn't distinguish between the United States and Mexico,' he was quoted as saying."*

   Justin Akers Chacón: The U.S.-Mexico border.
   In: The International Socialist Review, *Issue 73, September 2010.*

   Using the quotation as a starting point, discuss whether a wall/fence is a viable means of regulating illegal immigration. (35 BE)

In die Gesamtbewertung gehen die Ergebnisse der Teilaufgaben A und B im Verhältnis 1:3 ein.

Lösungsvorschläge

Teaching modules referred to:
The task is based on the teaching module The United Kingdom *(Q 2) with particular focus on the topic* social structures, social change. *The assignments also extend to the module* USA *(Q 1), especially to the topics* the American Dream *and* living together.

Teil A: Aufgabe zur Sprachmittlung

In a mediation, texts are never translated literally but summarised with a focus on the main aspects, in this case the situation and prospects of refugees in Germany. The general rules of a summary apply: use the present tense, no direct speech or quotations. Do not comment on or copy from the text. The umbrella sentence should contain information on the author, title, text type, source and year of publication. The text should be approximately a third of the length of the newspaper article.

The *Deutsche Welle* article "Ohne Perspective – Flüchtlinge in Deutschland" by Ute Hempelmann, published in 2009, shows the lack of prospects for refugees and asylum seekers in Germany. Two examples highlight the reasons for emigration and the tendency to slip into illegality. Gassan fled from Palestine and has to hide at a friend's house as he does not have any documents. Having migrated to Germany due to religious persecution 20 years ago, Akwasi Asiamah from Ghana has only been given a short-term residence permit. After divorces and the loss of custody, he might not be able to see his children again. For Elizabeth Adjei, director of the Ghana immigration service, these fates are typical. She recommends that a circulatory immigration system should be devised that allows asylum seekers to stay a limited amount of time and then, after gaining useful qualifications, to return to their country of origin. Thus, there would be fewer illegal immigrants, which should also make the influx more calculable for the host society. *(166 words)*

Teil B: Verkürzte Textaufgabe

1. *To summarise the newspaper article, go through the text and gather all the information on the attitude displayed by the British public concerning the growing numbers of immigrants and multiculturalism in general. Do not forget to mention author, title, text source, date of publication and topic in your introductory sentence. You need to employ strategies to abridge the text and connectives. Therefore, try to omit unnecessary details and examples. Your text should have a third of the length of the article.*

   The article "Immigration fears have to be faced and defused, not dismissed" by Sunder Katwala, published in the *Guardian* in 2013, deals with the fears of the British population connected with the growing influx of immigrants. The author recommends that politicians in Britain take public concerns seriously.
   Reportedly, immigration is considered an urgent issue throughout the nation, and therefore practical local responses are needed. National concerns about the pace of

change remain, but public views are more differentiated than generally believed. Instead of closing borders, people would like immigration to be limited to immigrants who contribute their share to society and to refugees who seek shelter.
The overall aim would be to lower net migration without risking a shrinking economy. According to the author, the benefits of diversity can only be fully realised if integration works and immigrants and the host society agree on fundamental aspects such as a common language, freedom of speech and mutual respect. *(157 words)*

2. ***Step 1*** *Scan the article again for detailed information on concerns and fears of the British public with regard to multiculturalism and the rising number of immigrants.*
Step 2 *Then compare the British attitude with the situation in the US, referring to materials dealt with in class – points of reference could be T. C. Boyle's* The Tortilla Curtain, *legal versus illegal immigration and the recent US DREAM Act, which was conceived to make young undocumented immigrants legal residents under certain conditions.*

In no other European country has the number of legal immigrants been as high as in the United Kingdom recently. After World War II, the British government allowed immigration from the Commonwealth countries and the Caribbean in substantial numbers to relieve a struggling labour market. However, in 1962 a law was passed restricting immigration. After Britain joined the European Common Market and due to the enlargement of the European Union, a second wave of migrants, predominantly from Eastern Europe, was admitted, resulting in separate ethnic communities. The inhabitants are often denounced as benefit scroungers, allegedly swamping British society, whereas government figures clearly show that they "are more likely to be in work and less likely to claim" (ll. 22/23) social benefits and health insurance.
Despite statistical evidence, a strong anti-European sentiment was exploited by, for example, the United Kingdom Independence Party (UKIP). Many people aired their worries and anxieties about the overall migration numbers, which were thought to be too high for British society to cope with (cf. ll. 1/2). It is no surprise that the UKIP emerged top of the poll from the last elections of the European Parliament. On a positive note, the majority of British people still welcome immigrants, as long as they adhere to common values and are willing to learn English and are tolerant towards others (cf. ll. 18–21, 31–34). This might be especially important for areas like London, where immigrant numbers are extremely high (cf. l. 9) and "[l]ocal migration tensions" (ll. 7/8) are perceptible.
Apparently, the situation in the US is dominated far more by the problem of illegal immigration, an issue that has coined the political debate for a long time and is well represented in documents and literature. One case in point is T. C. Boyle's *The Tortilla Curtain*, where the ideal of the American Dream is discredited by the plight of Mexican immigrants and the development of xenophobia is shown on various levels. One of the main protagonists in particular, Delaney Mossbacher, constantly has disturbing encounters with illegal Mexicans (e. g. a car accident involving a Mexican, the threatening of his wife Kyra by a Mexican immigrant). In the long run, he cannot

withstand the pressure of his fearful neighbours to create a gated community to keep out the Mexicans.

In congested urban areas the changes brought about by rising numbers of immigrants and political refugees have led to an increase in segregated neighbourhoods. Not least, the development of various kinds of English can be experienced as an audible result and in big cities bilingual road signs and public announcements are visible indications of social change and cultural diversity. Hispanics now constitute the largest and fastest growing minority group in the US and exercise a major influence on politics and all kinds of elections. During the last presidential election campaign, promises were made to undocumented youths to legalise their status if they were willing to join the US armed forces: by serving honourably in the military, illegal immigrants could become permanent residents, and eventually citizens. In the "DREAM" act, states like California and Illinois made higher education accessible to undocumented youths and President Obama, twice depending on substantial support from the Latin American community when running for head of state, has made it clear that he intends to change the situation of illegals permanently. Cultural diversity has also transformed the traditional American melting pot into concepts of an ethnic quilt or salad bowl, allowing for multicultural societies within a more liberal framework of American core values. This is seen as a great enrichment of public life (in literature, politics and food, for instance). New York epitomises this diversity and variety best as it attracts the greatest number of ethnic groups.

The new strategy of President Obama to make illegal immigrants legal to relax migrant tensions might also be an example for countries like the UK to focus on integration rather than on curbing migrant numbers. In a globalised economy, brain drain seems to be the biggest challenge for developed countries, rewarding liberal societies and depleting narrow-minded communities of well-trained and skilled workers who seek to escape the limits of exploitation and prejudice. *(697 words)*

3. ***Step 1*** *First paraphrase the quote by US astronaut José Hernández, the son of Mexican immigrants, who noticed that Mexico and the US could not be distinguished as separate entities from space.*
Step 2 *Then focus on the question of whether borders can control or limit illegal immigration. Push and pull factors of migration need to be taken into account as well as attempts to alleviate the situation in poorer states by creating a stimulus to stay.*
Step 3 *The pros and cons of relying on the drawing up of borders need to be concluded with substantiated arguments at the end.*

During his space flight, the US astronaut José Hernández, a second generation Mexican immigrant himself, noticed that boundaries were no longer visible and countries like the US and Mexico appeared as one entity. This statement can be seen as a means to underline the value of a globalised, if not united Planet Earth, where border fortifications have no justification anymore. It also raises the question of whether closing frontiers is the right strategy to stop people from pursuing a better life and keep refugees from escaping persecution and suppression.

All over the world, there are push and pull factors that make people leave their country of origin. First and foremost, the issue of economic refugees needs to be considered. Inhabitants of developing and underdeveloped African, Asian and Latin American countries feel a strong pull towards countries where job opportunities beckon and a better education is available for their children. The opportunity to unite families, to enjoy social security, religious and political freedom and to participate in cultural diversity also creates a huge motivation. These pull factors are particularly strong in a situation where rich and poorer states share a common border, as in the case of Mexico and the US. The same is true for continents like Africa and Europe, where extreme poverty and affluent societies are separated by strong fortifications and have created what is known as "Fortress Europe". Instead of intensifying attempts to support the economic and social development of the Third World, the member states of the European Union have closed their borders in the south. Nevertheless, they are confronted with an increasing influx of desperate asylum seekers, who risk their lives and are subject to the exploitation by human traffickers. It certainly is the purpose of walls or fences to restrict the number of immigrants but if hardship does not leave people any other option, borders will not keep immigrants out of a country.

Victims of raging civil wars leave everything behind and yet have minimal opportunities of gaining political asylum. In addition to this classical push factor, natural catastrophes such as earthquakes, draughts and floods simply do not leave the desperate refugees a choice. The last mentioned reasons for emigration are a direct result of global warming and climate change in general, caused not least by the richer, developed countries, which – according to the United Nations – would have a responsibility to protect their poorer neighbours and support their sustainable development.

Especially in Europe, immigrants are currently faced with social and political rejection. However, as has been shown in the British Future's State of the Nation report, more often than not, xenophobia is less a matter of experience and evidence than a result of prejudice and the projection of subconscious fears of the unknown and unfamiliar (cf. ll. 6–10). Unfortunately, quite often these diffuse insecurities and worries are exploited by ruthless political agents with their own agenda. In this context, border fortifications appear, if only, as a last resort that will neither prevent human disasters nor help better the situation in poverty-stricken countries and thus at least alleviate some of the push factors. If strengthening borders is not an effective means of controlling and stopping mass migration, other measures need to be taken. The only chance of stopping the plight of victimised refugees would seem to be to employ every available support for afflicted countries on an economic, political and even military level, when the stability of states is at stake.

In this way, the reasons for migration might be reduced to a sustainable level by curbing pull and push factors and sharing the undoubted advantages of globalisation with the free movement of commodities, services and not least the guarantee of people's unalienable human rights. *(620 words)*